Babette Ulmer u.a.

DAS GROSSE PULLI STRICKBUCH

- Klassisch
- Raglan
- Rundpasse

3 Grundschnitte

1000 Möglichkeiten

CV

Inhalt

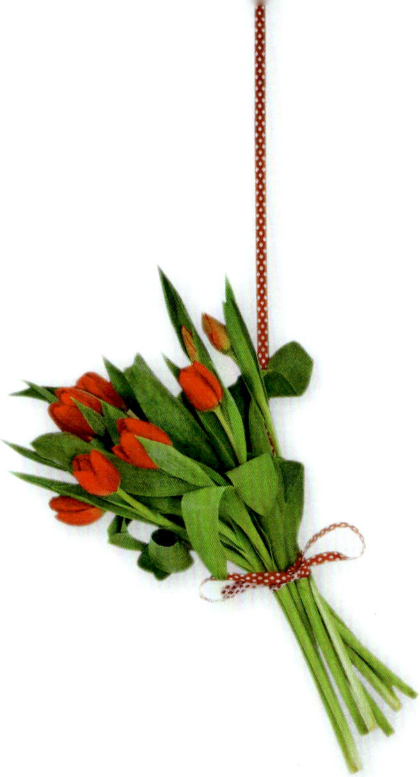

Technik

Schwierigkeitsgrade der Modelle:

★ = einfach
★★ = mittel
★★★ = schwierig

Drei Schnitte – viele Varianten!

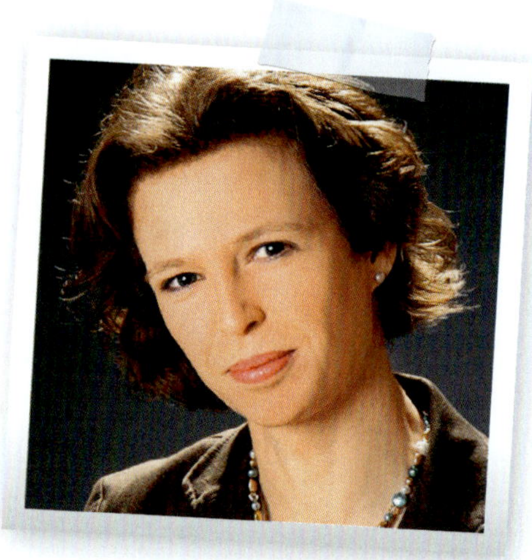

Eigentlich können Sie stricken. Aber an einen Pullover haben Sie sich einfach noch nicht herangetraut?! Dann ist dieses Buch genau das Richtige für Sie. Und Sie haben die Wahl! Drei reizvolle Grundschnitte stehen Ihnen zur Verfügung: gerade, Raglan und mit Passe – jeweils in einem klassischen Schurwollgarn. Darüber hinaus finden Sie für jede Schnittform noch drei Schnitt-, Muster- und Garnvarianten in unterschiedlichen Schwierigkeitsstufen, so können Sie sich Modell für Modell in Ihrem Können steigern. Wählen Sie aus zehn Pullovern und zwei Jacken. Wer einen Schal stricken kann, kann auch einen Pullover oder eine Jacke fertigen. Alles, was Sie brauchen, ist ein wenig Geduld und dieses Buch.
Haben Sie erst einmal zwei oder drei Pullover gestrickt, ist der Weg frei zu Ihrem ganz persönlichen Wunschpullover: Sie wählen das Garn in Farbe und Qualität ganz nach Ihren Wünschen. Und ich zeige Ihnen, wie Sie dafür Ihr Modell anhand von Schnitt und Maschenprobe ausrechnen können.

Ich wünsche Ihnen viel Freude und Erfolg beim Stricken.

Babette Ulmer

Bevor Sie loslegen ...

Bevor Sie mit Ihrem ersten Pullover beginnen, gilt es ein paar Dinge zu beachten: Wenn es Ihr erster selbst gestrickter Pullover wird, dann beginnen Sie am besten mit einem der drei Grundmodelle. Hier kommen Sie schnell zum Ziel. Danach können Sie sich eine der Varianten vornehmen.
Folgen Sie in der Reihenfolge genau der Anleitung, man sollte nicht mit einem Ärmel beginnen, sondern stets mit dem Rückenteil.
Nichts ist enttäuschender, als festzustellen, dass der Pullover, mit dem Sie sich so viel Mühe gegeben haben, nicht passt. Deshalb sollten Sie auch stets vorab eine Maschenprobe anfertigen (siehe unten).

Größen

In den Anleitungen stehen die Angaben für die jeweils größeren Größen in Klammern vor und nach dem Schrägstrich. Ist nur eine Angabe gemacht, so gilt sie für alle Größen.

Maßtabelle Damen

Größe	36/38	40/42	44
Brustumfang (in cm)	84–88	92–96	100–103
Taillenumfang (in cm)	64–70	74–78	82–84
Hüftumfang (in cm)	90–94	98–102	106–108

Maßnehmen

Brustumfang: Einmal rundum auf Brusthöhe gemessen.
Taillenumfang: Schön locker ohne zu schnüren einmal rund um die Taille gemessen.
Hüftumfang: Waagerecht einmal rundherum an der stärksten Stelle gemessen.

Maschenprobe

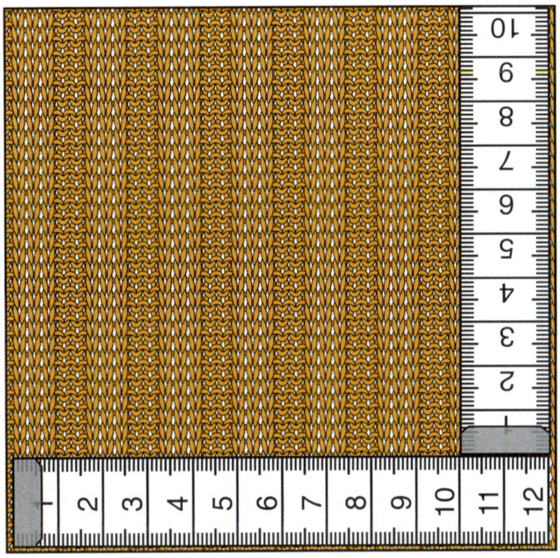

In jeder Anleitung wird eine Maschenprobe vorgegeben, die beim Stricken eingehalten werden muss, sonst wird der Pullover größer oder kleiner als in den Schnittmaßen angegeben. Dies gelingt durch die Wahl der richtigen Nadelstärke. Zunächst eine Strickprobe anfertigen und prüfen, ob dieselbe Maschen- und Reihenzahl erreicht wird, wie vorgegeben. Dafür ein mindestens 12 x 12 cm großes Stück im angegebenen Muster stricken und dann nachzählen: Wie viele Maschen in der Breite und wie viele Reihen in der Höhe ergeben 10 x 10 cm? Die Randmaschen und Randreihen nicht zählen, nur die mittleren 10 cm. Hat die Probe mehr Maschen als in der Maschenprobe angegeben, lockerer stricken oder eine halbe bis eine ganze Stärke dickere Nadeln nehmen.

Hat die Probe weniger Maschen, heißt es, fester stricken oder dünnere Nadeln verwenden.

Tipp

Die Maschenprobe ist nicht nur unerlässlich, damit später die Maße stimmen, sie kann auch dazu dienen, sich auf das jeweilige Muster einzustimmen und das Muster zu üben. Machen Sie die Pflicht zur Kür: Stricken Sie jede Maschenprobe tatsächlich 12 x 12 cm groß. Jedes Läppchen ist anders in Farbe, Muster und Material. Nähen Sie Stück für Stück aneinander, so entsteht nach und nach eine tolle Patchworkdecke und gleichzeitig eine Chronik Ihres Strickens!

Was bedeutet eigentlich ...?

Maschen stricken, wie sie erscheinen

Das heißt, die Maschen werden so gestrickt, wie sie nach dem Maschenbild aussehen. Maschen, die in der Hinreihe rechts gestrickt wurden, sehen in der Rückreihe wie linke Maschen aus, werden also auch links gestrickt – und umgekehrt.

Rechtes und linkes Vorderteil

Als das linke Vorderteil wird das Teil bezeichnet, das beim Anziehen nachher auf der linken Körperseite ist, das rechte dann umgekehrt.

Beidseitig

Der jeweilige Arbeitsschritt (Zunehmen, Abnehmen oder Abketten) ist an beiden Seiten/Rändern des Strickstücks durchzuführen.
Für Zunahmen heißt das z. B.: Am rechten Rand: Randmasche, 1 Masche rechts verschränkt aus dem Querfaden zunehmen. Am linken Rand: 1 Masche rechts verschränkt aus dem Querfaden zunehmen, Randmasche. Beim Abketten wird immer nur am Reihenanfang gearbeitet – sowohl in Hin- als auch in Rückreihen.

Seiten getrennt beenden

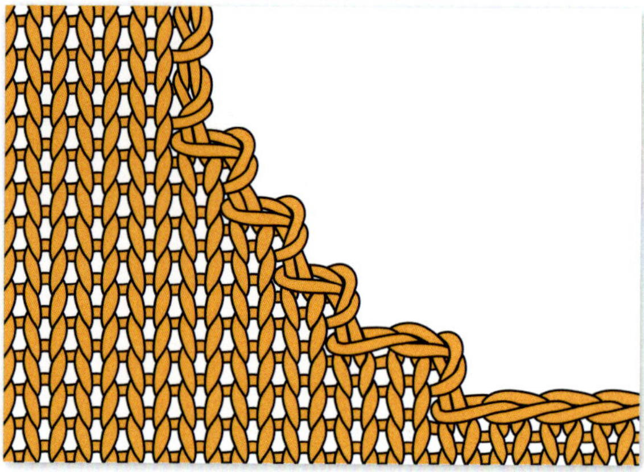

Für den Halsausschnitt werden die mittleren angegebenen Maschen abgekettet und die Reihe zu Ende gestrickt. Arbeit wenden und nun nur über die verbliebenen Maschen der linken Seite = rechte Schulter weiterstricken.

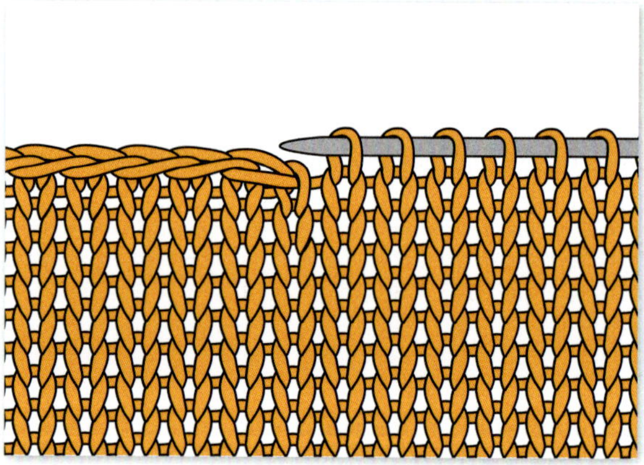

Die rechte Seite = linke Schultermaschen ist stillgelegt (z. B. auf einem Maschenraffer), sie bleibt unbearbeitet, bis die linke Seite fertiggestellt ist. Dann wird die rechte Seite ebenso wie die linke gestrickt, dazu in einer Rückreihe beginnen.
Die weiteren Ausschnittabnahmen immer am inneren Rand arbeiten (d. h. den linken Halsausschnittrand am rechten Arbeitsrand der rechten Seite = linke Schultermaschen und den rechten Halsausschnittrand am linken Arbeitsrand der linken Seite = rechte Schultermaschen).

Gleichmäßig verteilt abnehmen/zunehmen

Das bedeutet, die angegebene Maschenzahl gleichmäßig auf die Reihe verteilt abnehmen/zunehmen. Bei Zunahmen also immer nach etwa gleich vielen Maschen zwischen 2 Maschen jeweils 1 Masche rechts verschränkt aus dem Querfaden zunehmen.

Betonte Abnahmen

Es sieht besonders dekorativ aus, wenn sich Abnahmen an den beiden Seiten eines Strickstücks über viele Reihen immer in die gleiche Richtung neigen. Dazu werden am rechten Rand Maschen überzogen zusammengestrickt, so wirkt die Abnahme im Maschenbild nach links gerichtet. Am linken Rand werden die Maschen rechts/links zusammengestrickt, so wirkt die Abnahme nach rechts gerichtet.

Gegengleich arbeiten/beenden

Das bedeutet, dass das Strickteil spiegelverkehrt zum anderen werden soll/enden soll, also alle Zu- und Abnahmen auf der anderen Seite durchgeführt werden müssen. Rechts und links wird in der Anleitung dazu vertauscht.

Ärmelschrägungen

Die 1. Reihe nach dem Bündchen ist immer eine Hinreihe. Die Zunahmen für die Ärmelschrägungen werden immer in Hinreihen gearbeitet, die 1. Hinreihe nach dem Bündchen wird dabei nicht mitgezählt.

Stilllegen

Maschen, über die nicht gestrickt wird (während über benachbarte Maschen weitergearbeitet wird), legt man still: Wenige Maschen auf einem Maschenmarkierer oder einer Sicherheitsnadel, mehr Maschen auf einem Maschenraffer, zahlreiche Maschen (z. B. für die Passe) auf einer Rundstricknadel oder einem andersfarbigen Faden.

Strickschriften und Zählmuster lesen

Jedes Kästchen steht für eine Masche, jede Kästchenreihe zeigt eine Maschenreihe. Die Abfolge der Kästchen in der Strickschrift entspricht der Abfolge der Maschen beim Stricken. Die Zahlen an der Seite nennen die Reihenzahlen von unten nach oben, genauso, wie gestrickt wird. Die Hinreihen werden von rechts nach links gelesen und die Rückreihen von links nach rechts. Bei den meisten Strickschriften sind nur die Hinreihen angegeben. In den nicht angegebenen Rückreihen die Maschen so stricken, wie sie erscheinen oder wie beim jeweiligen Muster oder bei der Zeichenerklärung angegeben. Wie die jeweilige Masche gestrickt wird, verdeutlichen Zeichen, die in der Zeichenerklärung definiert werden.
Der Mustersatz zeigt die Anzahl der Maschen in der Breite, die benötigt wird, um das Muster einmal zu bilden. Die Maschen zu beiden Seiten des Mustersatzes nur am Anfang und Ende der Reihen arbeiten. Für den Mustersatz in der Höhe steht die entsprechende Reihenwiederholung jeweils in der Anleitung. Die Strickschriftensymbole sind direkt beim Strickmuster bzw. bei der Anleitung erklärt.
Bei mehrfarbigen Mustern/Intarsienmustern werden in sogenannten Zählmustern alle Reihen/Runden gezeichnet. Die Hinreihen werden von rechts nach links gelesen und die Rückreihen von links nach rechts. Bei Runden immer von rechts nach links lesen. Wenn nicht anders angegeben, werden sie glatt rechts gestrickt. Die verschiedenen Farben werden durch farbige Kästchen oder durch unterschiedliche Symbole in den Kästchen dargestellt.
Manchmal sind Zählmuster und Strickschrift auch kombiniert.

Jetzt strick ich mir einen Pullover – Der Gerade

Für den ersten Pullover ist der Gerade genau die richtige Wahl. Gestrickt wird dabei in Reihen wie bei einem Schal. Experimentierfreudige können bereits Farbwechsel und Muster ausprobieren. Und wer schon etwas Übung im Stricken hat, versucht es mit Hebemaschen und Noppenmuster.

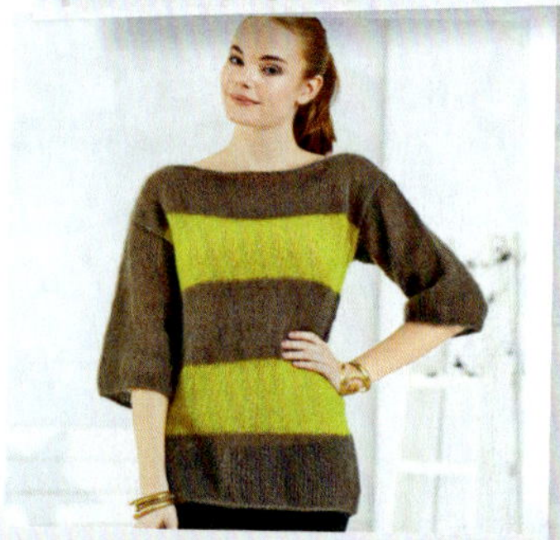

Mit breiten Streifen

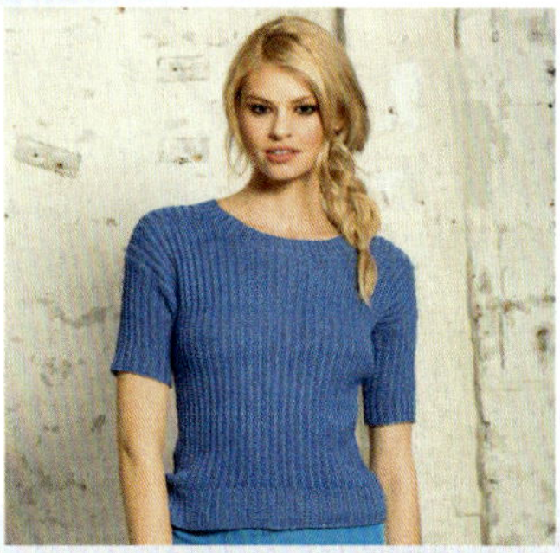

Lagenlook-Pullover

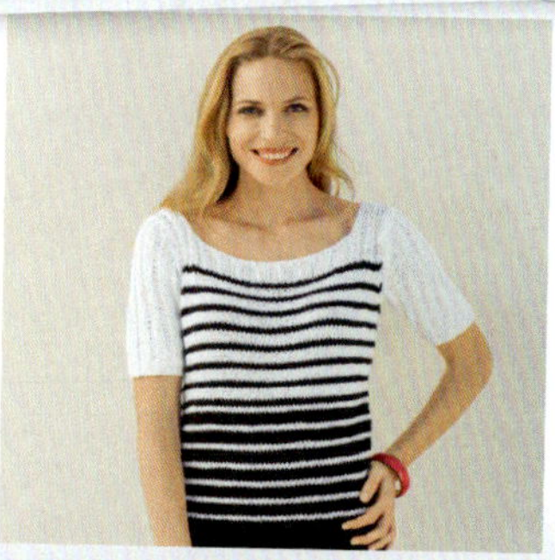

Streifenpullover

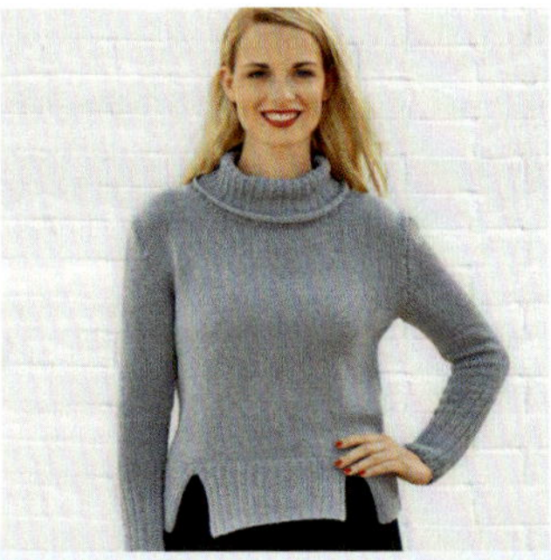

Rollkragenpullover

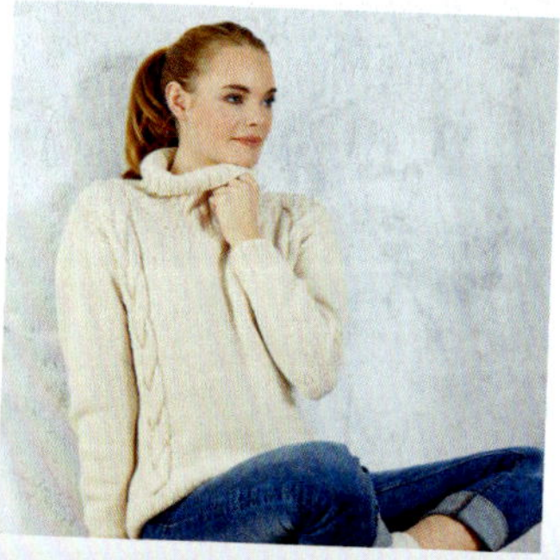

Mit Zöpfen

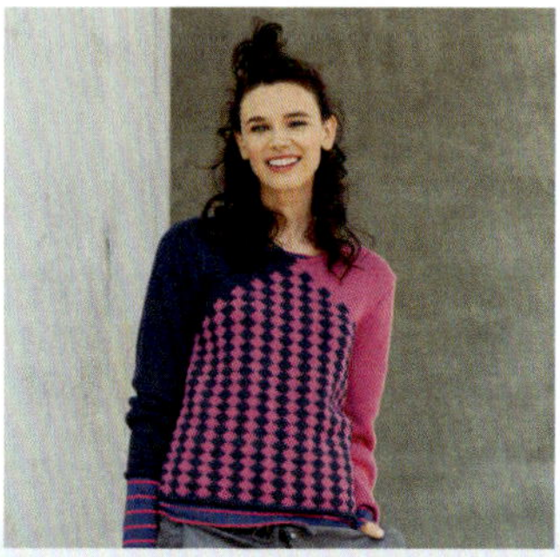

Mit Jacquardmuster

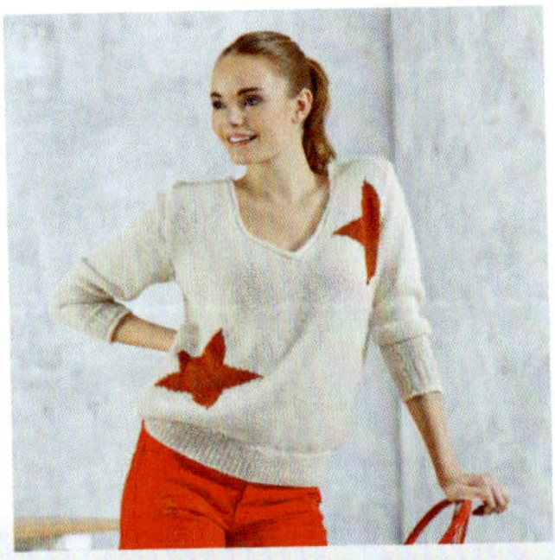

Mit Sternchenmuster

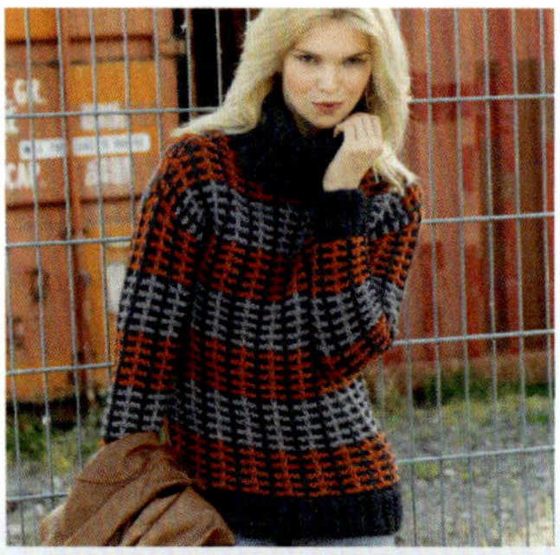

Mit Hebemaschen

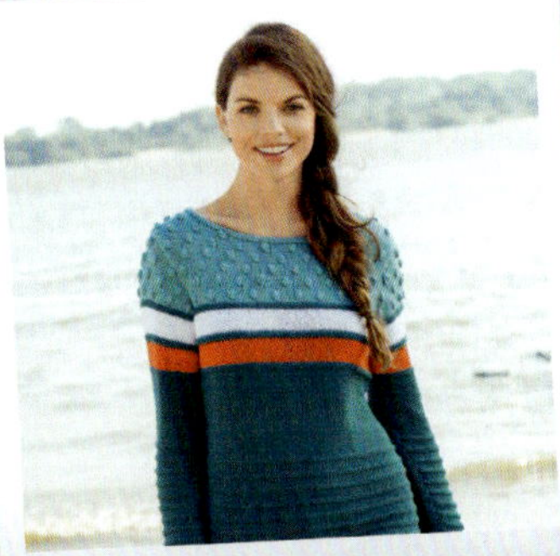

Mit Noppenpasse

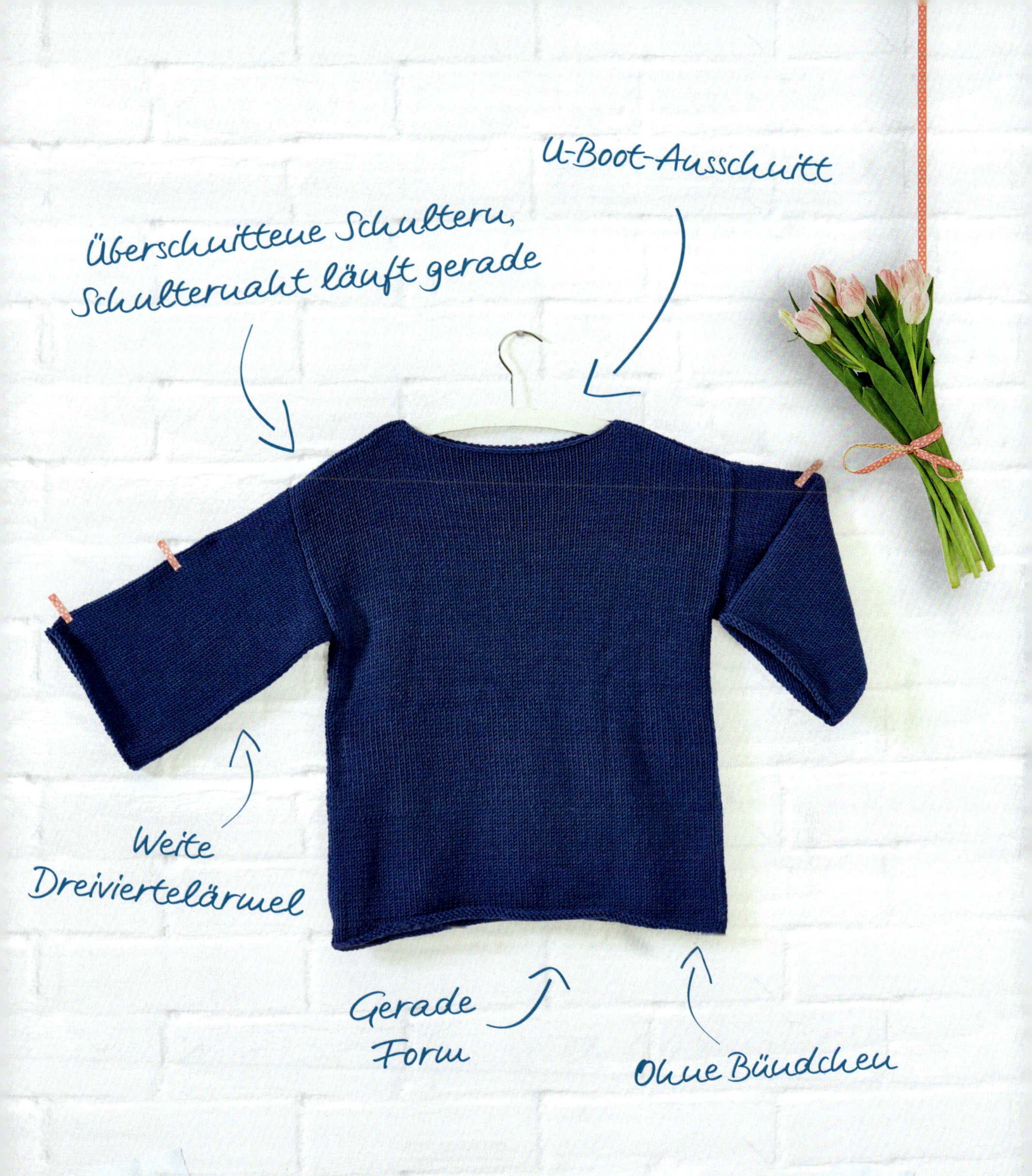

Nur glatt rechts gestrickt, ohne Zu- und Abnahmen ist dieser Pullover ideal für Anfänger!

Grundschnitt A: Gerader Pullover

Schwierigkeit: ★ | Größe: 36/38 (40/42; 44)

Material

- Schurwollgarn (100 % Merino-Schurwolle, Lauflänge 50 m/50 g): 550 (600/650) g Blau
- Stricknadeln Nr. 5,5

Glatt rechts: In Hinreihen rechte Maschen, in Rückreihen linke Maschen stricken.
Randmaschen: Hier empfiehlt sich der Nahtrand oder der Kettrand (siehe Seite 118).

Maschenprobe

Glatt rechts mit Nadeln Nr. 5,5: 16 Maschen und 23 Reihen = 10 x 10 cm

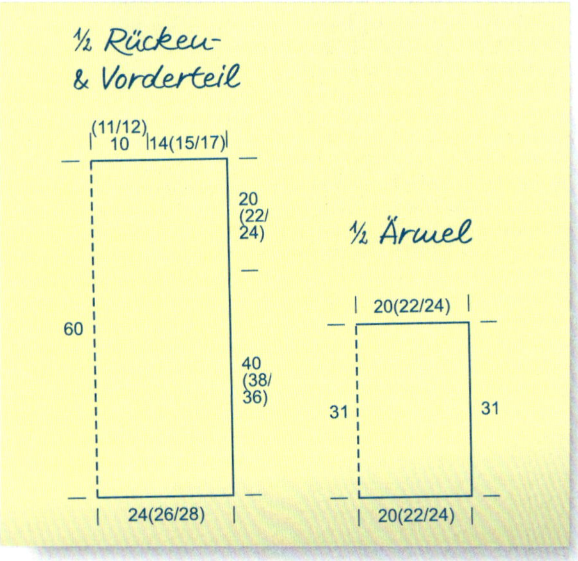

So wird's gemacht

Rückenteil

76 (84/90) Maschen und 2 Randmaschen = 78 (86/92) Maschen anschlagen und 60 cm glatt rechts stricken.
Alle Maschen abketten.

Vorderteil

Wie das Rückenteil arbeiten.

Ärmel

64 (70/76) Maschen und 2 Randmaschen = 66 (72/78) Maschen anschlagen und 31 cm glatt rechts stricken.
Alle Maschen abketten.
Den zweiten Ärmel ebenso arbeiten.

Fertigstellung

Die Schulternähte schließen. Die Ärmel einsetzen. Die Seiten- und Ärmelnähte schließen. Zum Fertigstellen siehe auch Seite 124.

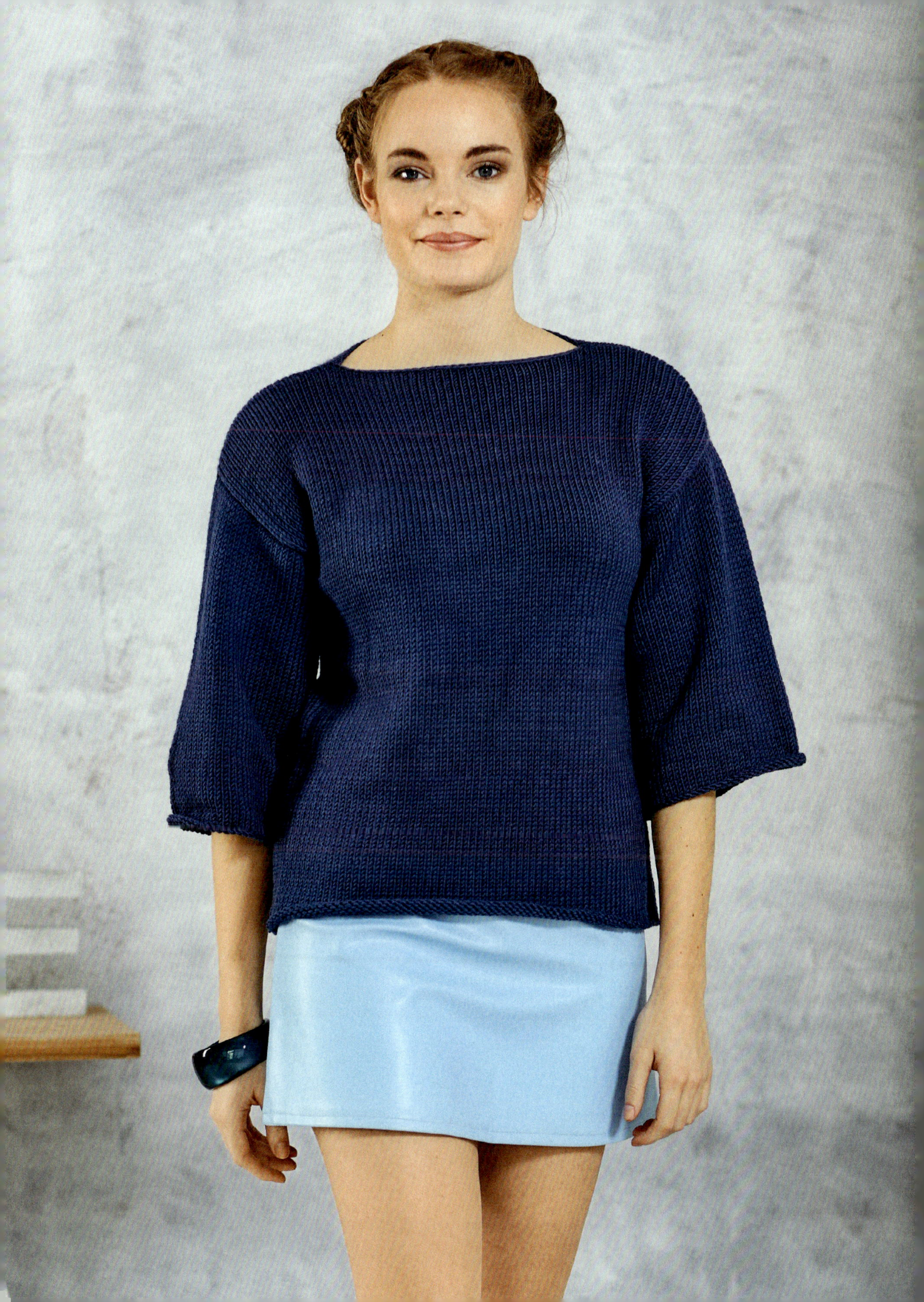

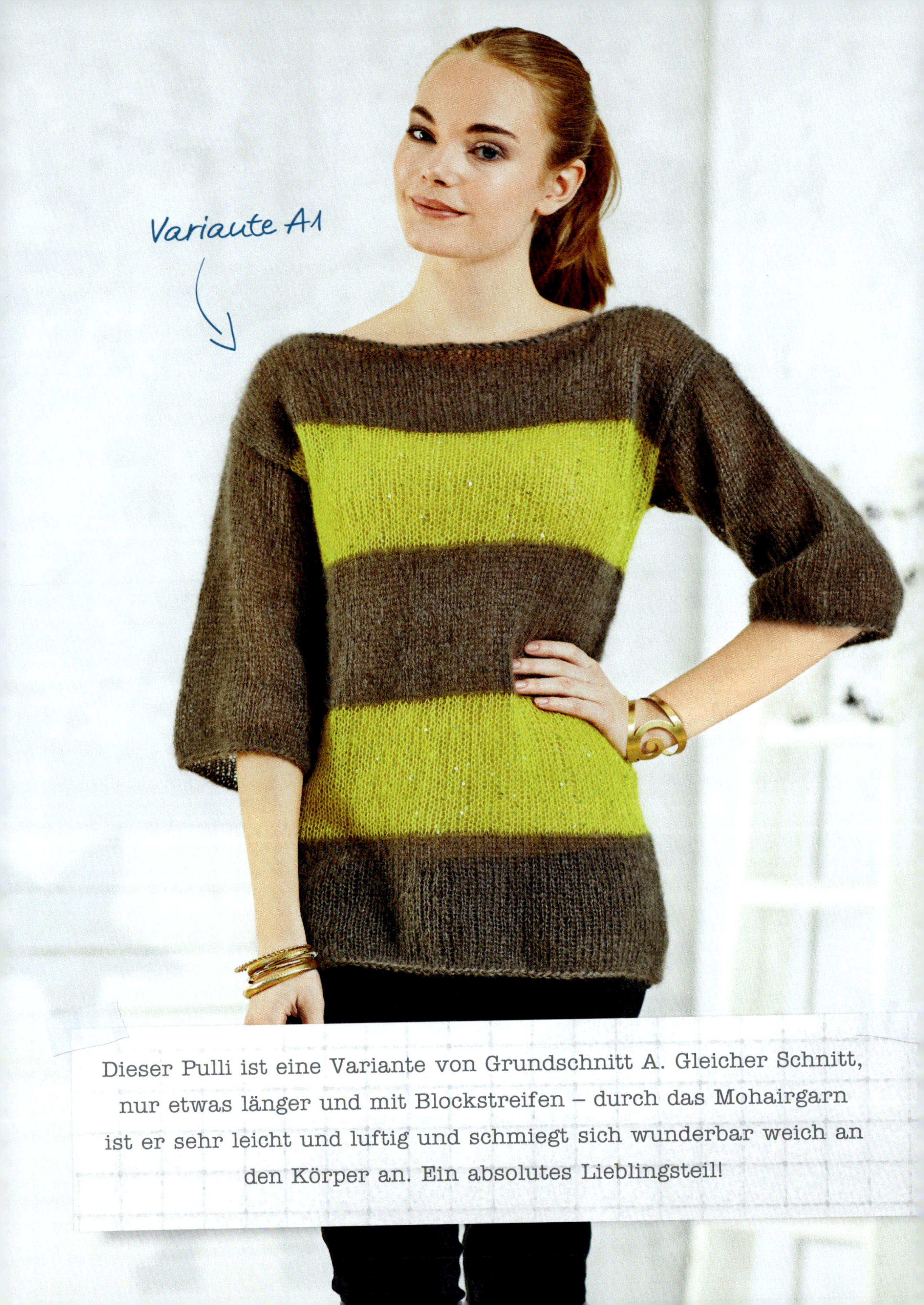

Dieser Pulli ist eine Variante von Grundschnitt A. Gleicher Schnitt, nur etwas länger und mit Blockstreifen – durch das Mohairgarn ist er sehr leicht und luftig und schmiegt sich wunderbar weich an den Körper an. Ein absolutes Lieblingsteil!

Langpullover mit Streifen

Schwierigkeit: ★ | Größe: 36/38 (40/42; 44)

Material

- Mohairgarn mit Seide (70 % Mohair, 30 % Seide, Lauflänge 210 m/25 g): 150 (175/200) g Grau
- Mohair-Seiden-Mischgarn mit Pailletten (42 % Mohair, 40 % Polyester, 18 % Seide, Lauflänge 125 m/25 g): 50 (75/75) g Gelb
- Stricknadeln Nr. 6

Glatt rechts: In Hinreihen rechte Maschen, in Rückreihen linke Maschen stricken.
Randmaschen: Hier kann der Nahtrand oder der rechts gestrickte Knötchenrand gewählt werden (siehe Seite 118).
Streifenfolge: 28 Reihen Grau (zweifädig), * 26 Reihen Gelb mit Pailletten (einfädig), 28 Reihen Grau (zweifädig), ab * 2-mal arbeiten.

Maschenprobe

Glatt rechts mit Mohairgarn mit Seide (Grau), zweifädig: 12,5 Maschen und 22 Reihen = 10 x 10 cm
Glatt rechts mit Mohair-Seiden-Mischgarn mit Pailletten (Gelb), einfädig: 13,5 Maschen und 20 Reihen = 10 x 10 cm

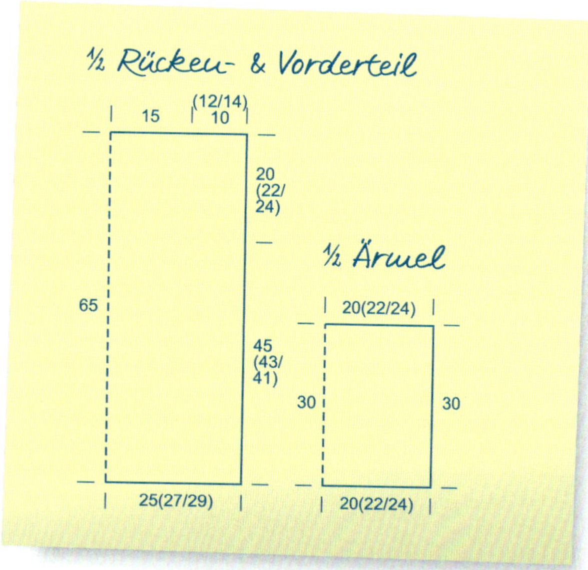

So wird's gemacht

Rückenteil

66 (70/76) Maschen und 2 Randmaschen = 68 (72/78) Maschen in Grau vierfädig anschlagen und 65 cm glatt rechts stricken, dabei in der Streifenfolge arbeiten. Dabei darauf achten, dass das Paillettengarn immer einfädig und das Mohairgarn mit Seide immer zweifädig verstrickt wird.
Alle Maschen vierfädig abketten.

Vorderteil

Wie das Rückenteil arbeiten.

Ärmel

52 (58/62) Maschen und 2 Randmaschen = 54 (60/64) Maschen in Grau vierfädig anschlagen und 30 cm zweifädig glatt rechts stricken.
Alle Maschen vierfädig abketten.
Den zweiten Ärmel ebenso arbeiten.

Fertigstellung

Die Schulternähte schließen. Die Ärmel einsetzen. Die Seiten- und Ärmelnähte schließen. Zum Fertigstellen siehe auch Seite 124.

Tipp

Bei dünnen, locker verarbeiteten Garnen empfiehlt es sich, zum Anschlagen und Abketten doppelt so viele Fäden zu verwenden wie zum eigentlichen Stricken.

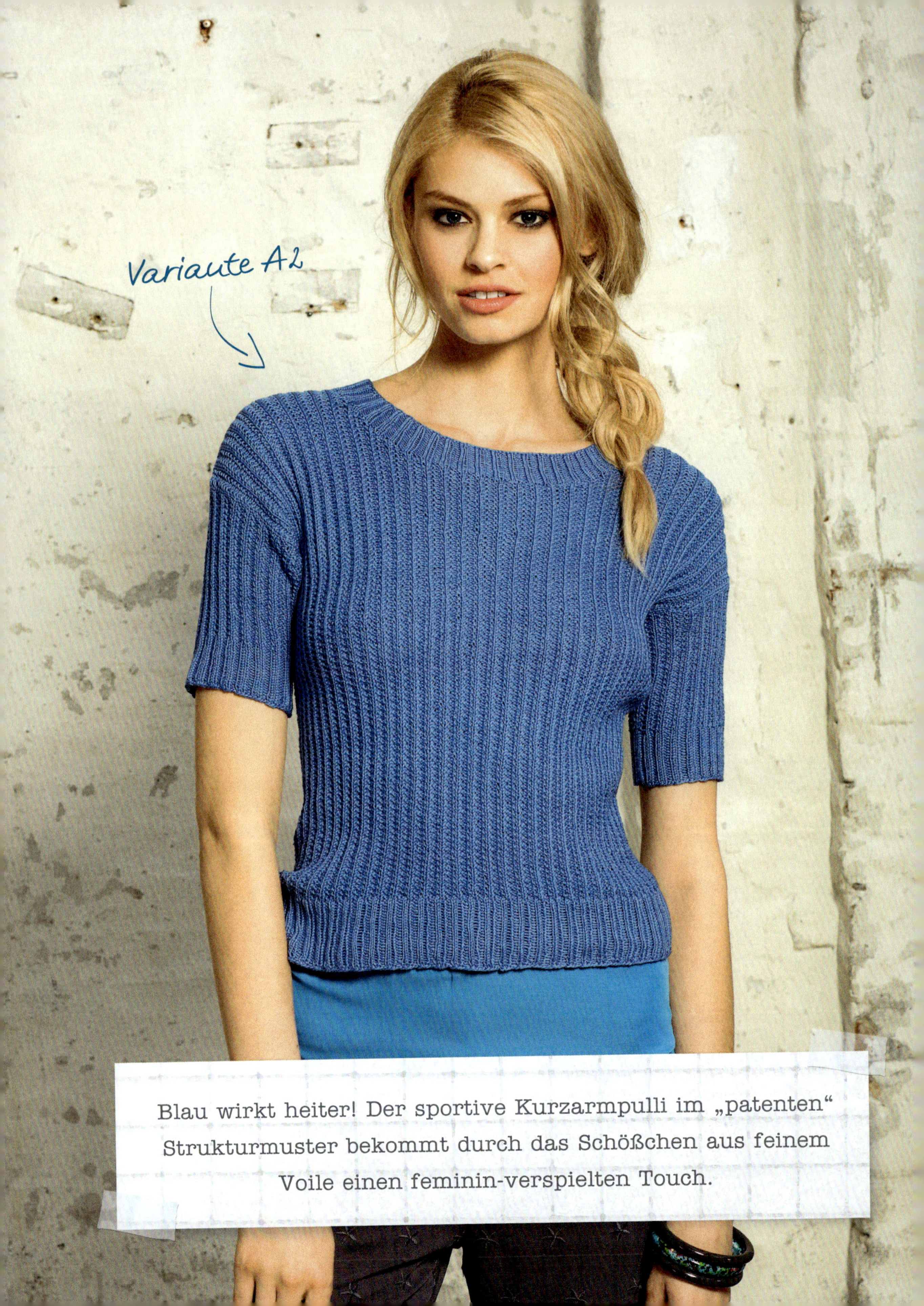

Blau wirkt heiter! Der sportive Kurzarmpulli im „patenten“ Strukturmuster bekommt durch das Schößchen aus feinem Voile einen feminin-verspielten Touch.

Lagenlook-Pullover in Blau

Schwierigkeit: ★ | Größe: 36/38

Material

- Baumwollgarn (100 % Baumwolle, Lauflänge 170 m/50 g): 350 g Jeansblau
- 25 cm Voile-Stoff in Blau (100 % Polyester, 150 cm breit)
- Rundstricknadel Nr. 3, 60 cm lang
- 2 Rundstricknadeln Nr. 3, 80 cm lang
- Nähgarn in Blau

Glatt rechts: In Runden stets rechte Maschen stricken.

Randmaschen: Wahlweise den Nahtrand oder den Kettrand stricken (siehe Seite 118).

Rippenmuster in Runden: 2 Maschen rechts, 2 Maschen links im Wechsel stricken.

Rippenmuster in Reihen: Randmasche, 2 Maschen rechts, 2 Maschen links im Wechsel stricken, enden mit 2 Maschen rechts, Randmasche. In den Rückreihen die Maschen stricken, wie sie erscheinen.

Strukturmuster in Runden: Maschenzahl teilbar durch 4.

1. Runde: 2 Maschen rechts, 2 Maschen links im Wechsel.

2. Runde: * 1 Masche rechts, 2 Maschen links, 1 Masche rechts, ab * stets wiederholen.

Die 1. und 2. Runde stets wiederholen.

Strukturmuster in Reihen: Maschenzahl teilbar durch 4 + 1 + 2 Randmaschen.

1. Reihe: Randmasche, 2 Maschen rechts, 2 Maschen links im Wechsel, enden mit 1 Masche rechts, Randmasche.

2. Reihe: Randmasche, 2 Maschen rechts, 2 Maschen links im Wechsel, enden mit 1 Masche rechts, Randmasche.

Die 1. und 2. Reihe stets wiederholen.

Maschenprobe

Im Strukturmuster mit Nadel Nr. 3: 31 Maschen und 42 Runden/Reihen = 10 x 10 cm

Hinweis: Der Pulli wird bis zu den Armausschnitten in einem Stück gestrickt und mit doppeltem Bund begonnen!

So wird's gemacht

Rückenteil

Zunächst für den inneren Bund mit der 1. langen Rundstricknadel 250 Maschen und 2 Randmaschen = 252 Maschen mit doppeltem Faden anschlagen und zur Runde schließen. Dann mit einfädigem Faden glatt rechts in Runden stricken. Nach 4 cm ab Anschlag die Maschen stilllegen.

Nun mit der 2. langen Rundstricknadel 286 Maschen und 2 Randmaschen = 288 Maschen mit doppeltem Faden anschlagen und zur Runde schließen. Dann mit einfädigem Faden in Runden im Rippenmuster arbeiten. Nach 6 cm ab Anschlag beide Bündchen wie folgt miteinander verbinden: Das Glatt-rechts-Bündchen liegt innen, das Rippenmuster-Bündchen außen. Nun je 1 Masche der äußeren und inneren Nadel rechts zusammenstricken, dabei jedoch jede 8. Masche nur von der äußeren Nadel rechts abstricken = 288 Maschen.

Danach im Strukturmuster in Runden weiterarbeiten, dabei den Rundenbeginn markieren. Nach 27 cm = 114 Runden ab Bund die Arbeit in Vorder- und Rückenteil teilen, dabei beidseitig je 1 Masche für die Armausschnitte abketten und im Strukturmuster in Reihen weiterarbeiten = je 143 Maschen für Vorder- und Rückenteil.

Zunächst das Rückenteil beenden, dabei für die Schulterschrägungen nach 45 cm = 188 Reihen ab Bund beidseitig 8 Maschen abketten, dann in jeder 2. Reihe 4-mal je 8 Maschen abketten und die restlichen 63 Maschen stilllegen.

Vorderteil

Wie das Rückenteil arbeiten, jedoch mit Halsausschnitt. Dafür nach 36 cm = 152 Reihen ab Bund die mittleren 27 Maschen abketten und jede Seite getrennt beenden. Für die Rundung am inneren Rand in jeder 2. Reihe 1-mal 4, 1-mal 3, 2-mal je 2 und 7-mal je 1 Masche abketten. In Rückenteilhöhe sind alle Maschen aufgebraucht.

Ärmel

82 Maschen und 2 Randmaschen = 84 Maschen mit Nadel Nr. 3 mit doppeltem Faden anschlagen, dann mit einfädigem Faden 5 cm im Rippenmuster in Reihen stricken, dabei in der letzten Reihe 1 Masche abnehmen = 83 Maschen. Im Strukturmuster in Reihen weiterarbeiten. Gleichzeitig für die Ärmelschrägungen beidseitig 14-mal abwechselnd in jeder 2. und 4. Reihe je 1 Masche mustergemäß zunehmen = 111 Maschen. Nach 11 cm = 46 Reihen ab Bund alle Maschen abketten.

Fertigstellung

Die Schulternähte schließen. Für das Halsbündchen aus dem vorderen Halsausschnitt mit der kurzen Rundstricknadel 109 Maschen auffassen und die 63 stillgelegten Rückenteilmaschen dazu auf die Nadel nehmen = 172 Maschen. Im Rippenmuster in Runden stricken und nach 3 cm Bundhöhe die Maschen abketten, wie sie erscheinen.

Die Ärmel einsetzen und die Ärmelnähte schließen.

Aus dem Stoff einen Streifen von 94 cm Breite und 23 cm Höhe zuschneiden. Die beiden kurzen Seiten zusammennähen und die Naht versäubern = rückwärtige Mittelnaht. Den unteren Saum 3 cm nach innen säumen. Die obere Stoffkante versäubern und mit kleinen Stichen an die Anschlagkante des Glatt-rechts-Bündchens nähen. Zum Fertigstellen siehe auch Seite 124.

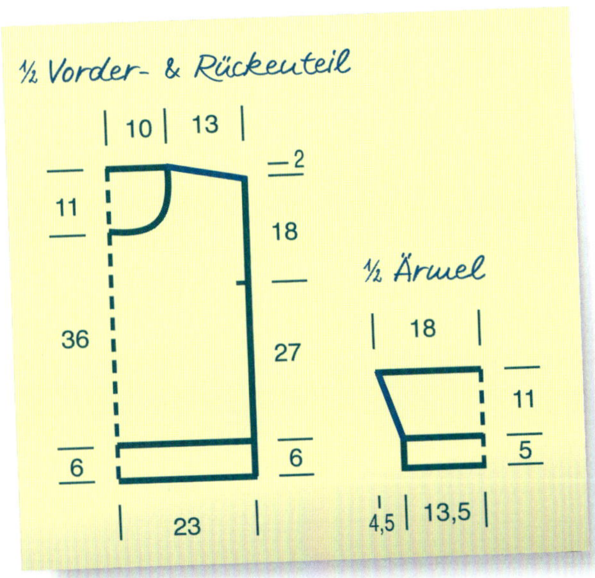

Streifenpullover

Schwierigkeit: ★ | Größe: 36/38 (40/42; 44/46)

Material

- Baumwollgarn mit Polyamid (80 % Baumwolle, 30 % Polyamid, Lauflänge 95 m/50 g): 200 (250/300) g Weiß und 200 (200/250) g Schwarz
- je 1 Paar Stricknadeln Nr. 5 und 5,5

Glatt rechts: In Hinreihen rechte Maschen, in Rückreihen linke Maschen stricken.

Randmaschen: Wahlweise den Nahtrand oder den Kettrand stricken 118.

Rippenmuster: 2 Maschen rechts, 2 Maschen links im Wechsel stricken. In den Rückreihen die Maschen stricken, wie sie erscheinen.

Betonte Abnahmen:

Am rechten Rand: Randmasche, 1 Masche rechts, 1 Überzug (= 1 Masche rechts abheben, 1 Maschen rechts und die abgehobene Masche überheben).

Am linken Rand: Die dritt- und zweitletzte Masche vor der Randmasche rechts zusammenstricken, 1 Masche rechts, Randmasche. (oder 2 Maschen rechts zusammenstricken, 1 Masche rechts, Randmasche)

Farbfolge: * 2 Reihen in Weiß, 4 Reihen in Schwarz stricken, ab * 5 (5/6)-mal wiederholen, 2 Reihen in Weiß, 2 Reihen in Schwarz, * 4 Reihen in Weiß, 2 Reihen in Schwarz stricken, ab * 6 (7/7)-mal wiederholen = 82 (88/94) Reihen.

Maschenproben

Im Rippenmuster mit Nadel Nr. 5: 16,5 Maschen und 23 Reihen = 10 x 10 cm.

Glatt rechts in der Farbfolge und im Rippenmuster mit Nadel Nr. 5,5: 15,5 Maschen und 22 Reihen = 10 x 10 cm

So wird's gemacht

Rückenteil

74 (80/86) Maschen und 2 Randmaschen = 76 (82/88) Maschen mit Nadel Nr. 5 in Schwarz anschlagen und für den Bund zwischen den Randmaschen im Rippenmuster stricken, dabei mit 1 Rückreihe beginnen. (Bei der mittleren Größe zwischen den Randmaschen mit 1 Masche links beginnen und enden). Nach 6,5 cm = 15 Reihen ab Anschlag mit Nadel Nr. 5,5 zwischen den Randmaschen glatt rechts in der Farbfolge weiterarbeiten.

Für die Armausschnitte nach 31 cm = 68 Reihen (32,5 cm = 72 Reihen/34,5 cm = 76 Reihen) ab Bund beidseitig 1-mal 5 Maschen abketten, dann 5-mal in jeder 2. Reihe je 1 Masche betont abnehmen = 56 (62/68) Maschen. Nach 37,5 cm = 82 Reihen (40 cm = 88 Reihen/ 43 cm = 94 Reihen) ab Bund zwischen den Randmaschen im Rippenmuster in Weiß weiterstricken, dabei für einen sauberen Farbübergang in der 1. Reihe nur rechte Maschen stricken.

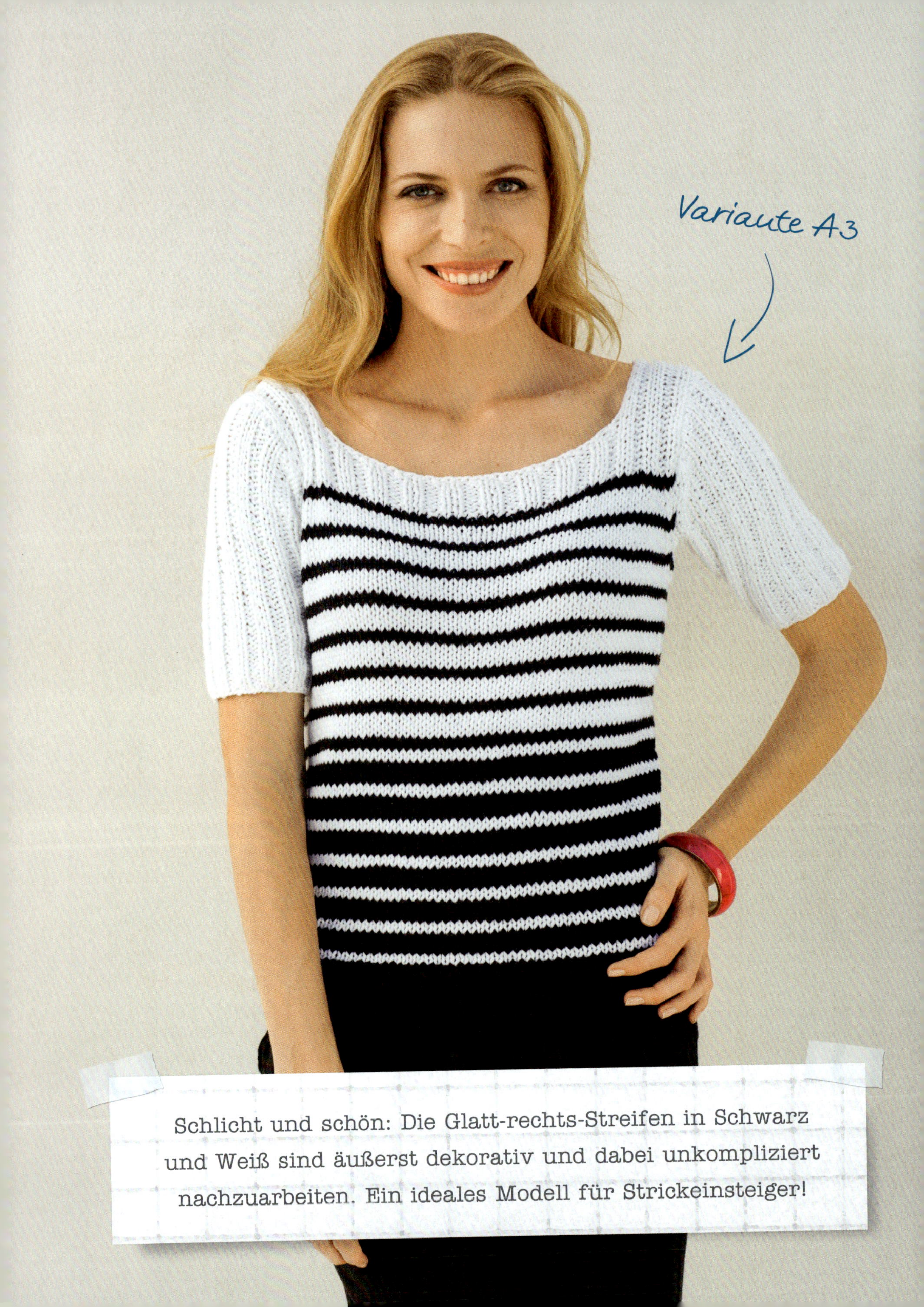

Schlicht und schön: Die Glatt-rechts-Streifen in Schwarz und Weiß sind äußerst dekorativ und dabei unkompliziert nachzuarbeiten. Ein ideales Modell für Strickeinsteiger!

Für den Halsausschnitt nach 42 cm = 92 Reihen (44,5 cm = 98 Reihen/47,5 cm = 104 Reihen) ab Bund die mittleren 32 (34/36) Maschen abketten und jede Seite getrennt beenden. Nach 50 cm = 110 Reihen (52,5 cm = 116 Reihen/55,5 cm = 122 Reihen) ab Bund die restlichen je 12 (14/16) Schulter-Maschen abketten.

Vorderteil

Wie das Rückenteil arbeiten.

Ärmel

42 (44/48) Maschen und 2 Randmaschen = 44 (46/50) Maschen mit Nadel Nr. 5,5 in Weiß anschlagen und zwischen den Randmaschen im Rippenmuster stricken, dabei mit 2 Maschen rechts (1 Masche links/1 Masche links) beginnen und enden.

Für die Ärmelschrägungen nach 4,5 cm ab Anschlag beidseitig 1 Masche, dann 2-mal in jeder 6. Reihe und 4-mal in jeder 4. Reihe je 1 Masche mustergemäß zunehmen = 58 (60/64) Maschen. Für die Armkugel nach 19 cm ab Anschlag beidseitig 1-mal 5 Maschen abketten, dann 5-mal in jeder 2. Reihe je 1 Masche betont abnehmen. Nach 24,5 cm ab Anschlag die restlichen 38 (40/44) Maschen abketten.
Den zweiten Ärmel ebenso arbeiten.

Fertigstellung

Die Schulternähte schließen. Die Ärmel einsetzen und die Seiten- und Ärmelnähte schließen. Zum Fertigstellen siehe auch Seite 124.

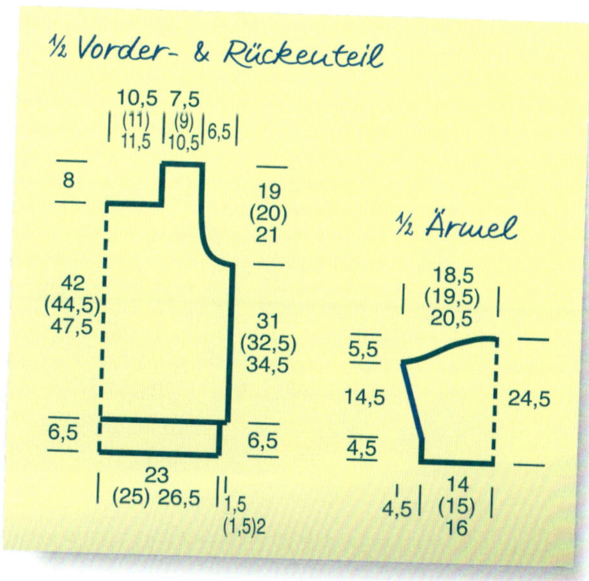

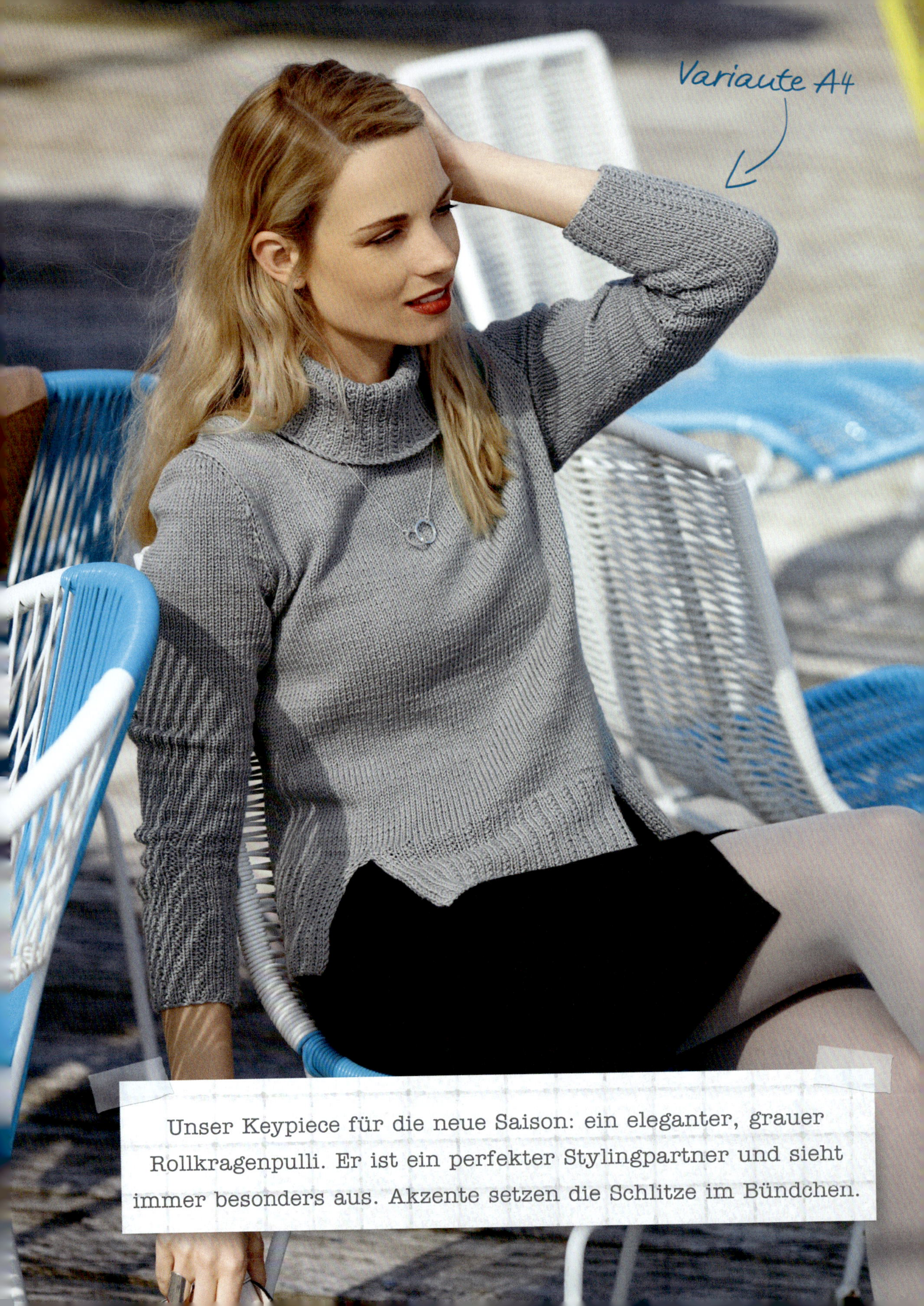

Unser Keypiece für die neue Saison: ein eleganter, grauer Rollkragenpulli. Er ist ein perfekter Stylingpartner und sieht immer besonders aus. Akzente setzen die Schlitze im Bündchen.

Rollkragenpullover

Schwierigkeit: ★ | Größe: 36/38 (40/42; 44/46)

Material

- Schurwollgarn mit Seide (70 % Schurwolle, 30 % Seide, Lauflänge ca. 140 m/50 g): ca. 350 (400/400) g Hellgrau
- Stricknadeln Nr. 4
- Rundstricknadeln Nr. 3,5 und 4, je 40 cm lang

Glatt rechts: In Hinreihen rechte Maschen, in Rückreihen linke Maschen stricken.
Kraus rechts: Hin- und Rückreihen rechte Maschen stricken.
Randmaschen: Wahlweise den Nahtrand oder den Kettrand stricken (siehe Seite 118)
Rippenmuster: 2 Maschen glatt rechts, 1 Masche kraus rechts im Wechsel stricken.

Maschenproben
Im Rippenmuster mit Nadel Nr. 4: 20 Maschen und 33 Reihen = 10 x 10 cm.
Glatt rechts mit Nadel Nr. 4: 23 Maschen und 31 Reihen = ca. 10 cm x 10 cm

So wird's gemacht

Rückenteil

97 (105/113) Maschen und 2 Randmaschen = 99 (107/115) Maschen mit Nadel Nr. 4 anschlagen und 10 cm = 33 Reihen im Rippenmuster arbeiten, dabei in einer Rückreihe nach der Randmasche mit 1 Masche kraus rechts, 2 Maschen glatt rechts beginnen und gegengleich enden. In der 33. Reihe 1 Masche zunehmen = 100 (108/116) Maschen. Dann glatt rechts weiterarbeiten.

Für die Armausschnitte nach 24,5 (23,5/23) cm = 76 (74/72) Reihen ab Bund beidseitig 1-mal je 2 (3/4) Maschen abketten, dann in jeder 2. Reihe 5 (6/7)-mal je 1 Masche abketten = 86 (90/94) Maschen. Für die Schulterschrägung nach 17,5 (18,5/19) cm = 54 (56/58) Reihen Armausschnitthöhe beidseitig 1-mal je 5 (5/6) Maschen abketten, dann in jeder 2. Reihe noch 2-mal je 5 (5/6) Maschen und 1-mal je 6 (7/5) Maschen abketten. Gleichzeitig mit der ersten Schulterschrägung für den Halsausschnitt die mittleren 36 (38/40) Maschen abketten und zunächst die linke Seite beenden. Am inneren Rand für die weitere Rundung in jeder 2. Reihe noch 1-mal 3 Maschen und 1-mal 1 Masche abketten. Die rechte Seite gegengleich beenden.

Vorderteil

Für die Schlitze zunächst drei Teile getrennt arbeiten. Für das Mittelteil 44 (47/50) Maschen und 2 Randmaschen = 46 (49/52) Maschen mit Nadel Nr. 4 anschlagen und 30 Reihen im Rippenmuster arbeiten, dabei in einer Rückreihe nach der Randmasche mit 2 Maschen links, 1 Masche kraus links beginnen und gegengleich enden. Für die beiden Seitenteile jeweils 26 (29/32) Maschen und 2 Randmaschen = 28 (31/34) Maschen anschlagen und ebenfalls 30 Reihen im Rippenmuster arbeiten, dabei die Maschen wie beim Mittelteil einteilen. Nach 30 Reihen alle Teile auf eine Nadel nehmen, dabei die aneinander stoßenden Randmaschen der Teile jeweils rechts zusammenstricken und weiter glatt rechts stricken.

In der 1. Reihe 0 (1/2) Maschen abnehmen = 100 (108/116) Maschen. Weiter wie das Rückenteil arbeiten, jedoch für den tieferen Halsausschnitt bereits nach 12,5 (13,5/14) cm = 38 (42/44) Reihen Armausschnitthöhe die mittleren 18 (20/22) Maschen abketten und zuerst die linke Seite beenden.

Am inneren Rand für die weitere Rundung in jeder 2. Reihe noch 1-mal 3 Maschen, 1-mal 2 Maschen, 7-mal 1 Masche abketten und in der folgenden 4. Reihe 1-mal 1 Masche abketten. Die rechte Seite gegengleich beenden.

Ärmel

42 (45/48) Maschen 2 Randmaschen = 44 (47/50) Maschen mit Nadel Nr. 4 anschlagen und für den Bund im Rippenmuster arbeiten, dabei in einer Rückreihe nach der Randmasche mit 1 Masche links, 1 Masche kraus rechts, 2 Maschen links beginnen und gegengleich enden.

In der 63. Reihe 1 Masche zunehmen = 45 (48/51) Maschen. Nach ca. 20 cm = 63 Reihen ab Anschlag glatt rechts weiterstricken. Für die Schrägung in der 3. Reihe ab Bund 1-mal und danach abwechselnd in jeder 8. und 6. Reihe beidseitig 8-mal je 1 Masche zunehmen = 63 (66/69) Maschen.

Für die Armkugel nach 21 (20/19,5) cm = 64 (62/60) Reihen glatt rechts beidseitig 1-mal je 2 (3/4) Maschen abketten. Nun in der 2. Reihe 1-mal je 2 Maschen, dann in jeder 2. Reihe 5 (6/7)-mal je 1 Masche abketten. Weiter in jeder 4. Reihe 5-mal je 1 Masche, danach in jeder 2. Reihe 5-mal 1 Masche, 1-mal 2 Maschen und 1-mal 3 Maschen abketten.

Nach 15,5 (16,5/17) cm = 48 (50/52) Reihen ab Beginn der Armkugel die restlichen 15 (14/13) Maschen abketten.

Fertigstellung

Die Schulter- und Seitennähte schließen. Im Vorderteil die Schlitze ca. 1 cm schließen. Für den Rollkragen, beginnend an der rechten Schulternaht, mit der Rundstricknadel Nr. 3,5 aus dem Halsausschnitt 105 (108/111) Maschen auffassen, die Arbeit zur Runde schließen und wenden, sodass die Musterseite nach innen zeigt, und im Rippenmuster weiterarbeiten, dabei mit 1 Masche glatt rechts, 1 Masche kraus rechts beginnen.

Nach 9 cm Kragenhöhe zur Rundstricknadel Nr. 4 wechseln. Nach 19 cm Rippenmuster alle Maschen locker abketten. Den Kragen nach außen umschlagen. Die Ärmelnähte schließen und die Ärmel einsetzen. Zum Fertigstellen siehe auch Seite 124.

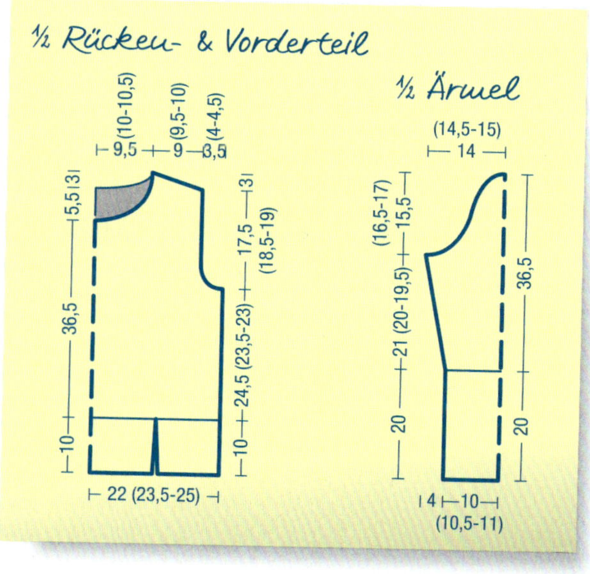

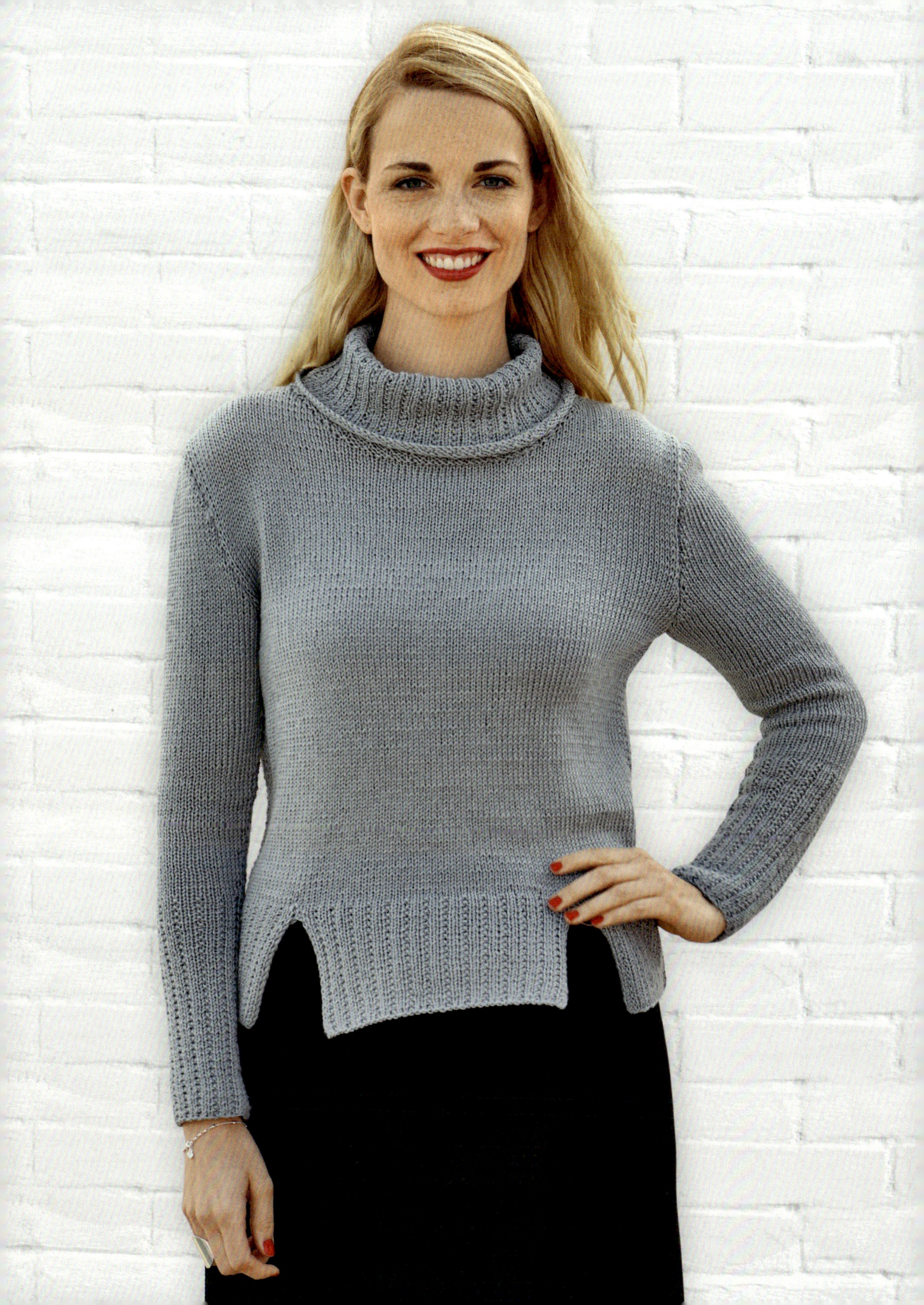

Gerader Pullover mit Zöpfen

Schwierigkeit: ★★ | Größe: 36/38 (40/42; 44)

Material

- Alpakagarn (100 % Baby-Alpaka, Lauflänge 85 m/50 g): 700 (750/800) g Natur
- Stricknadeln Nr. 4,5 und 5, Zopfnadel
- Rundstricknadel Nr. 4,5, 40 cm lang

Glatt rechts: In Hinreihen rechte Maschen, in Rückreihen linke Maschen stricken.

Randmaschen: Wahlweise den Nahtrand oder den Kettrand stricken (siehe Seite 118).

Rippenmuster: 2 Maschen rechts, 2 Maschen links im Wechsel stricken.

Zopfmuster: Nach der Strickschrift arbeiten. Es sind nur die Hinreihen gezeichnet, in den Rückreihen die Maschen stricken, wie sie erscheinen. 1-mal die 1.–18. Reihe stricken, dann die 3.–18. Reihe stets wiederholen.

Maschenprobe

Glatt rechts mit Nadeln Nr. 5: 19 Maschen und 23 Reihen = 10 x 10 cm

Im Zopfmuster mit Nadeln Nr. 5: 22 Maschen und 23 Reihen = 7,5 x 10 cm

Strickschrift

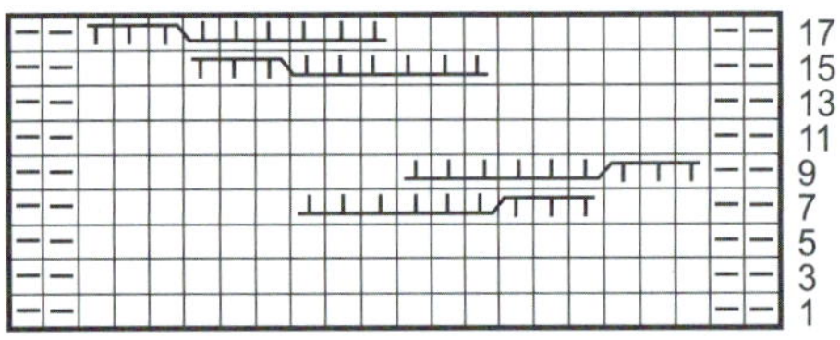

Zeichenerklärung:

☐ = 1 Masche rechts ⊟ = 1 Masche links

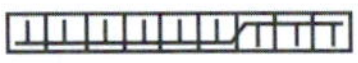 = 3 Maschen auf eine Zopfnadel hinter die Arbeit legen, 6 Maschen rechts stricken, dann die Maschen der Zopfnadel rechts stricken.

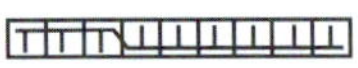 = 6 Maschen auf eine Zopfnadel vor die Arbeit legen, 3 Maschen rechts stricken, dann die Maschen der Zopfnadel rechts stricken.

So wird's gemacht

Rückenteil

96 (100/108) Maschen und 2 Randmaschen = 98 (102/110) Maschen mit Nadel Nr. 4,5 anschlagen und 7 cm im Rippenmuster stricken, dabei in der 1. Reihe = Rückreihe nach der Randmasche mit 1 Masche links, 2 Maschen rechts, 2 Maschen links beginnen und gegengleich enden. Dann mit Nadel Nr. 5 weiterarbeiten, dabei in der 1. Reihe gleichmäßig verteilt 14 (18/18) Maschen zunehmen = 112 (120/128) Maschen und die Maschen wie folgt einteilen und stricken: Randmasche, 10 (12/14) Maschen glatt rechts, 22 Maschen Zopfmuster, 46 (50/54) Maschen glatt rechts, 22 Maschen Zopfmuster, 10 (12/14) Maschen glatt rechts, Randmasche.

Nach 45 (43/41) cm ab Anschlag für die **Armausschnitte** beidseitig 9 Maschen abketten = 94 (102/110) Maschen.

Nach 61 cm ab Anschlag für den **Halsausschnitt** die mittleren 40 Maschen abketten und beide Seiten getrennt beenden (siehe Seite 8). Für die **Ausschnittrundung** jeweils am inneren Rand in jeder 2. Reihe 1-mal 2 Maschen und 1-mal 1 Masche abketten.

Vorderteil

Wie das Rückenteil arbeiten, jedoch für den tieferen **Halsausschnitt** schon nach 53 cm ab Anschlag die mittleren 24 Maschen abketten und beide Seiten getrennt beenden. Für die **Ausschnittrundung** jeweils am inneren Rand in jeder 2. Reihe 1-mal 3 Maschen, 2-mal 2 Maschen, 2-mal 1 Masche und dann in der folgenden 4. Reihe 1-mal 1 Masche und in der folgenden 6. Reihe 1-mal 1 Masche abketten.

Der Grundschnitt A wird hier durch Zu- und Abnahmen leicht verändert: Er hat Ärmelschrägungen und Bündchen. Das Zopfmuster peppt auf und der Rollkragen garantiert den Kuschelfaktor!

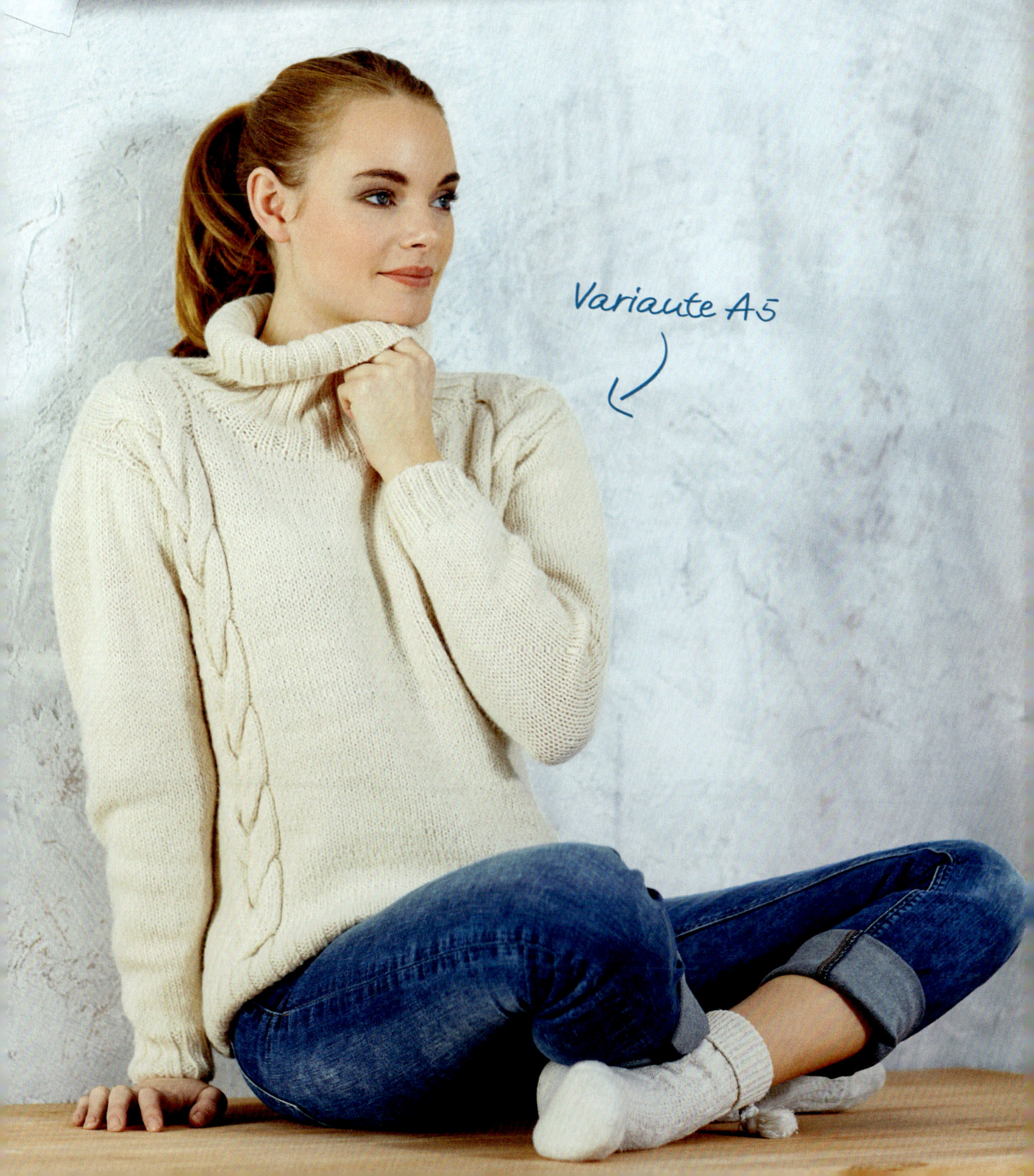

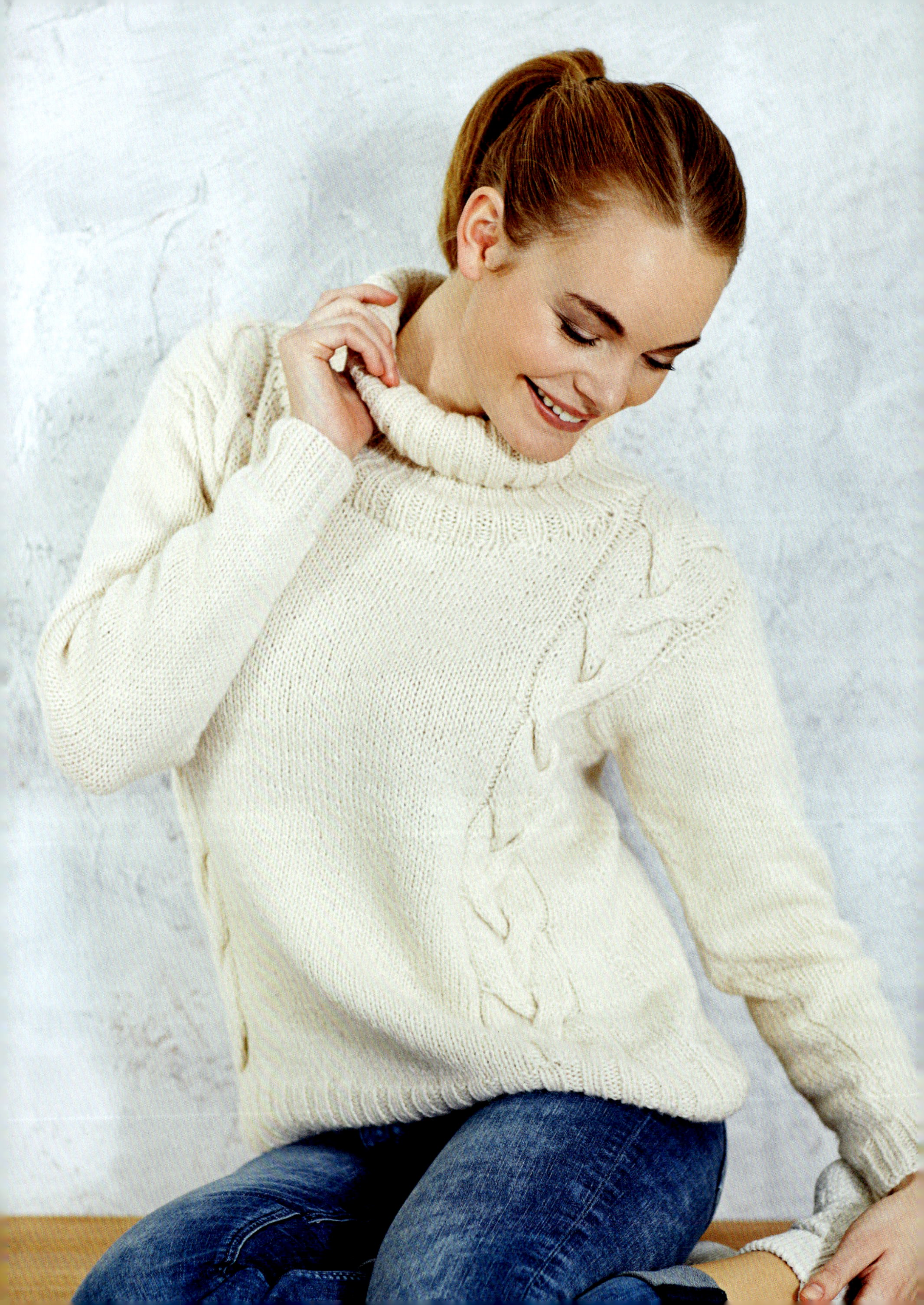

Ärmel

36 (40/44) Maschen und 2 Randmaschen = 38 (42/46) Maschen mit Nadel Nr. 4,5 anschlagen und 5 cm im Rippenmuster stricken, dabei in der 1. Reihe = Rückreihe nach der Randmasche mit 1 Masche links, 2 Maschen rechts, 2 Maschen links beginnen und gegengleich enden. Mit Nadeln Nr. 5 glatt rechts weiterarbeiten, dabei in der 1. Reihe gleichmäßig verteilt 2 Maschen zunehmen = 40 (44/48) Maschen.

Für die Ärmelschrägungen beidseitig in jeder 8. Reihe 4-mal 1 Masche und in jeder 6. Reihe 11-mal 1 Masche (in jeder 6. Reihe 16-mal 1 Masche und in der folgenden 4. Reihe 1-mal 1 Masche/in jeder 6. Reihe 12-mal 1 Masche und in jeder 4. Reihe 7-mal 1 Masche) zunehmen = 70 (78/86) Maschen.

Nach 55 cm ab Anschlag alle Maschen abketten.

Den zweiten Ärmel ebenso arbeiten.

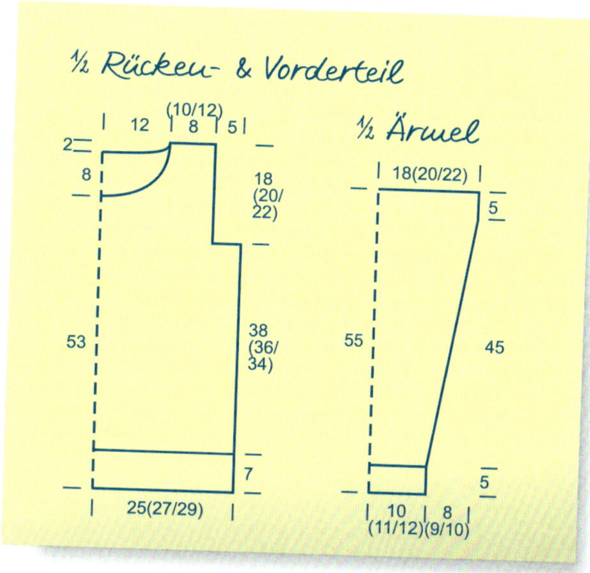

Fertigstellung

Die Schulternähte schließen.

Aus dem Halsausschnitt 124 Maschen mit der Rundstricknadel Nr. 4,5 auffassen und 20 cm im Rippenmuster stricken. Die Maschen abketten. Die Ärmel einsetzen. Die Seiten- und Ärmelnähte schließen. Zum Fertigstellen siehe auch Seite 124.

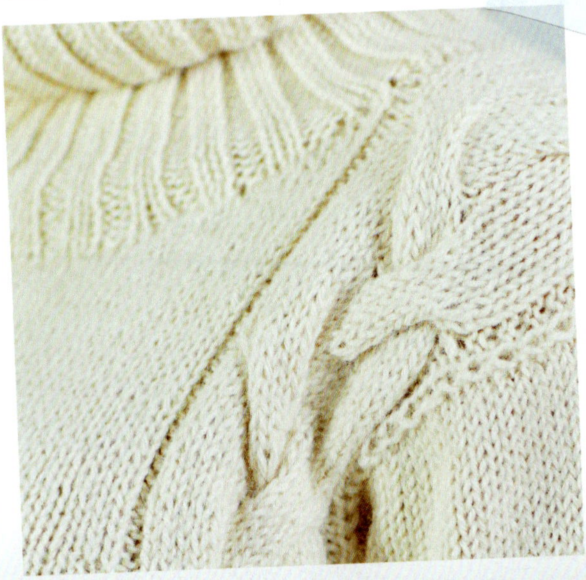

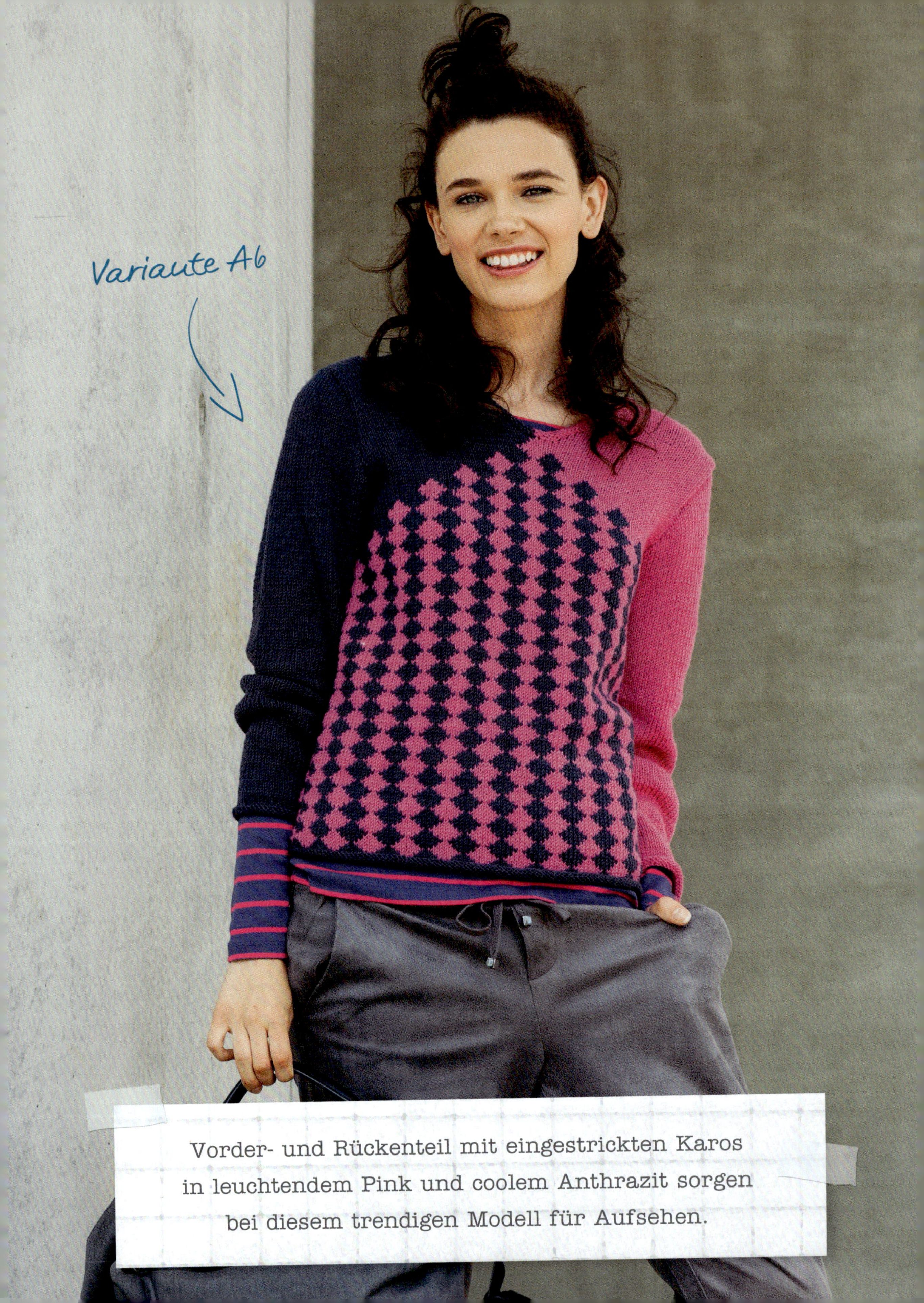

Vorder- und Rückenteil mit eingestrickten Karos in leuchtendem Pink und coolem Anthrazit sorgen bei diesem trendigen Modell für Aufsehen.

Jacquardpullover mit Karos

Schwierigkeit: ★★★ | Größe: 36/38 (42/44)

Material

- Schurwollgarn (100 % Schurwolle, Lauflänge 145 m/50 g): je 450 (550) g Fuchsia und Grau
- Stricknadeln Nr. 3,5 und 4
- Rundstricknadel Nr. 3,5

Glatt links: In Hinreihen linke Maschen, in Rückreihen rechte Maschen stricken.

Glatt rechts: In Hinreihen rechte Maschen, in Rückreihen linke Maschen stricken.

Randmaschen: Wahlweise den Nahtrand oder den Kettrand stricken (siehe Seite 118).

Jacquardmuster A (über 103 Maschen): Nach Zählmuster 1 mit mehreren Knäueln glatt rechts in Jacquardtechnik (siehe Seite 123) stricken, dabei den unbenutzten Faden auf der Arbeitsrückseite locker weiterführen. Es sind die Hin- und Rückreihen gezeichnet. Jede Reihe beginnt und endet mit 1 Randmasche. Die 1.–6. Reihe 15-mal stricken, die 7.–46. Reihe 1-mal arbeiten = 130 Reihen, dann die 45. und 46. Reihe stets wiederholen.

Jacquardmuster B (über 119 Maschen): Wie das Jacquardmuster A stricken, jedoch nach Zählmuster 2 arbeiten. Die 1.–6. Reihe 15-mal stricken, die 7.–52. Reihe 1-mal arbeiten = 136 Reihen, zuletzt die 51. und 52. Reihe stets wiederholen.

Hinweis: Armausschnitte und V-Ausschnitt sind nicht gezeichnet.

Maschenprobe

Glatt links und glatt rechts in den Jacquardmustern A und B mit Nadel Nr. 4: 22,5 Maschen und 29,5 Reihen = 10 x 10 cm

So wird's gemacht

Rückenteil

103 (119) Maschen und 2 Randmaschen = 105 (121) Maschen mit Nadel Nr. 3,5 in Grau anschlagen und für die Blende 1,5 cm = 4 Reihen glatt links stricken. Dann mit Nadel Nr. 4 im Jacquardmuster A (B) weiterarbeiten. Für die Armausschnitte nach 36,5 cm = 108 Reihen (38 cm = 112 Reihen) ab Blende beidseitig 1-mal 4 Maschen, dann in jeder 2. Reihe 1-mal 3, 2-mal je 2 und 2-mal je 1 Masche, danach in jeder 4. Reihe 2-mal je 1 Masche abketten = 75 (91) Maschen.

Achtung: Nach der 43. (49.) Zählmusterreihe beim Farbwechsel die Fäden auf der Rückseite der Arbeit verkreuzen (siehe Seite 123)!

Nach 55 cm = 162 Reihen (58,5 cm = 172 Reihen) ab Blende alle Maschen abketten, dabei bilden die mittleren 35 (39) Maschen den Halsausschnitt und die äußeren je 20 (26) Maschen die Schultern.

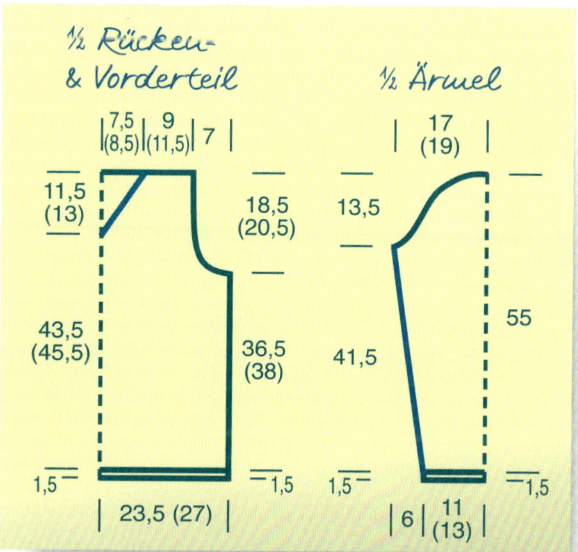

Vorderteil

Wie das Rückenteil arbeiten, jedoch gegengleich und mit V-Ausschnitt. Dafür in der 128. (134.) Reihe (= Rückreihe) ab Blende die mittleren Maschen abketten und jede Seite getrennt beenden. Für die Ausschnittschrägung in der folgenden Hinreihe am inneren Rand je 1 Masche abnehmen. Diese Abnahme noch 16 (18)-mal in jeder 2. Reihe wiederholen. In Rückenteilhöhe die restlichen je 20 (26) Schultermaschen abketten.

Linker Ärmel

48 (57) Maschen und 2 Randmaschen = 50 (59) Maschen mit Nadel Nr. 3,5 in Fuchsia anschlagen und für die Blende 1,5 cm = 4 Reihen glatt links stricken. Dann mit Nadel Nr. 4 glatt rechts weiterarbeiten. Gleichzeitig für die Ärmelschrägungen beidseitig 5-mal in jeder 10. Reihe und 8-mal in jeder 8. Reihe je 1 Masche zunehmen = 76 (85) Maschen.

Für die Armkugel nach 41,5 cm = 122 Reihe ab Blende beidseitig 1-mal 3 Maschen, dann in jeder 2. Reihe 2-mal je 2, 13-mal je 1, 3-mal je 2 und 1-mal 3 Maschen abketten. Nach 55 cm = 162 Reihe ab Blende die restlichen 18 (27) Maschen abketten.

Den rechten Ärmel ebenso arbeiten, jedoch in Grau.

Fertigstellung

Die Schulternähte schließen. Für die Halsausschnittblende mit der Rundstricknadel Nr. 3,5 beginnend

Zählmuster 1

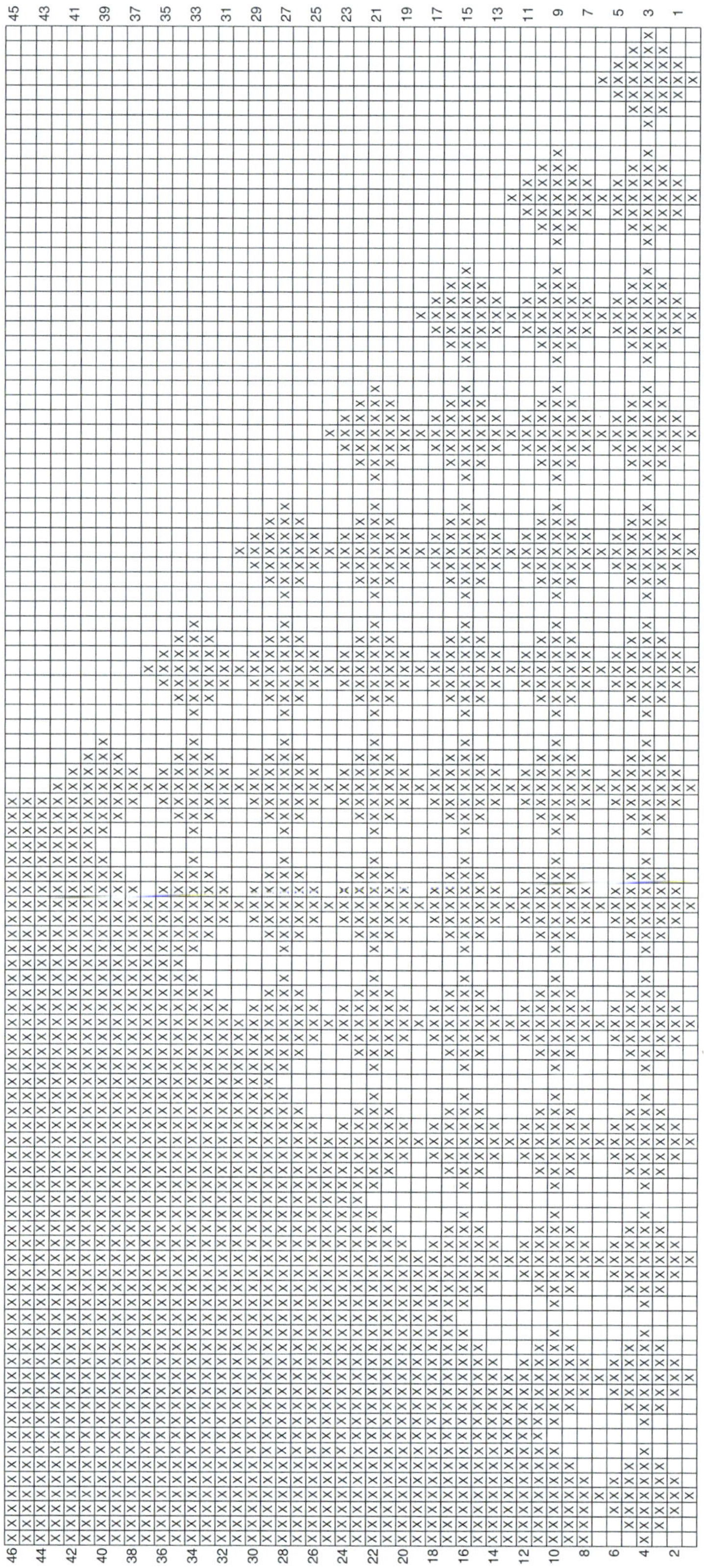

Zählmuster 2

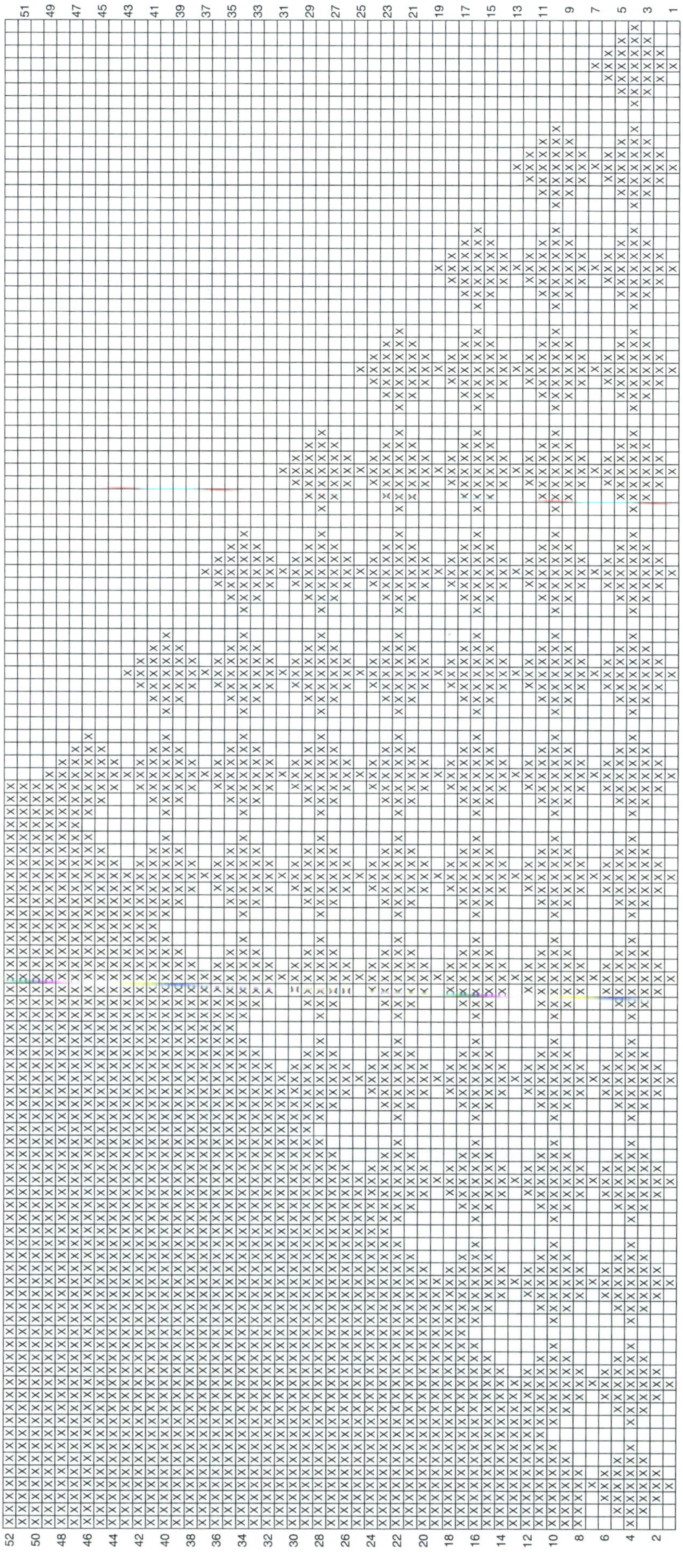

in der rückwärtigen Mitte aus jeder Ausschnitthälfte farbgemäß je 54 (62) Maschen auffassen und über alle 108 (124) Maschen 2 Reihen glatt links stricken. In der folgenden Rückreihe alle Masche links abketten. Die Rück-Blendennaht schließen. Die Ärmel einsetzen und die Seiten- und Ärmelnähte schließen. Zum Fertigstellen siehe auch Seite 124.

Zeichenerklärung:

☐ = Grau

☒ = Fuchsia

1 Kästchen = 1 Masche und 1 Reihe

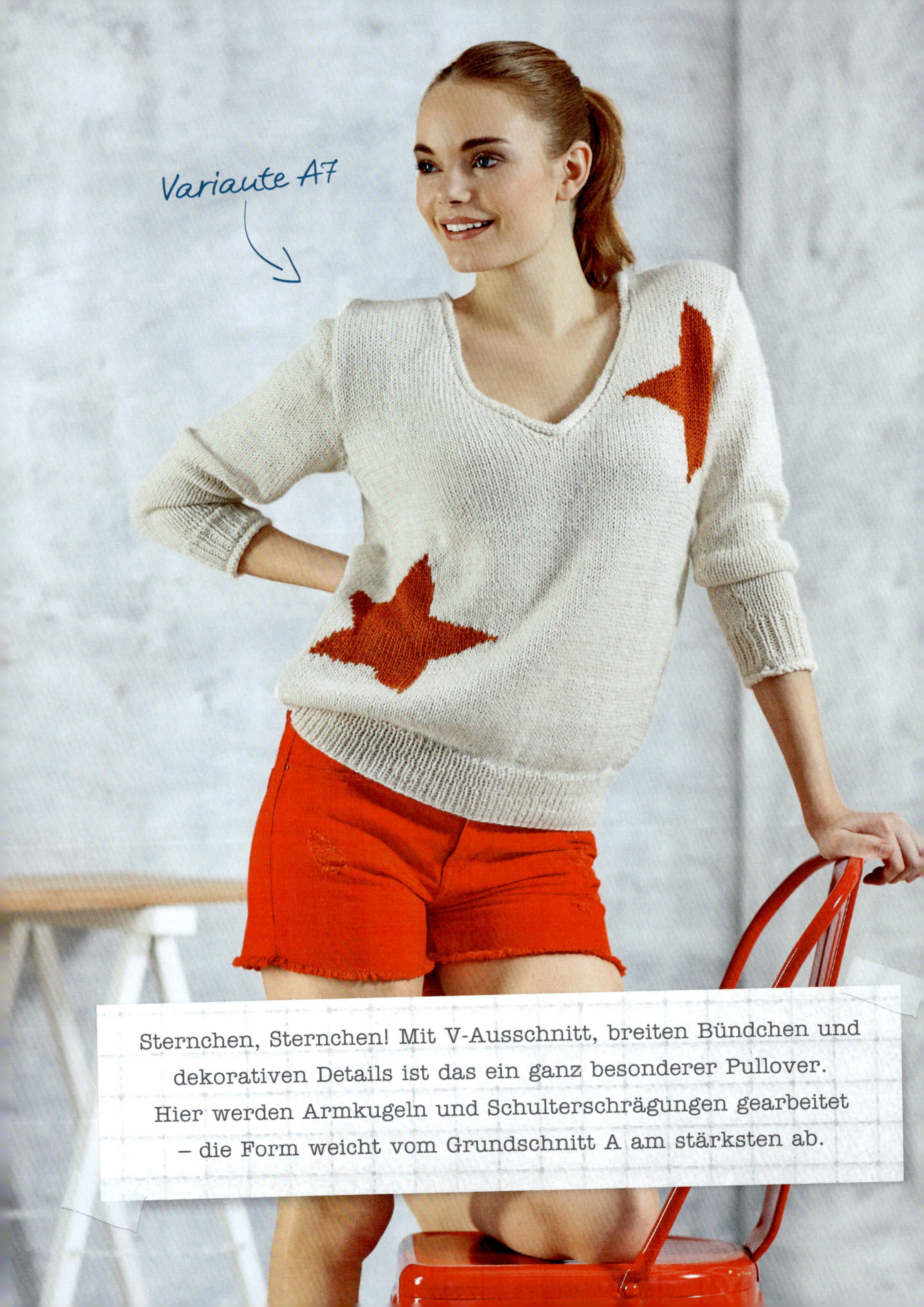

Sternchen, Sternchen! Mit V-Ausschnitt, breiten Bündchen und dekorativen Details ist das ein ganz besonderer Pullover. Hier werden Armkugeln und Schulterschrägungen gearbeitet – die Form weicht vom Grundschnitt A am stärksten ab.

Pullover mit V-Ausschnitt und Sternen

Schwierigkeit: ★★ | Größe: 36/38 (40/42; 44)

Material

- Alpakamischgarn (35 % Alpaka, 50 % Polyacryl, 15 % Schurwolle, Lauflänge 94 m/50 g): 500 (550/600) g Natur und 50 g Rost
- Stricknadeln Nr. 5,5 und 6
- Rundstricknadel Nr. 5,5, 40 cm lang

Glatt rechts: In Hinreihen rechte Maschen, in Rückreihen linke Maschen stricken. In Runden stets rechte Maschen stricken.

Randmaschen: Nach Wunsch Naht-, Kett- oder Knötchenrand arbeiten (siehe Seite 118).

Rippenmuster: 1 Masche rechts, 1 Masche links im Wechsel stricken.

Intarsienmuster: Alle Reihen glatt rechts nach dem Zählmuster A bzw. B arbeiten. Die einzelnen Farbflächen mit separaten Knäueln stricken und beim Farbwechsel die Fäden auf der Rückseite der Arbeit miteinander verkreuzen.

Maschenprobe

Glatt rechts mit Nadeln Nr. 6: 19 Maschen und 21 Reihen = 10 x 10 cm

So wird's gemacht

Rückenteil

96 (102/110) Maschen und 2 Randmaschen = 98 (104/112) Maschen in Natur mit Nadel Nr. 5,5 anschlagen und 6 cm im Rippenmuster stricken. Dann mit Nadeln Nr. 6 glatt rechts weiterarbeiten.

Nach 46 cm ab Anschlag für die Armausschnitte beidseitig 1-mal 4 Maschen, 1-mal 3 Maschen, 1-mal 2 Maschen und 1-mal 1 Masche abketten = 78 (84/92) Maschen. Nach 65 (67/69) cm ab Anschlag für die Schulterschrägungen beidseitig 1-mal 7 (8/10) Maschen und in jeder 2. Reihe 2-mal 7 (8/9) Maschen abketten. Gleichzeitig für den Halsausschnitt die mittleren 30 Maschen abketten und beide Seiten getrennt beenden. Für die Ausschnittrundung jeweils am inneren Rand in jeder 2. Reihe 1-mal 2 Maschen und 1-mal 1 Masche abketten.

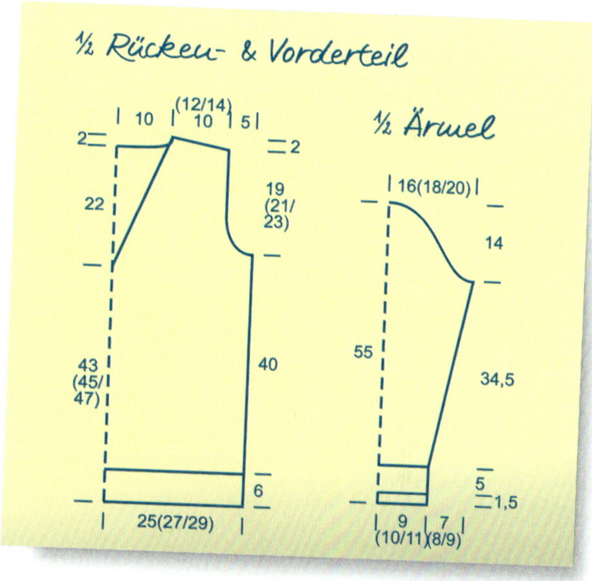

Vorderteil

Wie das Rückenteil arbeiten, jedoch 13 cm ab Anschlag über die letzten 36 (39/43) Maschen das Intarsienmuster (Zählmuster A) stricken, enden mit Pfeil a (b/c). Und ab 27 (30,5/34,5) cm ab Anschlag über die ersten 36 (39/43) Maschen das Intarsienmuster (Zählmuster B) ab Pfeil a (b/c) stricken und für den V-Ausschnitt die Arbeit nach 43 (45/47) cm ab Anschlag teilen und beide Seiten getrennt beenden (siehe Seite 8). Für die Ausschnittschrägung jeweils am inneren Rand in jeder 2. Reihe 10-mal 1 Masche und in jeder 4. Reihe 8-mal 1 Masche abnehmen.

Ärmel

34 (38/42) Maschen und 2 Randmaschen = 36 (40/44) Maschen in Natur mit Nadel Nr. 5,5 anschlagen und für den kleinen Rollrand am Bündchen 1,5 cm glatt rechts stricken. Dann 5 cm im Rippenmuster stricken. Danach mit Nadeln Nr. 6 glatt rechts weiterarbeiten.

Für die Ärmelschrägungen beidseitig in jeder 6. Reihe 7-mal 1 Masche und in jeder 4. Reihe 6-mal 1 Masche (in jeder 6. Reihe 4-mal 1 Masche und in jeder 4. Reihe 11-mal 1 Masche/in jeder 4. Reihe 17-mal 1 Masche) zunehmen = 62 (70/78) Maschen.

Nach 41 cm ab Anschlag für die Armkugel beidseitig 1-mal 4 Maschen und in jeder 2. Reihe 1-mal 3 Maschen, 1-mal 2 Maschen, 9-mal 1 Masche, 1-mal 2 Maschen, 1-mal 3 Maschen und 1-mal 4 Maschen = 8 (16/24) Maschen. Nach 55 cm ab Anschlag die restlichen 8 (16/24) Maschen abketten.

Den zweiten Ärmel ebenso arbeiten.

Fertigstellung

Die Schulternähte schließen.

Aus dem Halsausschnitt 144 Maschen in Natur mit einer Rundstricknadel Nr. 5,5 auffassen und für den kleinen Rollrand 1,5 cm glatt rechts stricken. Die Maschen locker abketten. Die Ärmel einsetzen. Die Seiten- und Ärmelnähte schließen. Zum Fertigstellen siehe auch Seite 124.

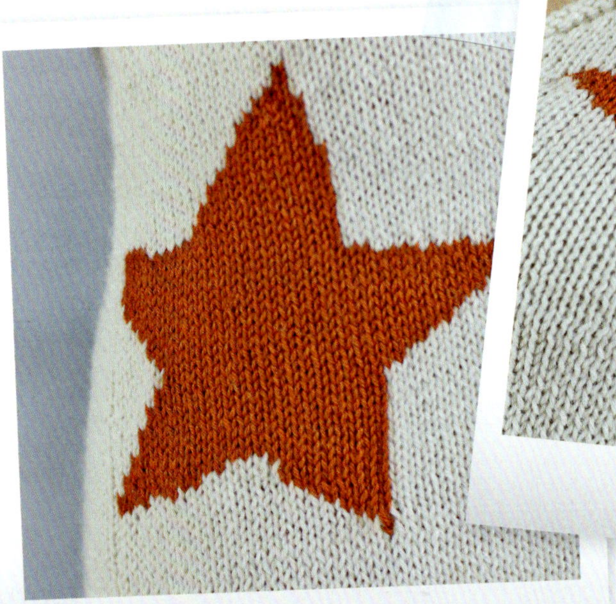

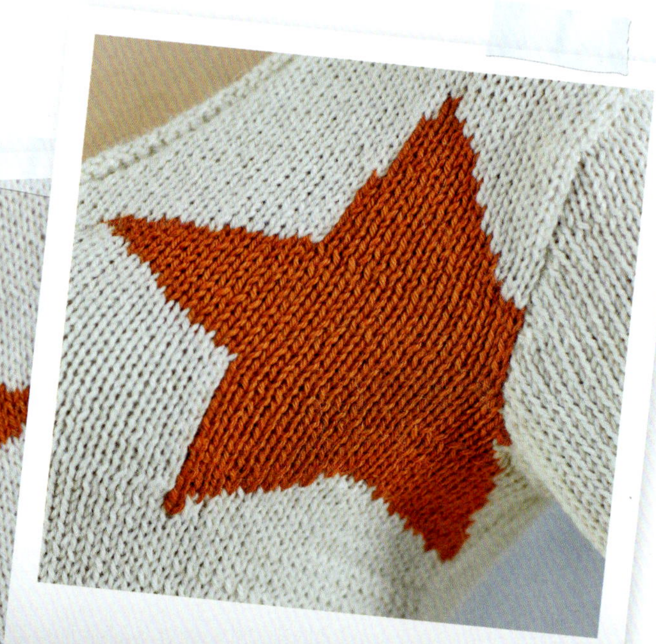

Zählmuster A

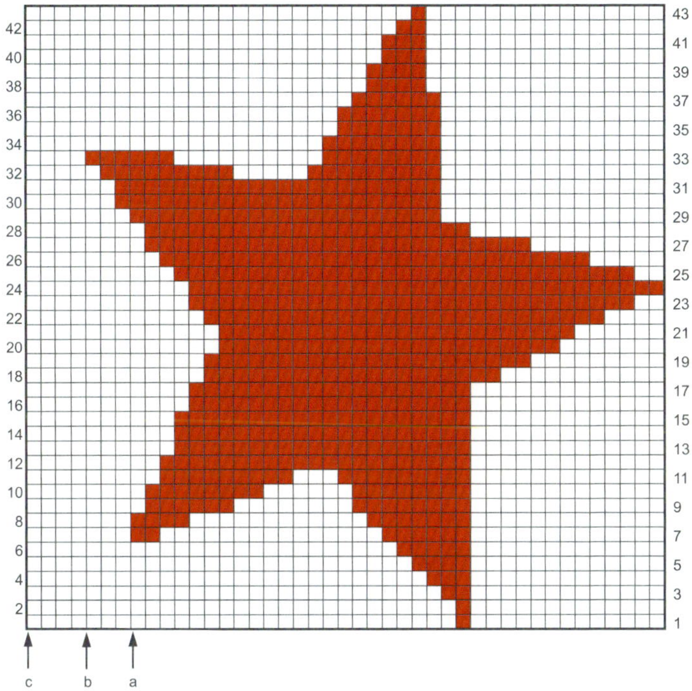

Zählmuster B

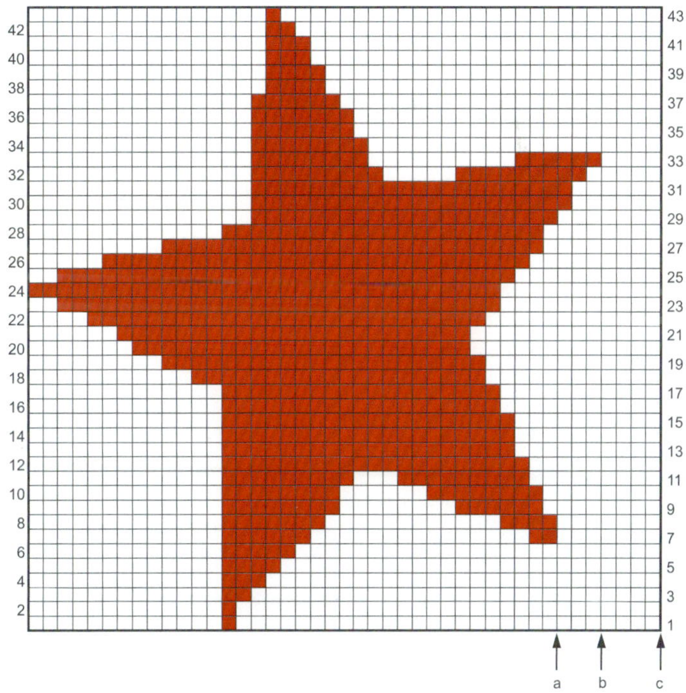

Zeichenerklärung:

□ = 1 Masche in Natur

■ = 1 Masche in Rost

Dreifarbiger Pullover mit Hebemaschen

Schwierigkeit: ★★ | Größe: 38/40 (42/44; 46/48)

Material

- Wollgarn mit Polyacryl und Alpaka (50 % Wolle, 40 % Polyacryl, 10 % Alpaka, Lauflänge 90 m/50 g): 350 (400/450) g Anthrazit, je 100 (150/150) g Rost und Hellgrau
- Stricknadeln Nr. 7
- Rundstricknadel Nr. 7

Rippenmuster in Reihen: Maschenzahl teilbar durch 4 und 2 Randmaschen. Jede Reihe beginnt und endet mit 1 Randmasche.
Hinreihe: * 1 Masche rechts, 2 Maschen links, 1 Masche rechts, ab * stets wiederholen.
Rückreihe: Die Maschen stricken, wie sie erscheinen; **in Runden:** stets 2 Maschen rechts, 2 Maschen links im Wechsel.
Randmaschen: Wahlweise den Nahtrand oder den Kettrand stricken (siehe Seite 118).

Strickschrift

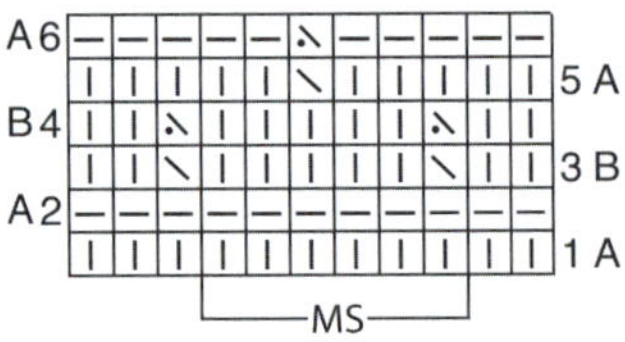

Zeichenerklärung:

A = Anthrazit
B = Schmuckfarbe Rost/Hellgrau
| = 1 Masche rechts
– = 1 Masche links
⟍ = 1 Masche links abheben, dabei den Faden hinter der Arbeit langführen
⟍· = 1 Masche links abheben, dabei den Faden vor der Arbeit langführen

Hebemaschenmuster: Maschenzahl teilbar durch 6 + 5 + 2 Randmaschen. Nach Strickschrift arbeiten. Gezeichnet sind die Hin- und Rückreihen. Die 1.–6. Reihe 1-mal stricken, dann die 3.–6. Reihe stets wiederholen, dabei die Farbangaben laut Streifenfolge beachten.
Streifenfolge: 22 Reihen in Rost, * 20 Reihen in Hellgrau, 20 Reihen in Rost, arbeiten, ab * stets wiederholen.

Maschenprobe
Hebemaschenmuster: 14 Maschen und 25 Reihen = 10 x 10 cm

So wird's gemacht

Rückenteil
64 (68/76) Maschen und 2 Randmaschen = 66 (70/78) Maschen in Anthrazit mit Nadel Nr. 7 anschlagen und für den Bund 7 cm im Rippenmuster stricken. Danach im Hebemaschenmuster nach Streifenfolge weiterarbeiten, dabei in der 1. Reihe gleichmäßig verteilt 1 (3/1) Maschen zunehmen = 67 (73/79) Maschen.
Für die **Schulterschrägungen** nach 52 cm = 130 Reihen ab Bund beidseitig 1-mal 3 Maschen, dann in jeder 2. Reihe 4-mal je 3 und 1-mal 2 Maschen (5-mal je 3 Maschen/1-mal je 3 und 5-mal je 3 Maschen) abketten. Nach 57 cm = 142 Reihen ab Bund die restlichen 33 (37/37) Maschen abketten, dabei bilden die mittleren 29 Maschen den Halsausschnitt, die äußeren je 2 (4/4) Maschen gehören noch zu den Schultern.

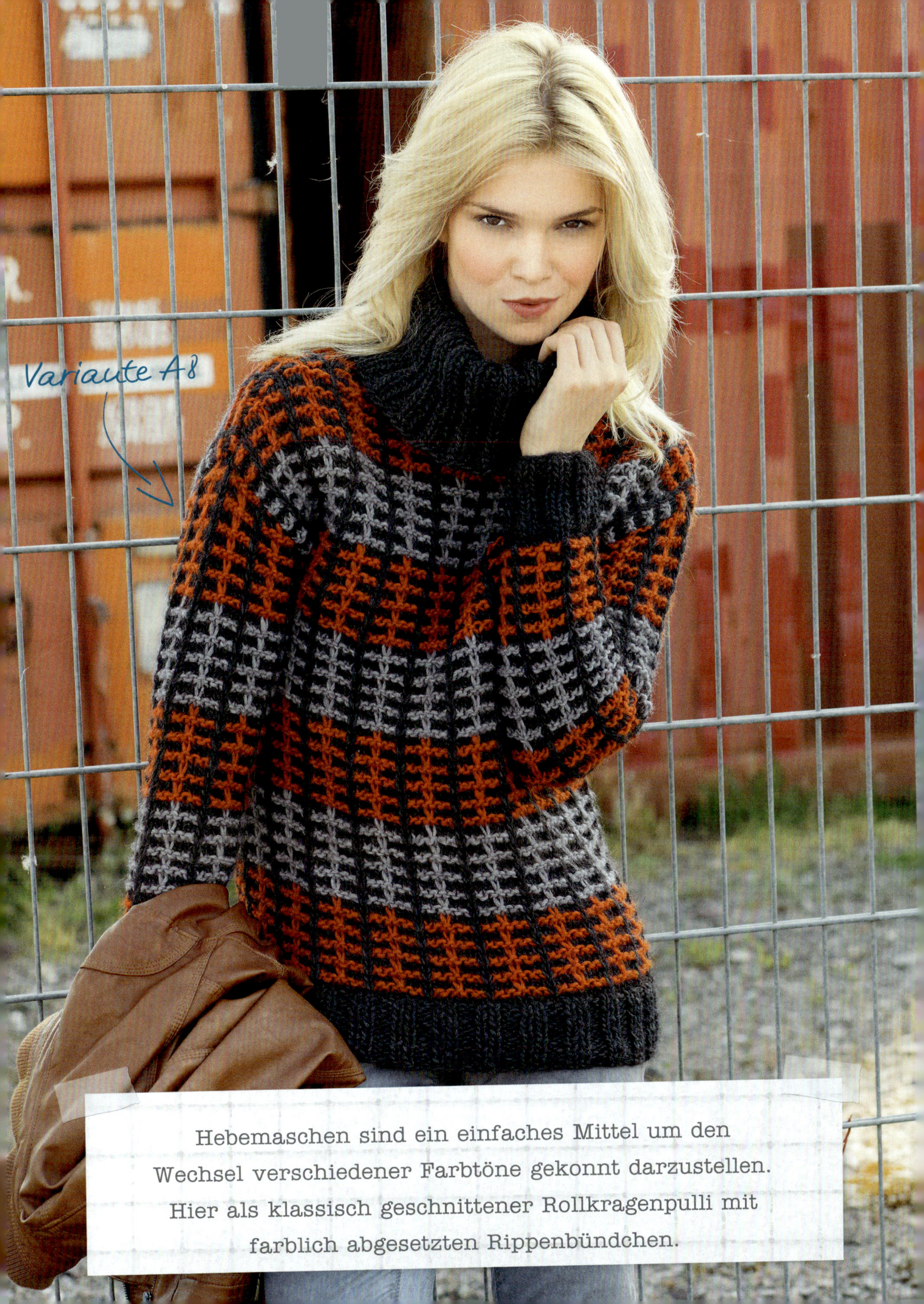

Hebemaschen sind ein einfaches Mittel um den Wechsel verschiedener Farbtöne gekonnt darzustellen. Hier als klassisch geschnittener Rollkragenpulli mit farblich abgesetzten Rippenbündchen.

Vorderteil

Wie das Rückenteil arbeiten, jedoch für den Halsausschnitt nach 50,5 cm = 126 Reihen ab Bund die mittleren 9 Maschen abketten und beide Seiten getrennt beenden. Für die Rundung am inneren Rand in jeder 2. Reihe 3-mal je 2 und 4-mal je 1 Masche abketten.

Ärmel

32 Maschen und 2 Randmaschen = 34 Maschen in Anthrazit mit Nadel Nr. 7 anschlagen und für den Bund 7 cm im Rippenmuster stricken. Danach im Hebemaschenmuster nach Streifenfolge weiterarbeiten, dabei in der 1. Reihe gleichmäßig verteilt 3 Maschen zunehmen = 37 Maschen. Gleichzeitig für die Ärmelschrägungen ab Bund beidseitig 6-mal in jeder 12. Reihe (9-mal in jeder 8. Reihe/ 12-mal in jeder 6. Reihe) je 1 Masche mustergemäß zunehmen = 49 (55/61) Maschen.

Für die Armkugel nach 36 cm = 90 Reihen ab Bund beidseitig 1-mal 3 Maschen, dann in jeder 2. Reihe 1-mal 3, 5-mal je 2 und 1-mal 3 Maschen (2-mal je 3, 3-mal je 2 und 2-mal je 3 Maschen/7-mal je 3 Maschen) abketten. Nach 42,5 cm = 106 Reihen ab Bund die restlichen 11 (13/13) Maschen abketten.

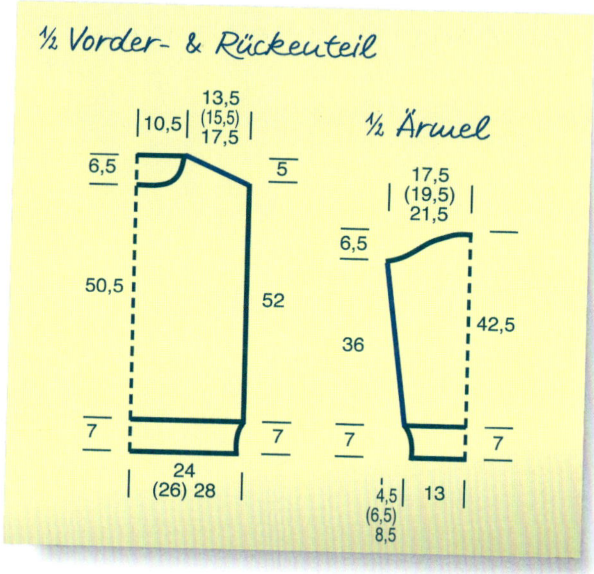

Fertigstellung

Die Schulternähte schließen. Für den Kragen aus dem Halsausschnitt mit der Rundstricknadel 92 Maschen in Anthrazit auffassen und im Rippenmuster in Runden stricken. Nach 23 cm Kragenhöhe alle Maschen abketten, wie sie erscheinen. Die Ärmel einsetzen und die Seiten- und Ärmelnähte schließen. Zum Fertigstellen siehe auch Seite 124.

Streifenpullover mit Noppenpasse

Schwierigkeit: ★★ | Größe: 36/38 (40/42; 44/46)

Material

- Baumwollgarn mit Viskose (75 % Baumwolle, 25 % Viskose, Lauflänge 125 m/50 g): 300 (350/350) g Petrol, 150 (200/200) g Mint und je 50 g Orange und Weiß
- Stricknadel Nr. 4
- Rundstricknadel Nr. 3,5

Glatt rechts: In Hinreihen rechte Maschen, in Rückreihen linke Maschen stricken.

Glatt links: In Hinreihen linke Maschen, in Rückreihen rechte Maschen stricken.

Randmaschen: Wahlweise den Nahtrand oder den Kettrand stricken (siehe Seite 118).

Querrippenmuster: 4 Reihen glatt rechts, 2 Reihen glatt links im Wechsel.

Kraus rechts: Hin- und Rückreihen rechte Maschen stricken.

Strickschrift

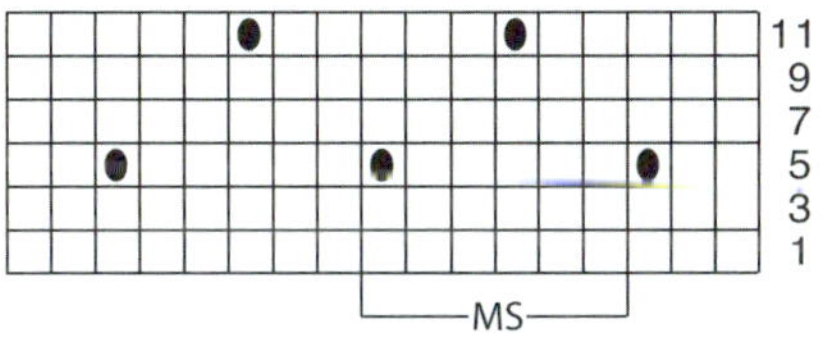

Zeichenerklärung:

☐ = 1 Masche rechts

● = 1 Noppe: Mit der Häkelnadel in die entsprechende Masche einstechen (die Masche auf der linken Nadel lassen), 1 Schlinge holen, etwas langziehen, dann noch 6-mal abwechselnd von hinten und vorne in die Masche einstechen und je 1 Schlinge holen. Danach alle 7 Schlingen zusammen abmaschen und die Masche auf die rechte Nadel heben.

Noppenmuster: Maschenzahl teilbar durch 6 + 5 + 2 Randaschen. Nach der Strickschrift arbeiten. Es sind nur die Hinreihen gezeichnet. In den Rückreihen die Maschen und Noppenmaschen links stricken. Das Muster von der Mitte aus einteilen. Die 1.–12. Reihe stets wiederholen.

Musterfolge A: 78 Reihen im Querrippenmuster stricken, 34 Reihen glatt rechts und 2 Reihen glatt links in Petrol, 10 Reihen glatt rechts in Orange, 2 Reihen kraus rechts und 1 Hinreihe linke Maschen in Petrol, 10 Reihen glatt rechts in Weiß, dabei mit 1 Rückreihe beginnen, 1 Rückreihe linke Maschen und 2 Reihen glatt links in Petrol = 140 Reihen. Die restlichen Reihen in Mint im Noppenmuster arbeiten.

Musterfolge B: Wie Musterfolge A, jedoch mit 72 Reihen Querrippenmuster beginnen.

Maschenproben

Im Querrippenmuster: 20 Maschen und 31 Reihen = 10 x 10 cm.

Glatt rechts und im Noppenmuster: 20 Maschen und 28 Reihen = 10 x 10 cm

So wird's gemacht

Rückenteil

97 (105/113) Maschen und 2 Randmaschen = 99 (107/115) Maschen mit Nadel Nr. 4 in Petrol anschlagen und für die Blende 1,5 cm = 4 Reihen glatt links stricken. Danach in Musterfolge A weiterarbeiten, dabei gleichzeitig für die Taillierung beidseitig 5-mal in jeder 22. Reihe je 1 Masche abnehmen = 89 (97/105) Maschen.

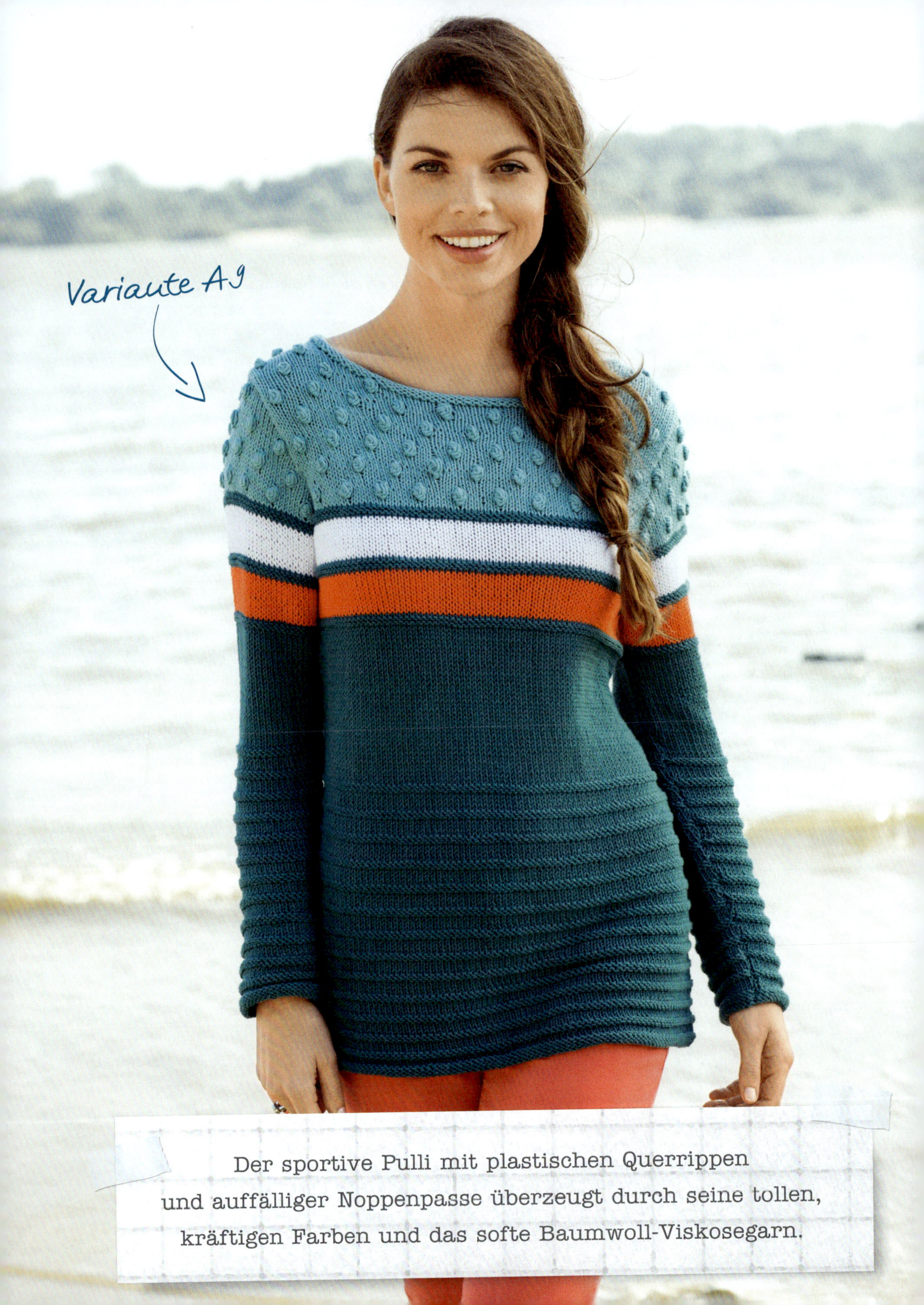

Der sportive Pulli mit plastischen Querrippen und auffälliger Noppenpasse überzeugt durch seine tollen, kräftigen Farben und das softe Baumwoll-Viskosegarn.

Für die Armausschnitte nach 47 cm = 140 Reihen ab Blende beidseitig 4 Maschen und in jeder 2. Reihe 1-mal 3, 2-mal je 2 und 1-mal 1 Masche abketten = 65 (73/81) Maschen. Für die Schulterschrägungen nach 17 cm = 48 Reihen (18,5 cm = 52 Reihen/20 cm = 56 Reihen) ab Armausschnittbeginn beidseitig 5 (6/7) Maschen und in jeder 2. Reihe 2-mal je 5 (6/7) Maschen abketten. Gleichzeitig mit der 1. Schulterabnahme für den Halsausschnitt die mittleren 27 (29/31) Maschen abketten und jede Seite getrennt beenden.

Für die Rundung am inneren Rand in der folgenden 2. Reihe 1-mal 4 Maschen abketten. Nach 18,5 cm = 52 Reihen (20 cm = 56 Reihen/21,5 cm = 60 Reihen) ab Armausschnittbeginn sind alle Masche aufgebraucht.

Vorderteil

Wie das Rückenteil, jedoch mit tieferem Halsausschnitt arbeiten. Dafür bereits nach 58,5 cm = 172 Reihen (60 cm = 176 Reihen/61,5 cm = 180 Reihen) ab Blende die mittleren 17 (19/21) Maschen und in jeder 2. Reihe 1-mal 3, 2-mal je 2 und 2-mal je 1 Masche abketten.

Ärmel

47 (53/59) Maschen und 2 Randmaschen = 49 (55/61) Maschen in Petrol anschlagen und für die Blende 1,5 cm = 4 Reihen glatt links stricken. Danach in Musterfolge B weiterarbeiten, dabei gleichzeitig für die Ärmelschrägungen beidseitig 8-mal in jeder 16. Reihe je 1 Masche muster- und farbgemäß zunehmen = 65 (71/77) Maschen.

Für die Armkugel nach 45 cm = 134 Reihen ab Blende beidseitig 3 Maschen und in jeder 2. Reihe 2-mal je 2, 7-mal je 1, 3-mal je 2 und 1-mal 3 Maschen abketten. Nach 55 cm = 162 Reihen ab Blende die restlichen 19 (25/31) Maschen abketten.

Fertigstellung

Die Schulternähte schließen. Für die Halsblende aus dem Halsausschnitt mit der Rundstricknadel Nr. 3,5 90 (94/98) Maschen in Mint auffassen und 3 Runden linke Maschen stricken, dann die Maschen rechts abketten. Die Ärmel einsetzen und die Seiten- und Ärmelnähte schließen. Zum Fertigstellen siehe auch Seite 124.

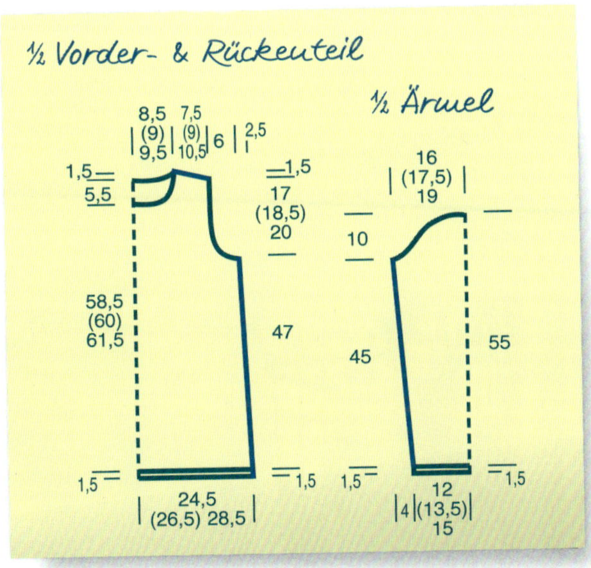

Modische Alternative – Der Raglan-Pullover

Ein beliebter Grundschnitt ist der Raglan-Pullover. Seine Besonderheit besteht in der Ärmelnaht, die schräg vom Unterarm zum Hausausschnitt läuft. Betont wird die Schrägung gerne mit einem Ajourmuster.

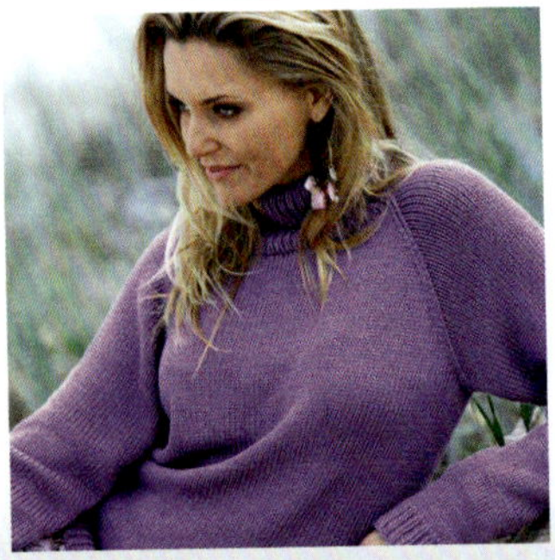

In Lila

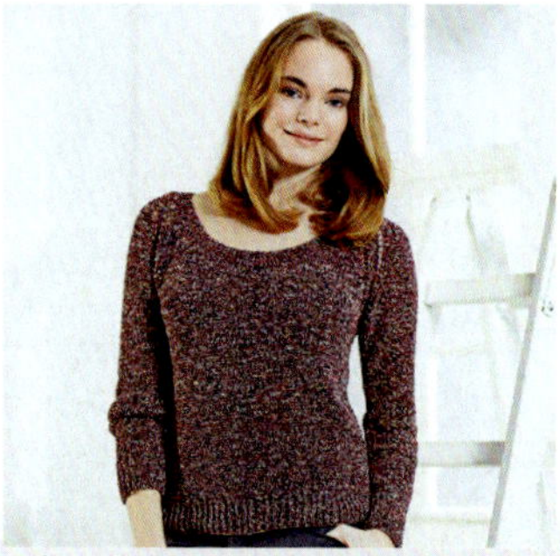

Mit Ajourmuster

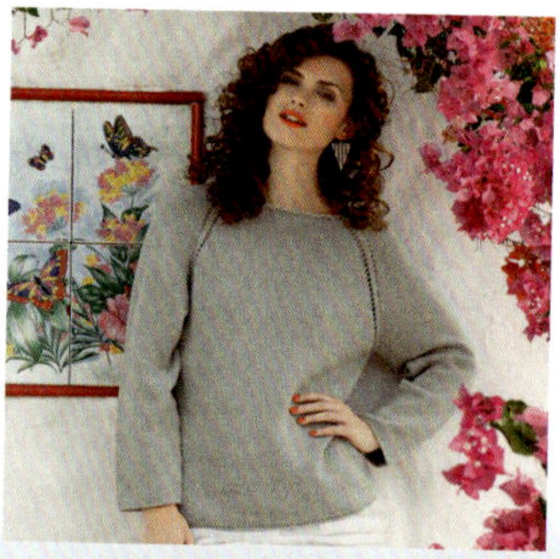

Von oben nach unten

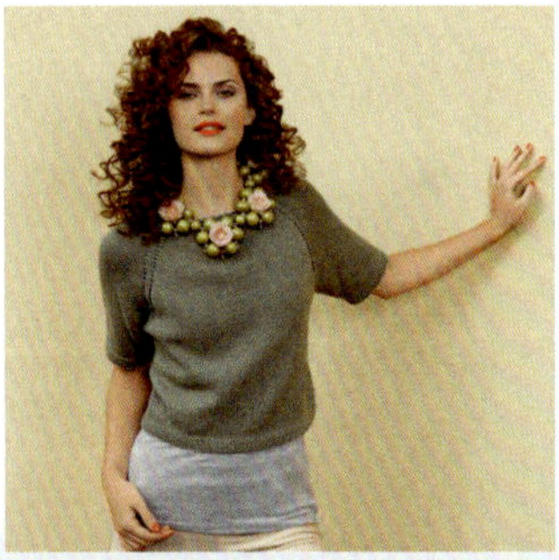

Kurzärmelig

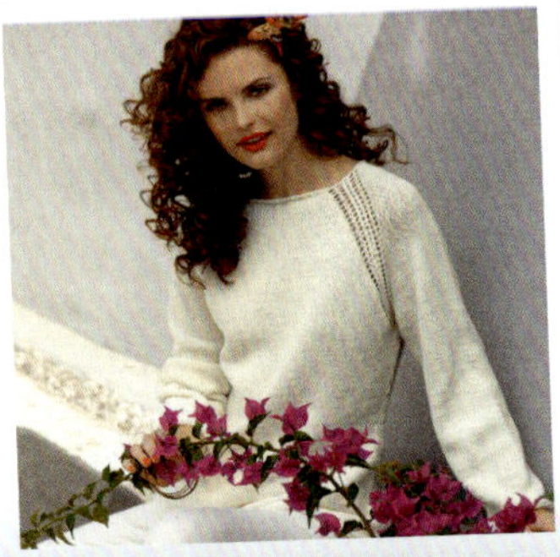

Mit Godet im Rücken

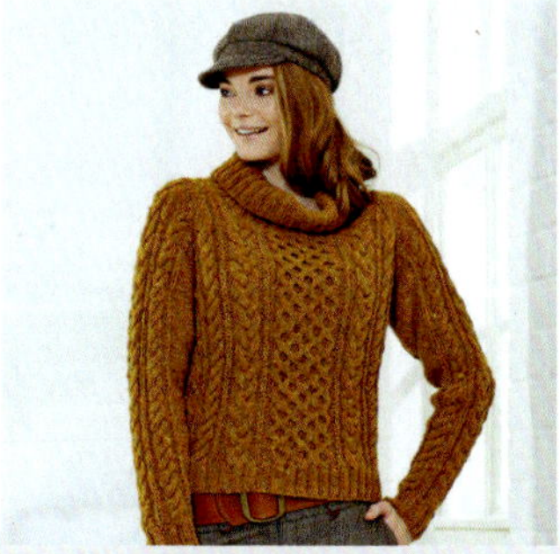

Mit Zopfmuster

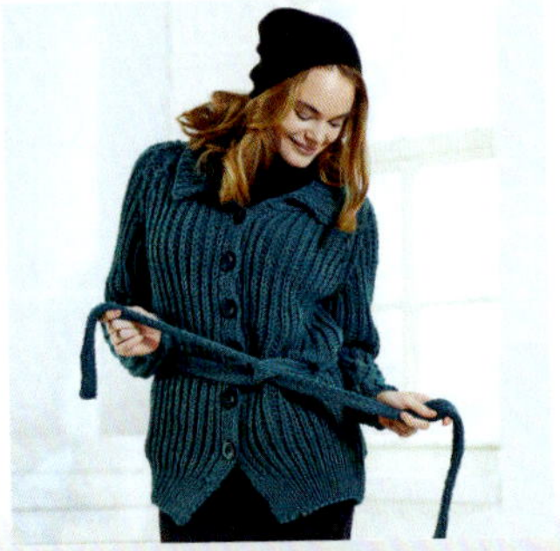

Als Jacke

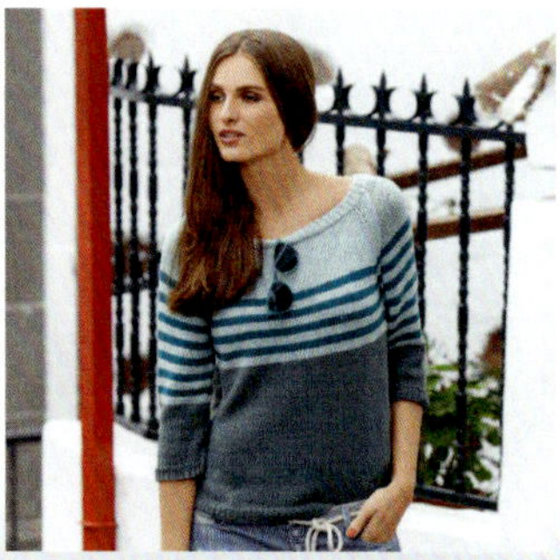

Mit Streifen

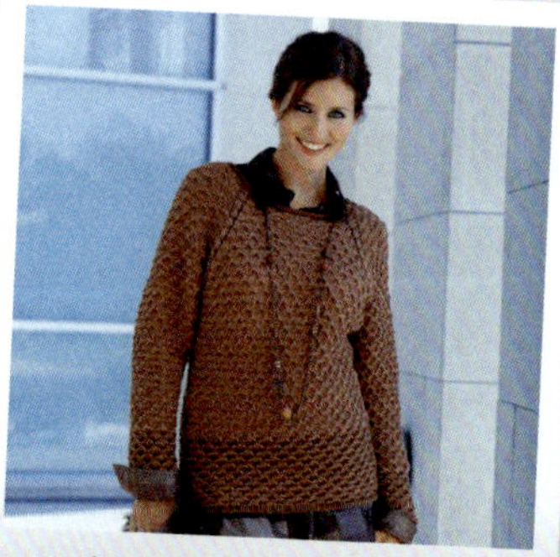

Mit Wendeoptik

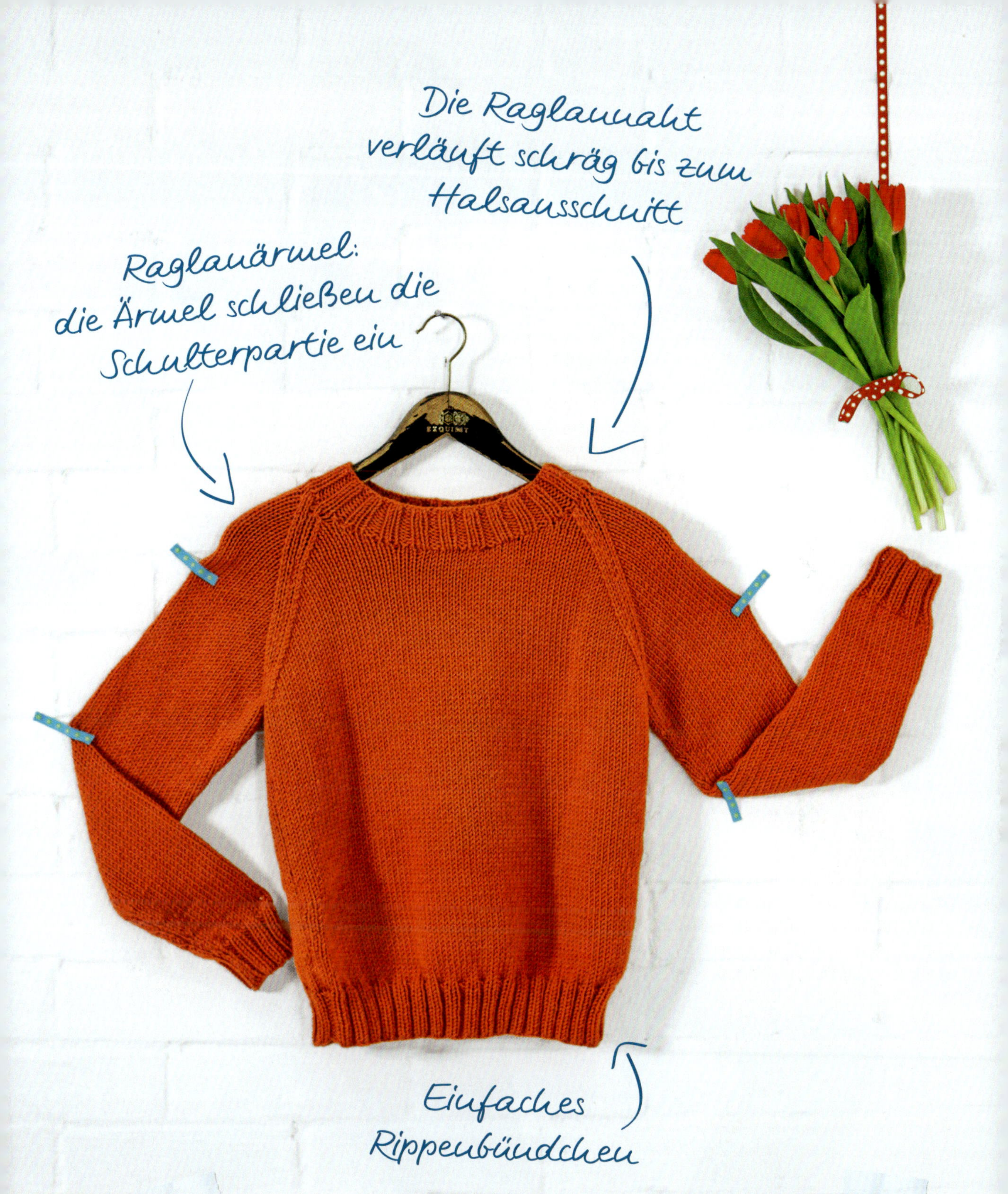

Klassisch rechts gestrickt ist auch dieser Pullover wunderbar für den Einstieg geeignet.

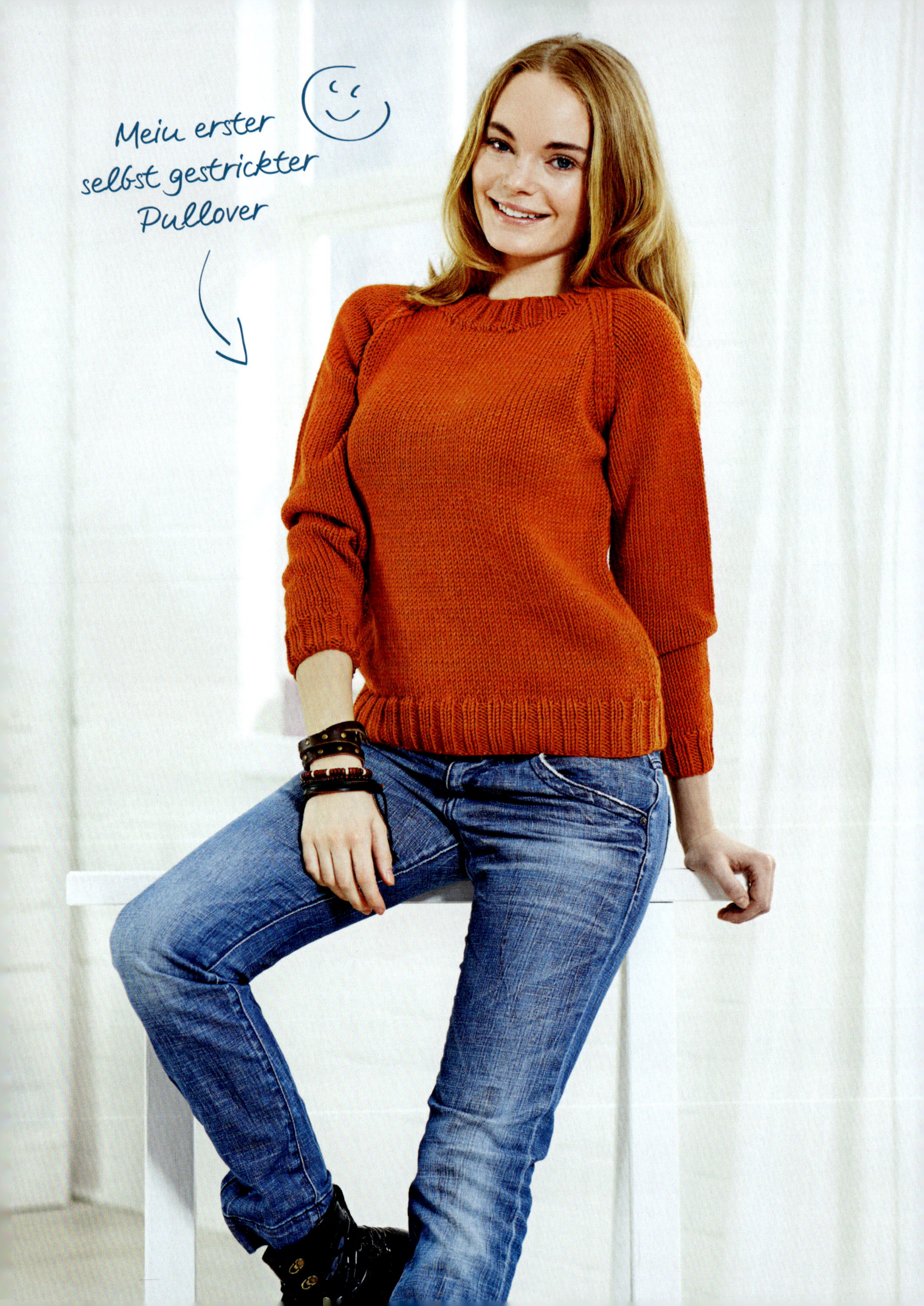
Mein erster
selbst gestrickter
Pullover

Grundschnitt B: Raglanpullover

Schwierigkeit: ★ | Größe: 36/38 (40/42; 44)

Material

- Schurwollgarn (100 % Merino-Schurwolle, Lauflänge 50 m/50 g): 550 (550/600) g Orange
- Stricknadeln Nr. 5 und 5,5

Glatt rechts: In Hinreihen rechte Maschen, in Rückreihen linke Maschen stricken.

Randmaschen: Wahlweise Nahtrand, Kettrand oder Knötchenrand stricken (siehe Seite 118).

Rippenmuster: 2 Maschen rechts, 2 Maschen links im Wechsel stricken.

Betonte Abnahmen:

Am rechten Rand: Randmasche, 1 Masche rechts, 2 Maschen rechts überzogen zusammenstricken (siehe Seite 119).

Am linken Rand: 2 Maschen rechts zusammenstricken, 1 Masche rechts, Randmasche.

Maschenprobe

Glatt rechts mit Nadeln Nr. 5,5: 16 Maschen und 23 Reihen = 10 x 10 cm

So wird's gemacht

Rückenteil

72 (80/84) Maschen und 2 Randmaschen = 74 (82/86) Maschen mit Nadeln Nr. 5 anschlagen und 6 cm im Rippenmuster stricken, dabei in der 1. Reihe = Rückreihe nach der Randmasche mit 1 Masche links, 2 Maschen rechts, 2 Maschen links beginnen und gegengleich enden.

Dann mit Nadeln Nr. 5,5 glatt rechts weiterarbeiten, dabei in der 1. Reihe gleichmäßig verteilt 2 (0/2) Maschen zunehmen = 76 (82/88) Maschen.

Nach 34 cm ab Anschlag für die Raglanschrägungen beidseitig 1-mal 1 (2/2) Maschen abketten und in jeder 2. Reihe beidseitig 23-mal (25-mal/28-mal) 1 Masche betont abnehmen.

Nach 53 (55/57) cm ab Anschlag für den Halsausschnitt die mittleren 18 Maschen abketten und beide Seiten getrennt beenden. Für die Ausschnittrundung jeweils am inneren Rand in jeder 2. Reihe 1-mal 2 Maschen und 1-mal 1 Masche abketten. Nach 55 (57/59) cm ab Anschlag die restlichen 2 Maschen abketten.

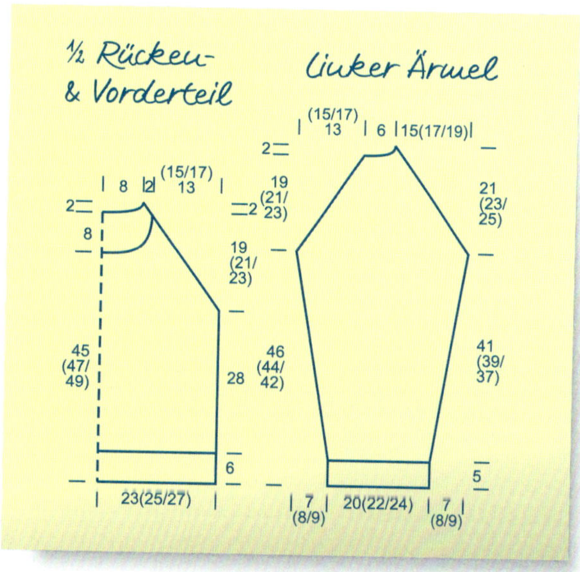

Vorderteil

72 (80/84) Maschen und 2 Randmaschen = 74 (82/86) Maschen mit Nadeln Nr. 5 anschlagen und 6 cm im Rippenmuster stricken, dabei in der 1. Reihe = Rückreihe nach der Randmasche mit 1 Masche links, 2 Maschen rechts, 2 Maschen links beginnen und gegengleich enden.

Dann mit Nadeln Nr. 5,5 glatt rechts weiterarbeiten, dabei in der 1. Reihe gleichmäßig verteilt 2 (0/2) Maschen zunehmen = 76 (82/88) Maschen.

Nach 34 cm ab Anschlag für die Raglanschrägungen beidseitig 1-mal 1 Masche abketten und in jeder 2. Reihe beidseitig 21-mal (23-mal/26-mal) 1 Masche betont abnehmen.
Nach 45 (47/49) cm ab Anschlag für den Halsausschnitt die mittleren 10 Maschen abketten und beide Seiten getrennt beenden. Für die Ausschnittrundung jeweils am inneren Rand in jeder 2. Reihe 1-mal 3 Maschen, 2-mal 2 Maschen, 2-mal 1 Masche und in der folgenden 4. Reihe 1-mal 1 Masche abketten. Nach 53 (55/57) cm ab Anschlag die restlichen 2 Maschen abketten.

Linker Ärmel

32 (32/36) Maschen und 2 Randmaschen = 34 (34/38) Maschen mit Nadeln Nr. 5 anschlagen und 5 cm im Rippenmuster stricken, dabei in der 1. Reihe = Rückreihe nach der Randmasche mit 1 Masche links, 2 Maschen rechts, 2 Maschen links beginnen und gegengleich enden.

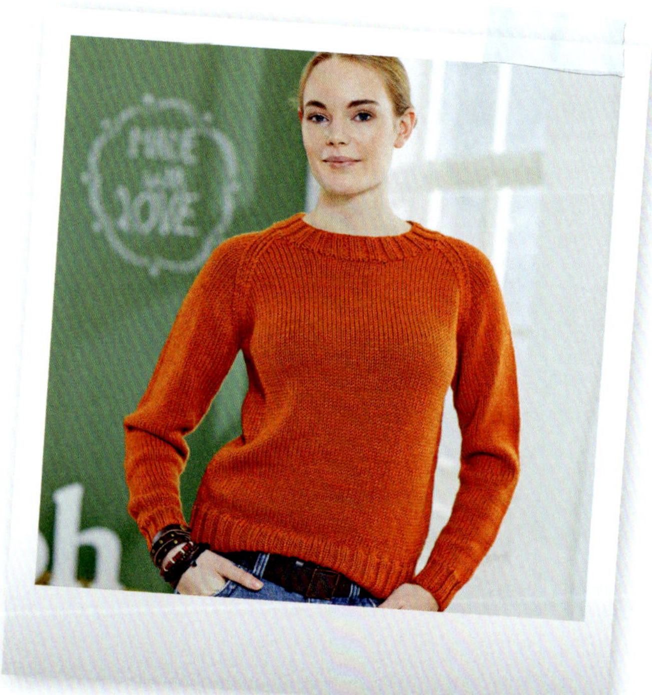

Dann mit Nadeln Nr. 5,5 glatt rechts weiterarbeiten, dabei in der 1. Reihe gleichmäßig verteilt 1 (2/2) Maschen zunehmen = 35 (36/40) Maschen.
Für die Ärmelschrägungen beidseitig in jeder 8. Reihe 11-mal 1 Masche (in jeder 8. Reihe 3-mal 1 Masche und in jeder 6. Reihe 10-mal 1 Masche/in jeder 6. Reihe 13-mal 1 Masche und in der folgenden 4. Reihe 1-mal 1 Masche) zunehmen = 57 (62/68) Maschen.
Nach 46 (44/42) cm ab Anschlag für die Raglanschrägungen am rechten Rand 1-mal 1 (2/2) Maschen abketten und in jeder 2. Reihe 23-mal (25-mal/28-mal) 1 Masche betont abnehmen und am linken Rand 1-mal 1 Masche abketten und in jeder 2. Reihe 21-mal (23-mal/26-mal) 1 Masche betont abnehmen.
Nach 65 cm ab Anschlag am linken Rand 1-mal 4 Maschen und in jeder 2. Reihe 1-mal 3 Maschen und 2-mal 2 Maschen abketten.
Den rechten Ärmel gegengleich arbeiten.

Fertigstellung

Die Raglannähte schließen.
Aus dem Halsausschnitt 88 Maschen mit Nadel Nr. 5 auffassen und 4 cm im Rippenmuster stricken. Die Maschen abketten.
Die Seiten- und Ärmelnähte schließen. Zum Fertigstellen siehe auch Seite 124.

Klassischer Raglanpullover in Lila

Schwierigkeit: ★★ | Größe: 36/38 (40/42; 44/46)

Material

- Mischgarn (55 % Viskose, 25 % Polyamid, 20 % Seide, Lauflänge 110 m/50 g): 600 (650/700) g Lila
- Stricknadel Nr. 6
- Rundstricknadel Nr. 6

Glatt rechts: In Hinreihen rechte Maschen, in Rückreihen linke Maschen stricken.

Randmaschen: Mit dem Knötchenrand arbeiten (siehe Seite 118).

Rippenmuster: 1 Masche rechts, 1 Masche links im Wechsel stricken.

Maschenprobe

Glatt rechts mit Nadel Nr. 6: 19 Maschen und 29 Reihen = 10 x 10 cm

So wird's gemacht

Vorderteil

90 (98/106) Maschen und 2 Randmaschen = 92 (100/108) Maschen anschlagen und 5 cm = 14 Reihen im Rippenmuster stricken, dann glatt rechts weiterarbeiten. Dabei gleich in der dritten Reihe ab Bund mit betonten Abnahmen für die Taillierung beginnen.

Die Maschen wie folgt aufteilen: Randmasche, 29 (31/33) Maschen rechts, 2 Maschen überzogen zusammenstricken, 28 (32/36) Maschen rechts, 2 Maschen rechts zusammenstricken, 29 (31/33) Maschen rechts, Randmasche.

Diese Abnahmen noch 5-mal in jeder 6. Reihe wiederholen, die Maschenzahl zwischen den Abnahmen verringert sich in jeder Abnahmereihe um 2 Maschen.

Nach 14 cm = 40 Reihen ab Bund die abgenommenen Maschen wieder zunehmen. Dafür die Maschen wie folgt aufteilen: Randmasche, 29 (31/33) Maschen rechts, aus dem Querfaden zur folgenden Masche 1 Masche rechts verschränkt herausstricken, 20 (24/28) Maschen rechts, aus dem Querfaden zur folgenden Masche 1 Masche rechts verschränkt herausstricken, 29 (31/33) Maschen rechts, Randmasche. Diese Zunahmen noch 5-mal in jeder 6. Reihe (5-mal in jeder 6. Reihe/5-mal abwechselnd in jeder 4. und 6. Reihe) wiederholen, die Maschenzahl zwischen den Zunahmen erhöht sich in jeder Zunahmenreihe um 2 Maschen. Nach der letzten Zunahmenreihe ist wieder die ursprüngliche Maschenzahl von 92 (100/108) Maschen erreicht.

Nach 29 cm = 84 Reihen (27 cm = 78 Reihen/ 25 cm = 72 Reihen) ab Bund für die Armausschnitte am rechten Rand 5 Maschen und in der folgenden Rückreihe am linken Rand 5 Maschen abketten. Dann in jeder 2. Reihe (Hinreihen) beidseitig für die Raglanschräge 25 (28/31)-mal je 1 Masche betont abnehmen. Dabei am rechten Rand nach der Randmasche die Abnahme überzogen arbeiten, am linken Rand vor der Randmasche zwei Maschen rechts zusammenstricken.

Nach 45 cm = 130 Reihen ab Bund für den Halsausschnitt die mittleren 22 (24/26) Maschen stilllegen und beide Seiten getrennt beenden. Am Halsausschnittrand für die Ausschnittrundung in jeder 2. Reihe 1-mal 2 Maschen und 1-mal 1 Masche abketten. Nach 47 cm = 136 Reihen ab Bund die restlichen 2 Maschen abketten.

Rückenteil

Wie das Vorderteil arbeiten, jedoch für die Raglanschrägungen 28 (31/34)-mal in jeder 2. Reihe beidseitig je 1 Masche betont abnehmen. Es wird kein Halsausschnitt gearbeitet, sondern nach der letzten Raglanabnahme (49 cm = 142 Reihen ab Bund) die restlichen 26 (28/30) Maschen stillgelegt.

Linker Ärmel

40 (42/46) Maschen und 2 Randmasche = 42 (44/46) Maschen mit Nadel Nr. 6 anschlagen und 5 cm = 14 Reihen im Rippenmuster stricken, dann glatt rechts weiterarbeiten. Für die Ärmelschrägung ab Bund 2-mal in jeder 8. und 17-mal in jeder 6. Reihe (14-mal in jeder 6. und 7-mal in jeder 4. Reihe/8-mal in jeder 6. Reihe und 15-mal in jeder 4. Reihe) beidseitig je 1 Masche zunehmen = rechts verschränkt aus dem Querfaden nach bzw. vor der Randmasche herausstricken = 80 (86/92) Maschen.

Nach 43 cm = 124 Reihen (41 cm = 118 Reihen/39 cm = 112 Reihen) ab Bund für die Armausschnitte beidseitig je 5 Maschen abketten. Danach für die Raglanschrägungen in jeder 2. Reihe am rechten Rand 28 (31/34)-mal, am linken Rand 25 (28/31)-mal je 1 Masche betont abnehmen. Für den Halsausschnitt nach der letzten Abnahme am linken Rand in jeder 2. Reihe 2-mal je 6 und 1-mal 5 Maschen abketten. Nach 63 cm = 182 Reihen ab Bund sind alle Maschen aufgebraucht.

Rechter Ärmel

Den rechten Ärmel ebenso arbeiten, jedoch gegengleich.

Fertigstellung

Die Fäden vernähen. Die Teile gemäß Schnitt spannen, leicht anfeuchten und trocknen lassen. Die Nähte im Matratzenstich schließen. Die stillgelegten Maschen aus dem Vorder- und Rückenteil auf die Rundstricknadel nehmen und dazwischen je 19 Maschen auffassen = 86 (90/94) Maschen. Nun für den Rollkragen 16 cm = 48 Reihen im Rippenmuster stricken, dann alle Maschen abketten, wie sie erscheinen. Zum Fertigstellen siehe auch Seite 124.

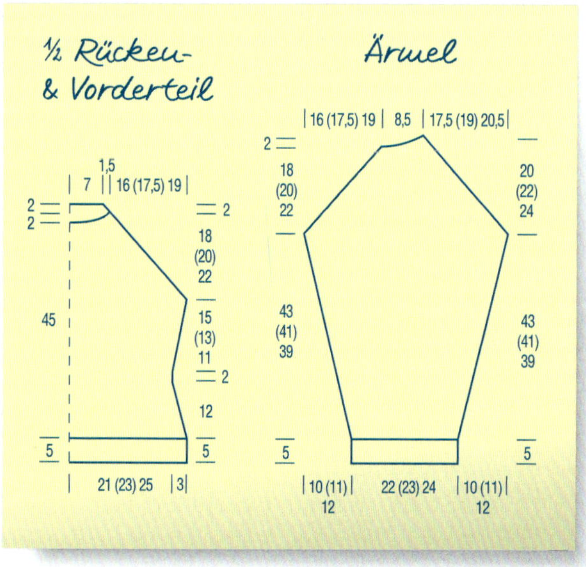

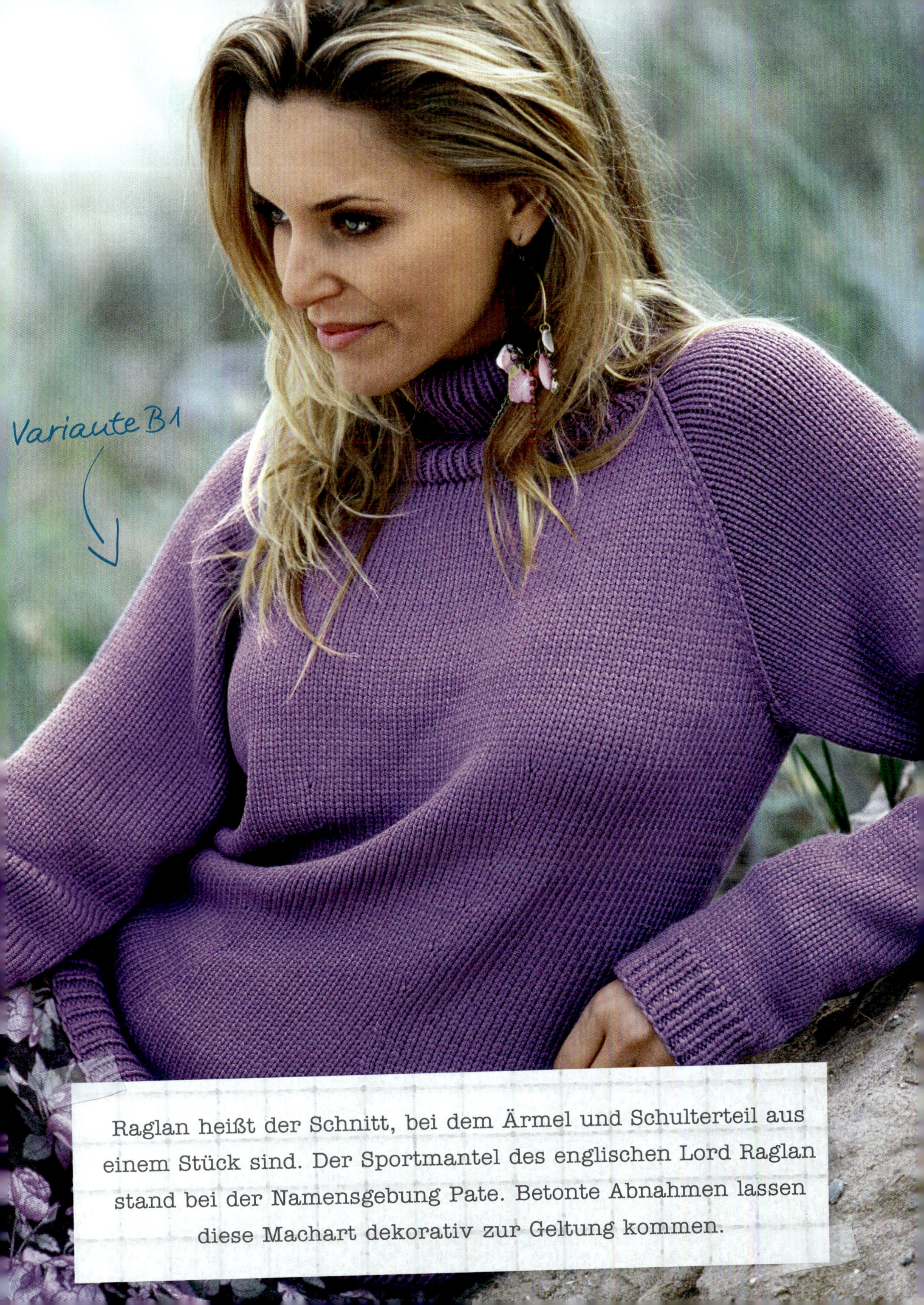

Raglan heißt der Schnitt, bei dem Ärmel und Schulterteil aus einem Stück sind. Der Sportmantel des englischen Lord Raglan stand bei der Namensgebung Pate. Betonte Abnahmen lassen diese Machart dekorativ zur Geltung kommen.

Raglanpullover mit Ajourmuster

Schwierigkeit: ★–★★ | Größe: 36/38 (40/42; 44)

Material

- Baumwollmischgarn (62 % Baumwolle, 30 % Viskose, 8 % Polyamid, Lauflänge 88 m/50 g): 450 (500/550) g Rosa
- Stricknadeln Nr. 4,5 und 5

Glatt links: In Hinreihen linke Maschen, in Rückreihen rechte Maschen stricken.

Randmaschen: Rechts gestrickter Knötchenrand oder Nahtrand glatt links (siehe Seite 118).

Rippenmuster: 1 Masche rechts, 1 Masche links im Wechsel stricken.

Betonte Abnahmen:

Am rechten Rand: Randmasche, 1 Masche links, 2 Maschen links zusammenstricken, 1 Umschlag, 2 Maschen links zusammenstricken.

Am linken Rand: 2 Maschen links zusammenstricken, 1 Umschlag, 2 Maschen links zusammenstricken, 1 Masche links, Randmasche.

Maschenprobe

Glatt links mit Nadeln Nr. 5: 17 Maschen und 25 Reihen = 10 x 10 cm

So wird's gemacht

Rückenteil

82 (88/94) Maschen und 2 Randmaschen = 84 (90/96) Maschen mit Nadeln Nr. 4,5 anschlagen und 6 cm im Rippenmuster stricken. Dann mit Nadeln Nr. 5 glatt rechts weiterarbeiten. Für die Raglanschrägungen nach 35 cm ab Anschlag beidseitig 1-mal 1 Masche, dann in jeder 4. Reihe 3-mal (3-mal/2-mal) 1 Masche und in jeder 2. Reihe 18-mal (21-mal/25-mal) 1 Masche betont abnehmen = Lochmuster der betonten Abnahmen.

Für den Halsausschnitt nach 53 (55/57) cm ab Anschlag die mittleren 24 Maschen abketten und beide Seiten getrennt beenden. Für die Ausschnittrundung jeweils am inneren Rand in jeder 2. Reihe 1-mal 3 Maschen, 1-mal 2 Maschen und 1-mal 1 Masche abketten. Nach 55 (57/59) cm ab Anschlag die restlichen 2 Maschen abketten.

Vorderteil

82 (88/94) Maschen und 2 Randmaschen = 84 (90/96) Maschen mit Nadeln Nr. 4,5 anschlagen und 6 cm im Rippenmuster stricken. Dann mit Nadeln Nr. 5 glatt rechts weiterarbeiten. Für die Raglanschrägungen nach 35 cm ab Anschlag beidseitig 1-mal 1 Masche, dann in jeder 4. Reihe 4-mal (3-mal/3-mal) 1 Masche und in jeder 2. Reihe 14-mal (18-mal/21-mal) 1 Masche betont abnehmen = Lochmuster der betonten Abnahmen.

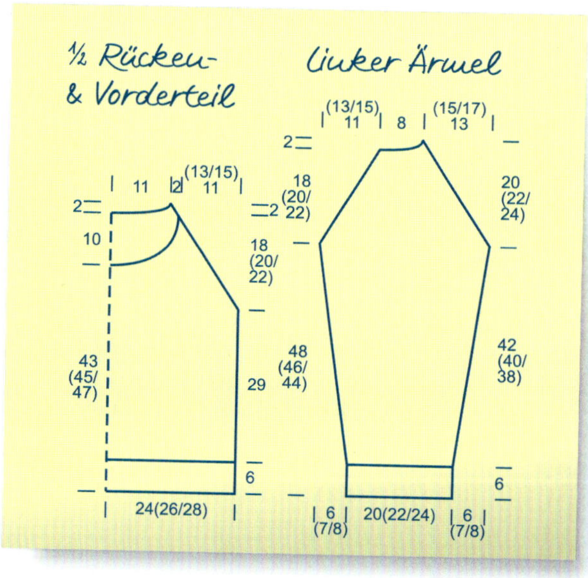

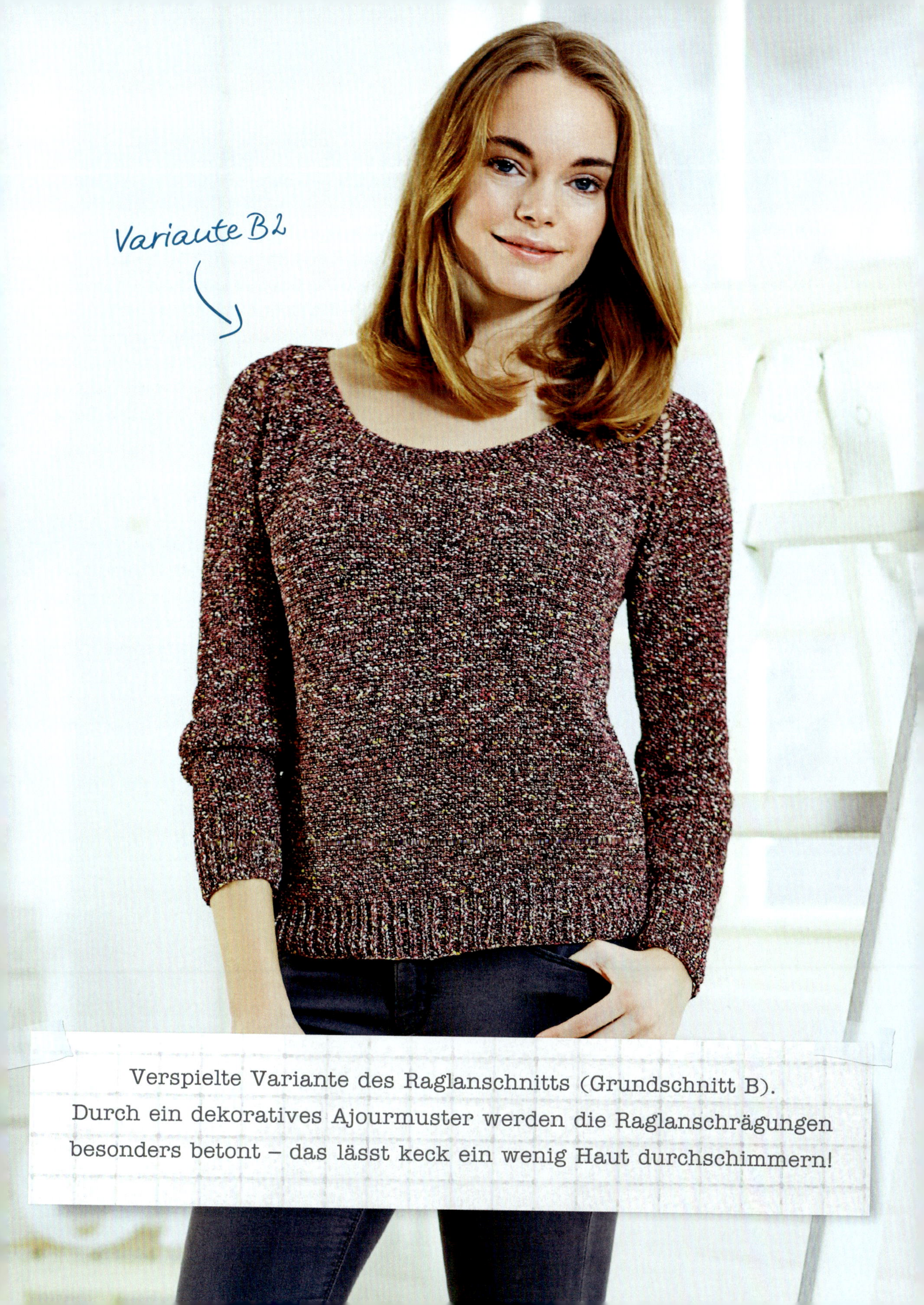

Verspielte Variante des Raglanschnitts (Grundschnitt B). Durch ein dekoratives Ajourmuster werden die Raglanschrägungen besonders betont – das lässt keck ein wenig Haut durchschimmern!

Für den Halsausschnitt nach 43 (45/47) cm ab Anschlag die mittleren 22 Maschen abketten und beide Seiten getrennt beenden. Für die Ausschnittrundung jeweils am inneren Rand in jeder 2. Reihe 1-mal 3 Maschen, 2-mal 2 Maschen, 2-mal 1 Masche und in der folgenden 4. Reihe 1-mal 1 Masche abketten. Nach 53 (55/57) cm ab Anschlag die restlichen 2 Maschen abketten.

Linker Ärmel

36 (38/40) Maschen und 2 Randmaschen = 38 (40/42) Maschen mit Nadeln Nr. 4,5 anschlagen und 6 cm im Rippenmuster stricken. Dann mit Nadeln Nr. 5 glatt rechts weiterarbeiten.
Für die Ärmelschrägungen beidseitig in jeder 10. Reihe 9-mal 1 Masche und in der folgenden 8. Reihe 1-mal 1 Masche (in jeder 8. Reihe 11-mal 1 Masche und in der folgenden 6. Reihe 1-mal 1 Masche/in jeder 8. Reihe 3-mal 1 Masche und in jeder 6. Reihe 11-mal 1 Masche) zunehmen = 58 (64/70) Maschen.
Für die Raglanschrägungen nach 48 (46/44) cm ab Anschlag am rechten Rand 1-mal 1 Masche, dann in jeder 4. Reihe 3-mal (3-mal/2-mal) 1 Masche und in jeder 2. Reihe 18-mal (21-mal/25-mal) 1 Masche betont abnehmen und am linken Rand 1-mal 1 Masche, dann in jeder 4. Reihe 4-mal (3-mal/3-mal) 1 Masche und in jeder 2. Reihe 14-mal (18-mal/21-mal) 1 Masche betont abnehmen = Lochmuster der betonten Abnahmen.
Am linken Rand nach 66 (68/70) cm ab Anschlag 1-mal 7 Maschen und in jeder 2. Reihe 2-mal 5 Maschen abketten.
Den rechten Ärmel gegengleich arbeiten.

Fertigstellung

Die Raglannähte schließen.
Aus dem Halsausschnitt 134 Maschen mit Nadeln Nr. 4,5 auffassen und 3 cm im Rippenmuster stricken. Die Maschen abketten.
Die Seiten- und Ärmelnähte schließen. Zum Fertigstellen siehe auch Seite 124.

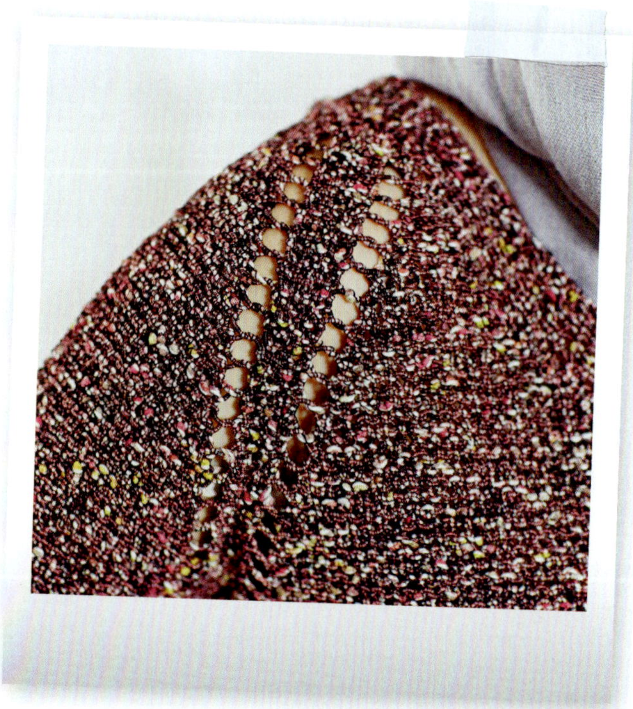

Raglanpullover in Beige

Schwierigkeit: ★★ | Größe: 34/36 (38/40; 42/44; 46/48)

Material

- Baumwollgarn mit Wolle (50 % Baumwolle, 50 % Wolle, Lauflänge ca. 115 m/50 g): ca. 450 (500/550/600) g Beige
- Rundstricknadel Nr. 4, je 1-mal 40, 60 und 80 cm lang
- Nadelspiel Nr. 4

Glatt rechts: In Hinreihen rechte Maschen, in Rückreihen linke Maschen stricken.

Randmaschen: Mit dem Knötchenrand arbeiten (siehe Seite 118).

Betonte Raglan-Zunahmen:

Nach der Markierung: 1 Masche rechts, 1 Umschlag.

Vor der Markierung: 1 Umschlag, 1 Masche rechts. In der folgenden Runde die Umschläge rechts abstricken.

Betonte Abnahmen:

Nach der Markierung: 1 Masche rechts, 2 Maschen rechts zusammenstricken.

Vor der Markierung: 2 Maschen überzogen zusammenstricken = 1 Masche wie zum Rechtsstricken abheben, die folgende Masche rechts stricken, dann die abgehobene Masche darüberziehen, 1 Masche rechts stricken.

Maschenprobe

Glatt rechts mit Nadel Nr. 4: 21 Maschen und 30 Runden = ca. 10 x 10 cm

Hinweis: Den Pullover am Halsausschnitt beginnend, mit betonten Raglanschrägungen von oben nach unten in Runden stricken. Die Pfeile im Schnittschema kennzeichnen die Strickrichtung.

So wird's gemacht

Raglanpasse

78 (86/94/102) Maschen und 2 Randmaschen = 80 (88/96/104) Maschen mit der kurzen Rundstricknadel Nr. 4 im Kreuzanschlag (siehe Seite 117) mit doppeltem Faden anschlagen, zur Runde schließen und 1 Runde rechte Maschen stricken. Dann die Arbeit wie folgt einteilen: den Rundenübergang markieren = linke rückwärtige Raglanlinie, die ersten 30 (34/36/40) Maschen bilden das Rückenteil, 1 Markierung setzen = rechte rückwärtige Raglanlinie, die folgenden 10 (10/12/12) Maschen bilden den rechten Ärmel, 1 Markierung setzen = rechte vordere Raglanlinie, folgende 30 (34/36/40) Maschen = Vorderteil, 1 Markierung setzen = linke vordere Raglanlinie, folgende 10 (10/12/12) Maschen = linker Ärmel. Glatt rechts weiterstricken, dabei in der nächsten Runde und noch 32 (34/37/39)-mal in jeder 2. Runde nach und vor den Markierungen je 1 betonte Raglan-Zunahme arbeiten = 8 zugenommene Maschen pro Runde. Mit zunehmender Maschenzahl auf die jeweils längere Rundstricknadel wechseln. Nach 22,5 (23,5/25,5/27) cm = 67 (71/77/81) Runden ab Anschlag liegen 344 (368/400/424) Maschen auf der Nadel.

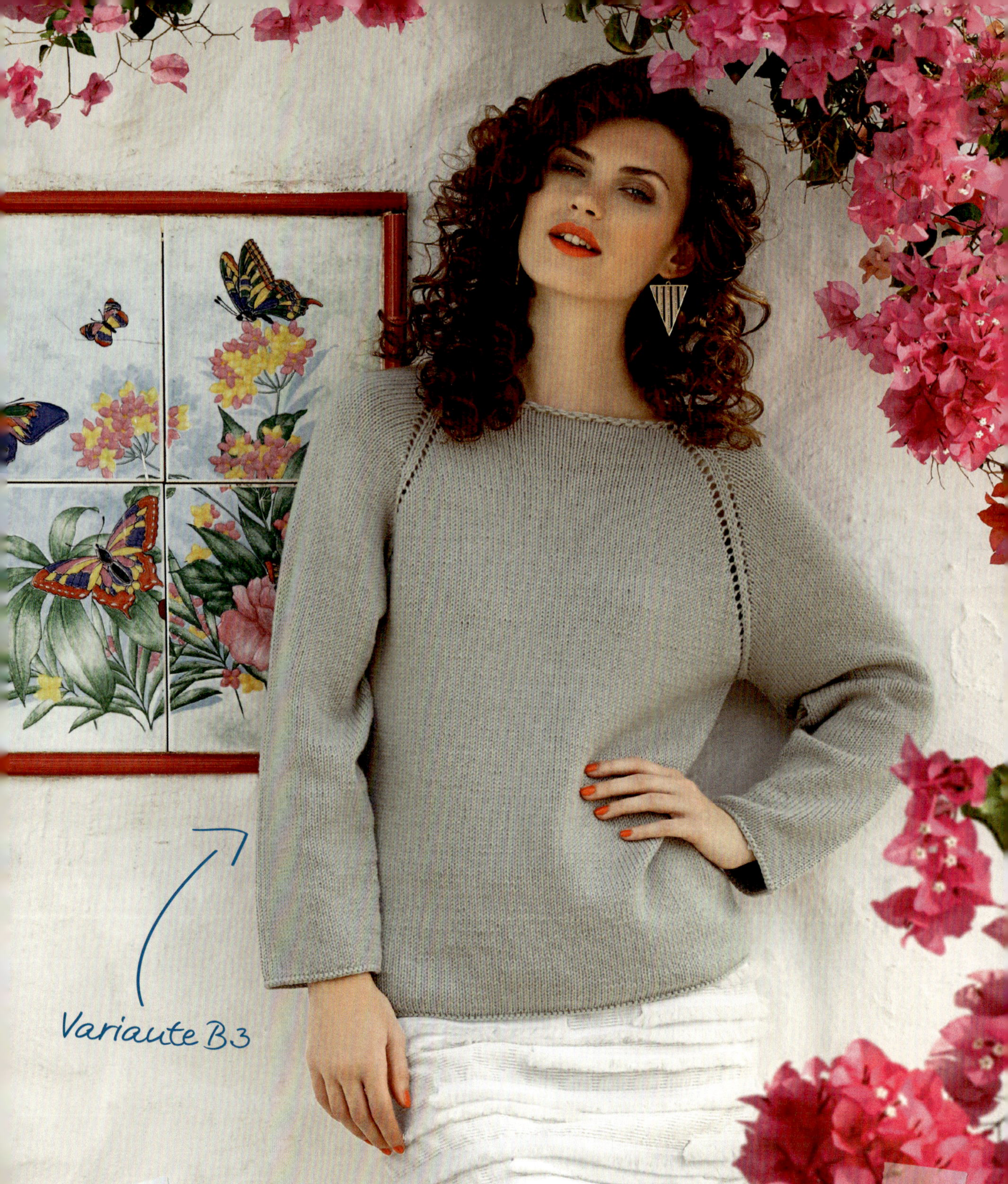

Der Klassiker schlechthin! Der Raglanpullover. Den Fashion-Liebling schmücken wir mit dekorativen Elementen und stricken ihn in lässig-bequemer Weite von oben nach unten.

Rücken- und Vorderteil

Über die 96 (104/112/120) Maschen zwischen 1. und 2. Markierung = Rückenteil und die 96 (104/112/120) Maschen zwischen 3. und 4. Markierung = Vorderteil zu einer Runde zusammenfassen und glatt rechts in Runden weiterstricken, die jeweils 76 (80/88/92) Maschen (für die Ärmel) stilllegen.

Nach 33 (32/30/28,5) cm = 100 (96/90/86) Runden ab Raglanpasse alle 192 (208/224/240) Masche mit doppeltem Faden links abketten.

Ärmel

Mit der kurzen Rundstricknadel über die stillgelegten 76 (80/88/92) Maschen zwischen Rücken- und Vorderteil glatt rechts in Runden weiterstricken, den Rundenübergang – er liegt am Ende der Raglanlinien – markieren. Für die Schrägungen 1-mal in der 11. (13./13./7.) Runde und noch 9 (10/12/13)-mal in jeder 10. (8./6./6.) Runde nach und vor der Markierung je 1 betonte Abnahme arbeiten = 56 (58/62/64) Maschen. Mit abnehmender Maschenzahl auf das Nadelspiel wechseln. Nach 36,5 (34,5/32/29,5) cm = 110 (104/96/88) Runden ab Raglanpasse alle Maschen mit doppeltem Faden links abketten.

Fertigstellung

Die Seiten- und Ärmelnähte schließen. Zum Fertigstellen siehe auch Seite 124.

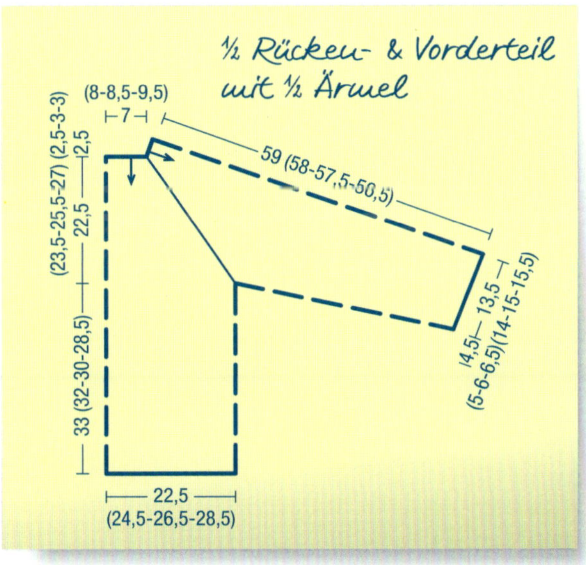

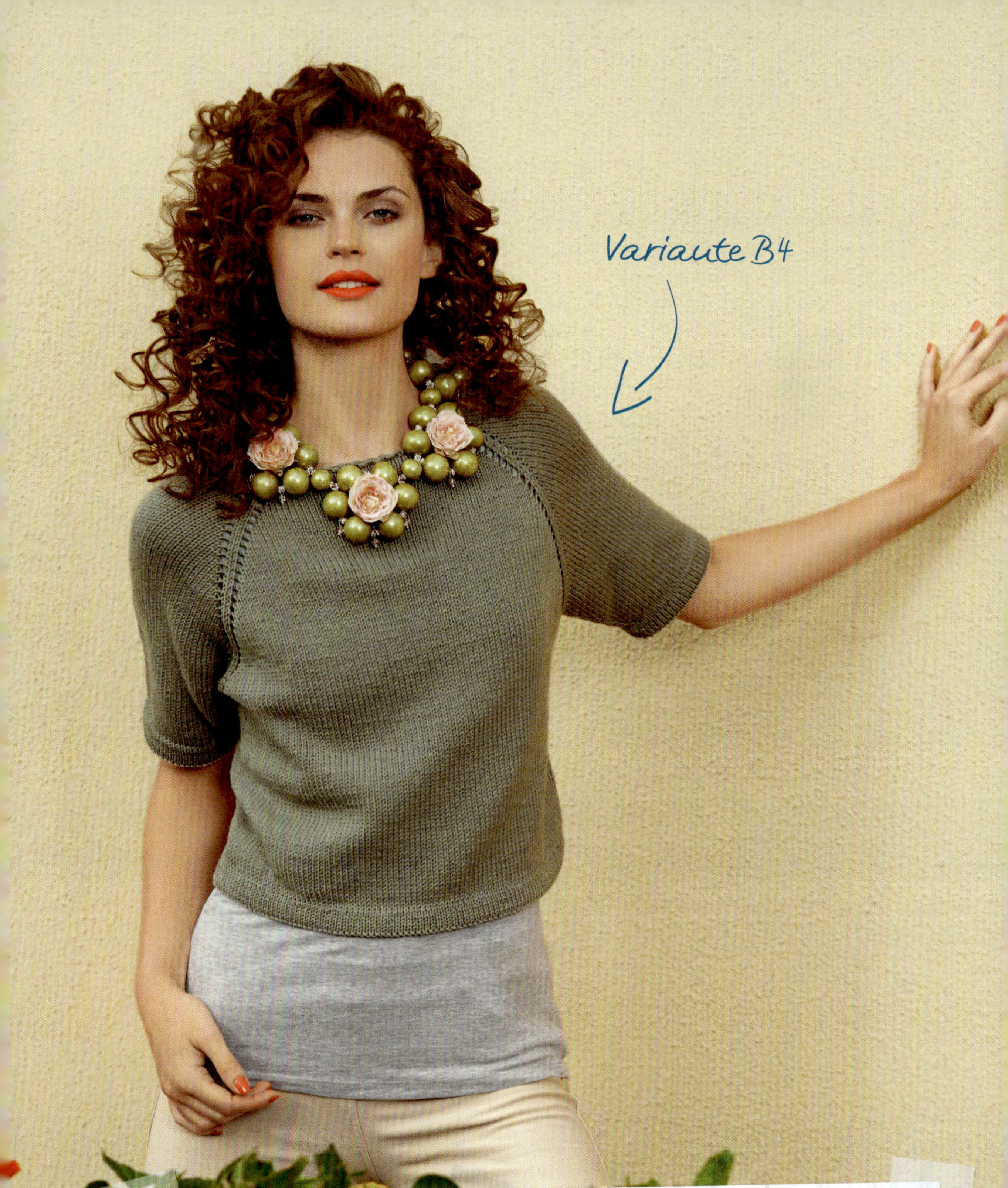

Die angesagteste Länge des Moments? Kurz und gut. Gehört auch zu unseren Favoriten: diese minimalistische Variante, die sich so stilvoll aufpeppen lässt.

Kurzärmeliger Raglanpullover

Schwierigkeit: ★★ | Größe: 34/36 (38/40; 42/44; 46/48)

Material

- Baumwollgarn mit Wolle (50 % Baumwolle, 50 % Wolle, Lauflänge ca. 115 m/50 g): ca. 350 (350/400/450) g Khaki
- Rundstricknadel Nr. 4, je 1-mal 40, 60 und 80 cm lang
- Rundstricknadel Nr. 3, 80 cm lang
- Nadelspiel Nr. 3

Glatt rechts: In Runden stets rechte Maschen stricken.

Randmaschen: Wahlweise den Nahtrand oder den Kettrand stricken (siehe Seite 118).

Betonte Raglan-Zunahmen:

Nach der Markierung: 1 Masche rechts, 1 Umschlag.

Vor der Markierung: 1 Umschlag, 1 Masche rechts. In der folgenden Runde die Umschläge rechts abstricken.

Betonte Abnahmen:

Nach der Markierung: 1 Masche rechts, 2 Maschen rechts zusammenstricken.

Vor der Markierung: 2 Maschen überzogen zusammenstricken = 1 Masche wie zum Rechtsstricken abheben, die folgende Masche rechts stricken, dann die abgehobene Masche darüberziehen, 1 Masche rechts.

Maschenprobe

Glatt rechts mit Nadel Nr. 4: 21 Maschen und 30 Runden = ca. 10 x 10 cm

Hinweis: Der Pulli wird, am Halsausschnitt beginnend, mit betonten Raglanschrägungen, von oben nach unten in Runden gestrickt. Die Pfeile im Schnittschema kennzeichnen die Strickrichtung.

So wird's gemacht

Raglanpasse

78 (86/94/102) Maschen und 2 Randmaschen = 80 (88/96/104) Maschen mit der kurzen Rundstricknadel Nr. 4 im Kreuzanschlag (siehe Seite 117) mit doppeltem Faden anschlagen, zur Runde schließen und 1 Runde rechte Maschen stricken. Dann die Arbeit wie folgt einteilen: den Rundenübergang markieren = linke rückwärtige Raglanlinie, die ersten 30 (34/36/40) Maschen bilden das Rückenteil, 1 Markierung setzen = rechte rückwärtige Raglanlinie, die folgenden 10 (10/12/12) Maschen bilden den rechten Ärmel, 1 Markierung setzen = rechte vordere Raglanlinie, folgende 30 (34/36/40) Maschen = Vorderteil, 1 Markierung setzen = linke vordere Raglanlinie, folgende 10 (10/12/12) Maschen = linker Ärmel. Glatt rechts weiterstricken, dabei in der nächsten Runde und noch 32 (34/37/39)-mal in jeder 2. Runde nach und vor den Markierungen je 1 betonte Raglan-Zunahme arbeiten = 8 zugenommene Maschen pro Runde. Mit zunehmender Maschenzahl auf die jeweils längere Rundstricknadel wechseln. Nach 22,5 (23,5/25,5/27) cm = 67 (71/77/81) Runden ab Anschlag liegen 344 (368/400/424) Maschen auf der Nadel.

Rücken- und Vorderteil

Über die 96 (104/112/120) Maschen zwischen 1. und 2. Markierung = Rückenteil und die 96 (104/112/120) Maschen zwischen 3. und 4. Markierung = Vorderteil glatt rechts in Runden weiterstricken, die jeweils 76 (80/88/92) Maschen der Ärmel stilllegen. Nach 18 cm = 54 Runden ab Raglanpasse mit Nadel Nr. 3 für die Blende 2 cm = 6 Runden glatt rechts, für die Bruchkante 1 Runde linke Maschen und für den Blendenbeleg noch 2 cm = 6 Runden glatt rechts stricken. Dann alle Maschen rechts abketten.

Ärmel

Mit der kurzen Rundstricknadel Nr. 4 über die stillgelegten 76 (80/88/92) Maschen zwischen Rücken- und Vorderteil glatt rechts in Runden weiterstricken, den Rundenübergang – er liegt am Ende der Raglanlinien – markieren.

Für die Schrägungen 6 (6/8/8)-mal in jeder 4. (4./3./3.) Runde nach und vor der Markierung je 1 betonte Abnahme arbeiten = 64 (68/72/76) Maschen. Nach 8,5 cm = 25 Runde ab Raglanpasse mit dem Nadelspiel Nr. 3 für die Blende 2 cm = 6 Runden glatt rechts stricken, dabei in der 3. Runde noch 1-mal nach und vor der Markierung je 1 betonte Abnahme arbeiten = 62 (66/70/74) Maschen.
Danach für die Bruchkante 1 Runde linke Maschen und für den Blendenbeleg noch 2 cm = 6 Runden glatt rechts stricken. Dann alle Maschen rechts abketten.

Fertigstellung

Die Seiten- und Ärmelnähte schließen. Die Blendenbelege an der Bruchkante nach innen umschlagen und annähen. Zum Fertigstellen siehe auch Seite 124.

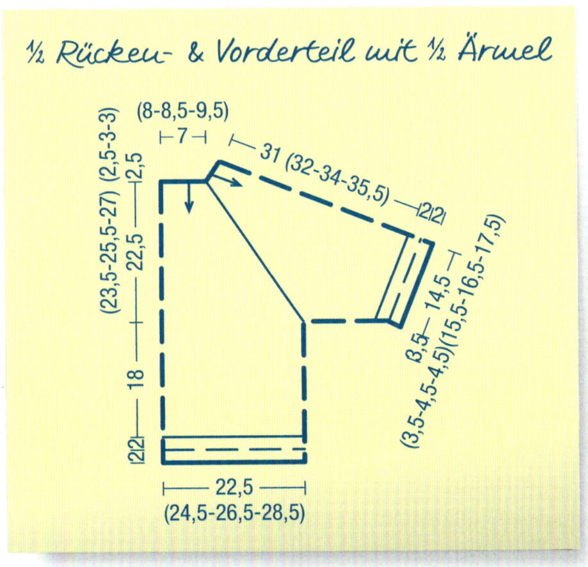

Raglanpullover mit nostalgischem Godet

Schwierigkeit: ★★–★★★ | Größe: 34/36 (38/40; 42/44; 46/48)

Material

- Baumwollgarn mit Wolle (50 % Baumwolle, 50 % Wolle, Lauflänge ca. 115 m/50 g): ca. 500 (500/550/600) g Weiß
- Rundstricknadel Nr. 4, je 1-mal 40, 60 und 80 cm lang
- Nadelspiel Nr. 4

Glatt rechts: In Hinreihen rechte Maschen, in Rückreihen linke Maschen stricken.

Kraus rechts: In Hin- und Rückreihen rechte Maschen stricken.

Randmaschen: Mit dem Knötchenrand arbeiten (siehe Seite 118).

Betonte Raglan-Zunahmen:

Nach der Markierung: 2 Maschen links zusammenstricken, 1 Umschlag, 1 Masche rechts, 1 Umschlag.

Vor der Markierung: 1 Umschlag, 1 Masche rechts, 1 Umschlag, 2 Maschen links zusammenstricken. In der folgenden Runde die Umschläge rechts abstricken.

Betonte Abnahmen:

Nach der Markierung: 1 Masche rechts, 2 Maschen rechts zusammenstricken.

Vor der Markierung: 2 Maschen überzogen zusammenstricken = 1 Masche wie zum Rechtsstricken abheben, die folgende Masche rechts stricken, dann die abgehobene Masche darüberziehen, 1 Masche rechts stricken.

Betonte Zunahmen:

Nach der Markierung: 1 Masche rechts stricken, 1 Umschlag.

Vor der Markierung: 1 Umschlag, 1 Masche rechts stricken. In der folgenden Runde die Umschläge rechts abstricken.

Godet: Über 4 Maschen beginnend nach Strickschrift stricken. Die 1.–57. Runde 1-mal arbeiten. Der Doppelpfeil kennzeichnet die rückwärtige Mitte.

Maschenprobe

Glatt rechts mit Nadel Nr. 4: 21 Maschen und 30 Runden = ca. 10 x 10 cm

Hinweis: Der Pullover wird, am Halsausschnitt beginnend, mit betonten Raglanschrägungen von oben nach unten in Runden gestrickt. Die Pfeile im Schnittschema kennzeichnen die Strickrichtung.

So wird's gemacht

Raglanpasse

78 (86/94/102) Maschen und 2 Randmaschen = 80 (88/96/104) Maschen mit der kurzen Rundstricknadel Nr. 4 im Kreuzanschlag (siehe Seite 117) mit doppeltem Faden anschlagen, zur Runde schließen und 1 Runde rechte Maschen stricken. Dann die Arbeit wie folgt einteilen: Den Rundenübergang markieren = linke rückwärtige Raglanlinie, die ersten 30 (34/36/40) Maschen bilden das Rückenteil, 1 Markierung setzen = rechte rückwärtige Raglanlinie, die folgenden 10 (10/12/12) Maschen bilden den rechten Ärmel, 1 Markierung setzen = rechte vordere Raglanlinie, folgende 30 (34/36/40) Maschen = Vorderteil, 1 Markierung setzen = linke vordere Raglanlinie, folgende 10 (10/12/12) Maschen = linker Ärmel.

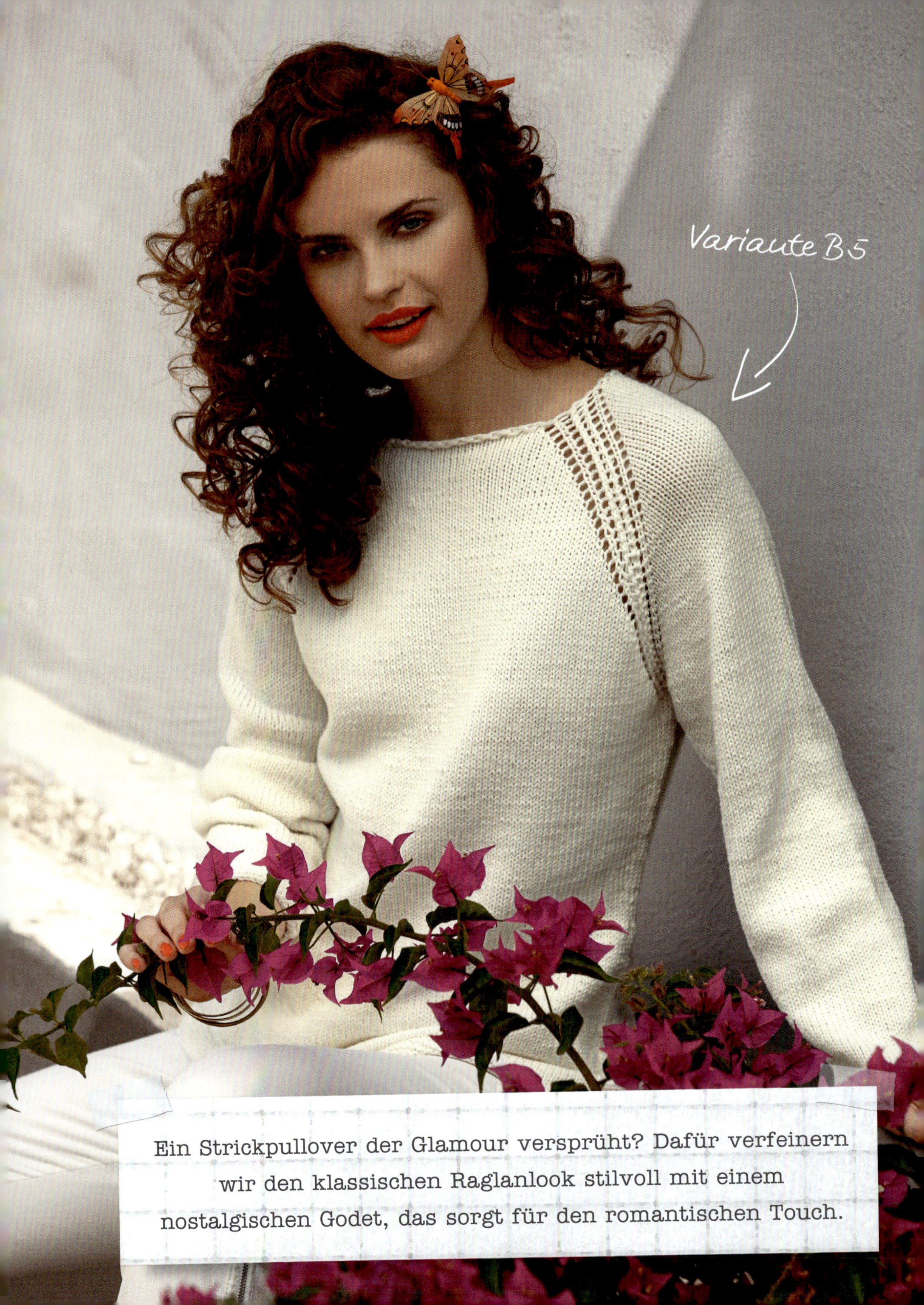

Ein Strickpullover der Glamour versprüht? Dafür verfeinern wir den klassischen Raglanlook stilvoll mit einem nostalgischen Godet, das sorgt für den romantischen Touch.

Glatt rechts weiterstricken, dabei in der nächsten Runde und noch 32 (34/37/39)-mal in jeder 2. Runde nach und vor den Markierungen je 1 betonte Raglan-Zunahme arbeiten = 8 zugenommene Maschen pro Runde. Mit zunehmender Maschenzahl auf die jeweils längere Rundstricknadel wechseln. Nach 22,5 (23,5/25,5/27) cm = 67 (71/77/81) Runden ab Anschlag liegen 344 (368/400/424) Maschen auf der Nadel.

Rücken- und Vorderteil

Über die 96 (104/112/120) Maschen des Rückenteils zwischen 1. und 2. Markierung und die 96 (104/112/120) Maschen des Vorderteils zwischen 3. und 4. Markierung = insgesamt 192 (208/224/240) Maschen glatt rechts in Runden weiterstricken, dabei am Ende der rechten Raglanlinien die rechte Seitenlinie und am Ende der linken Raglanlinien die linke Seitenlinie/Rundenübergang markieren, die jeweils 76 (80/88/92) Maschen (für die Ärmel) stilllegen.

Für die Raglanschrägungen 1-mal in der 7. (3./9./5.) Runde ab Raglanpasse und noch 6 (6/5/5)-mal in jeder 6. Runde nach und vor den markierten Seitenlinien je 1 betonte Abnahme arbeiten = 82 (90/100/108) Maschen (Rückenteil) und 82 (90/100/108) Maschen (Vorderteil), insgesamt 164 (180/200/216) Maschen.

Nun wird das Rückenteil durch ein Godet in der Mitte, das Vorderteil durch Schrägungen an den Seitenlinien erweitert. Für das Godet nach 16,5 (15,5/13,5/12) cm = 50 (46/40/36) Rundem ab Raglanpasse die mittleren 4 Maschen des Rückenteils markieren und über diese 4 Maschen nach Strickschrift stricken = 138 (146/156/164) Maschen (Rückenteil).

Gleichzeitig für die Schrägungen im Vorderteil 1-mal in der 51. (47./47./43.) Runden ab Raglanpasse und noch 6 (6/5/5)-mal in jeder 8. Runde nach der Markierung der rechten Seitenlinie und vor der Markierung der linken Seitenlinie je 1 betonte Zunahme arbeiten = 96 (104/112/120) Maschen (Vorderteil).

Nach 35,5 (34,5/32,5/31) cm = 107 (103/97/93) Runden ab Raglanpasse für die Blende mit 1 Runde linke Maschen beginnend noch 2,5 cm = 9 Runden kraus rechts stricken. Dann alle 234 (250/268/282) Maschen rechts abketten.

Ärmel

Mit der kurzen Rundstricknadel über die stillgelegten 76 (80/88/92) Maschen zwischen Rücken- und Vorderteil glatt rechts in Runden weiterstricken, den Rundenübergang – er liegt am Ende der Raglanlinien – markieren. Für die Schrägungen 1-mal in der 11. (13./13./7.) Runde und noch 9 (10/12/13)-mal in jeder 10. (8./6./6.) Runde nach und vor der Markierung je 1 betonte Abnahme arbeiten = 56 (58/62/64) Maschen. Mit abnehmender Maschenzahl auf das Nadelspiel wechseln. Nach 36,5 (34,5/32/29,5) cm = 110 (104/96/88) Runden ab Raglanpasse für die Blende mit 1 Runde linker Maschen beginnend noch 2,5 cm = 9 Runden kraus rechts stricken. Danach die 56 (58/62/64) Maschen rechts abketten.

Fertigstellung

Die Seiten- und Ärmelnähte schließen. Zum Fertigstellen siehe auch Seite 124.

Strickschrift

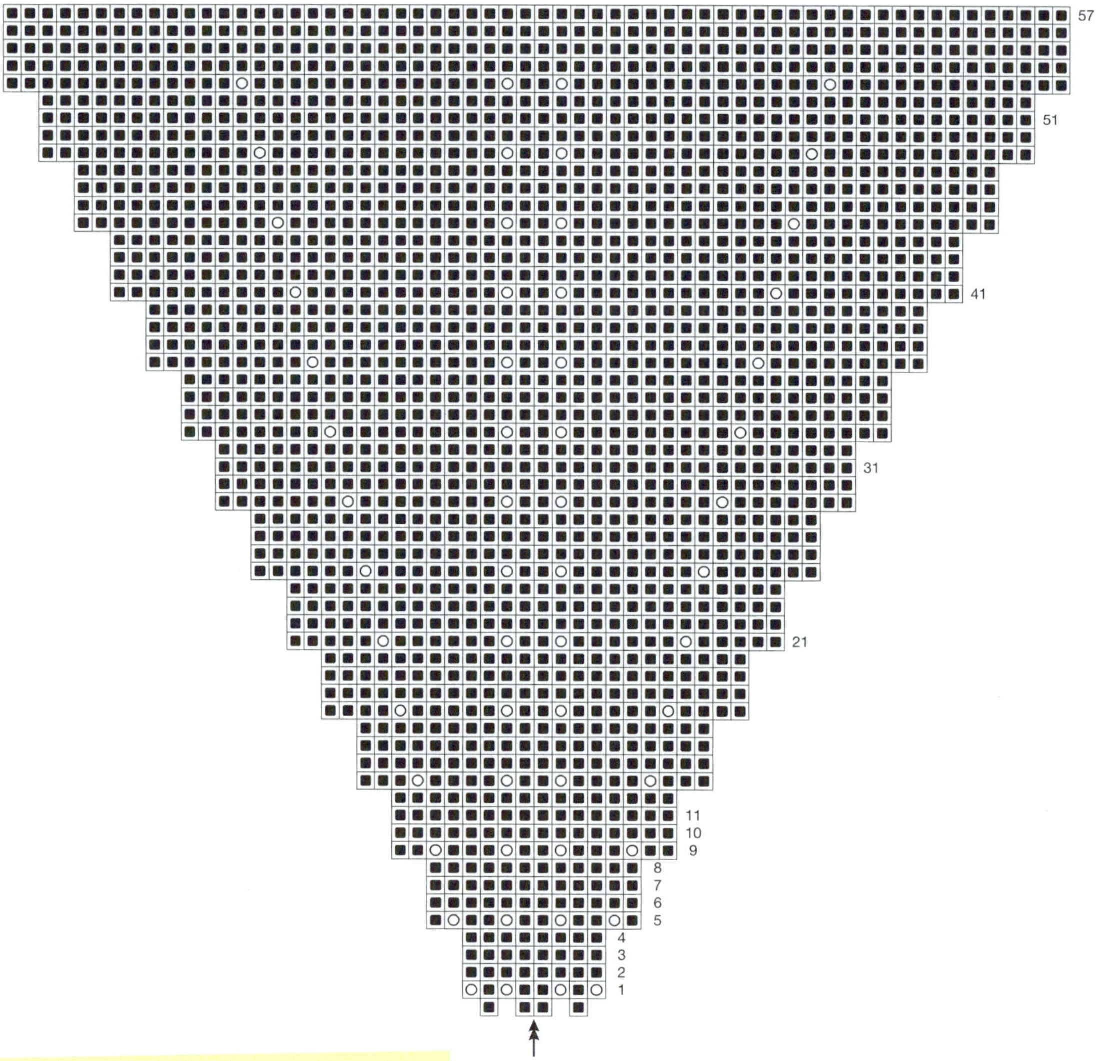

½ Rücken- & Vorderteil mit ½ Ärmel

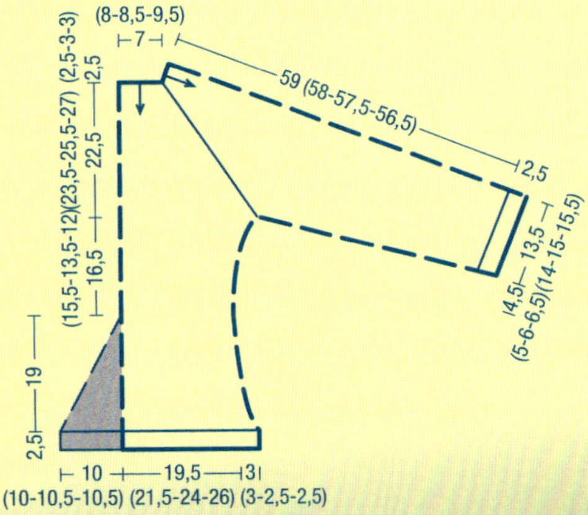

Zeichenerklärung:

○ = 2 Maschen nach links verkreuzen: 1 Masche auf eine Hilfsnadel vor die Arbeit legen, 1 Masche links, dann die Masche der Hilfsnadel rechts stricken

■ = rechte Masche

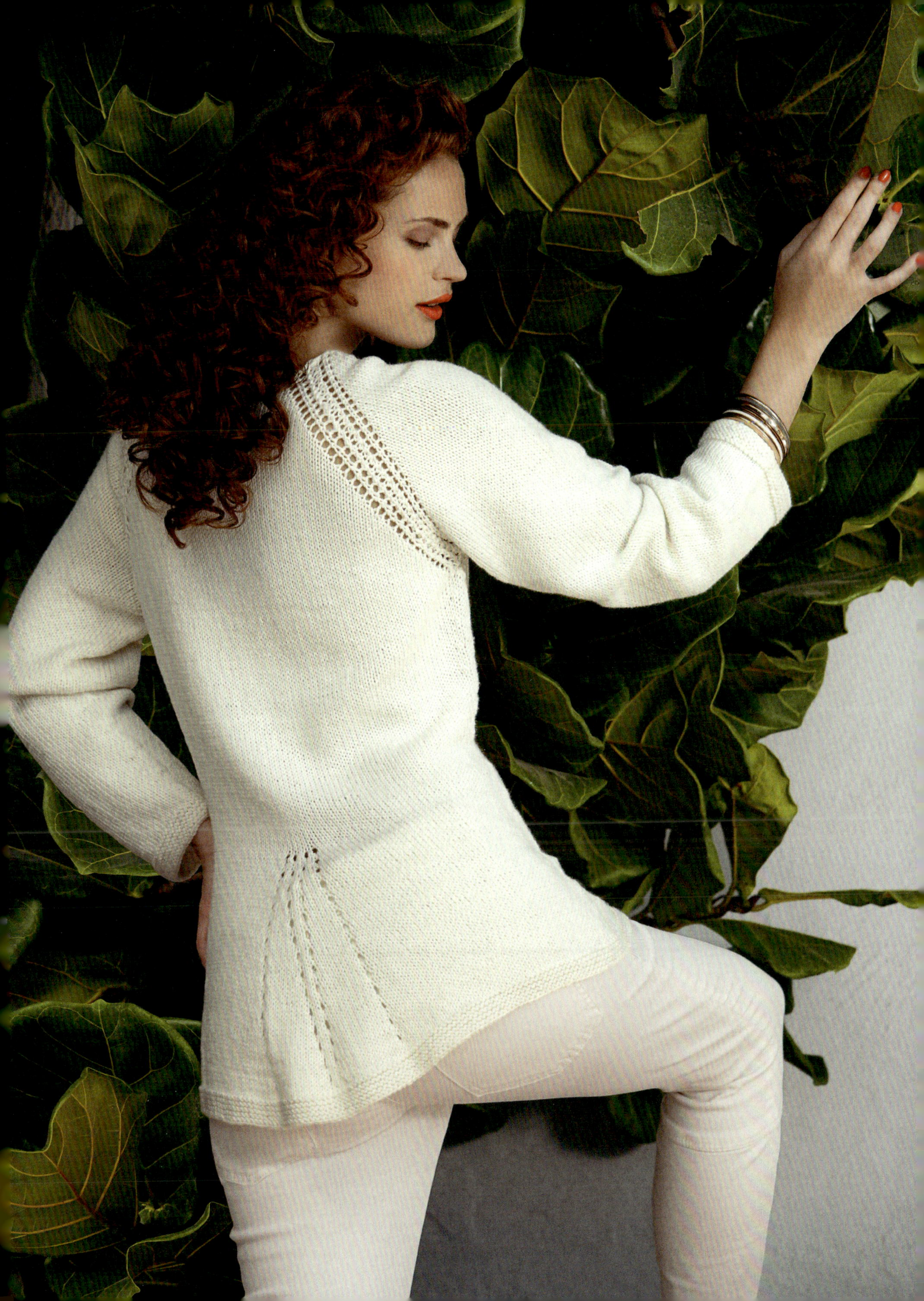

Raglanpullover mit Zopfmuster

Schwierigkeit: ★★–★★★ | Größe: 36/38 (40/42; 44)

Material

- Schurwollgarn mit Angora in Tweedoptik (90 % Schurwolle, 10 % Angora, Lauflänge 88 m/50 g): 550 (600/650) g Goldgelb
- Stricknadeln Nr. 4,5 und 5
- 2 Hilfs- oder Zopfnadeln

Rippenmuster: 2 Maschen rechts, 2 Maschen links im Wechsel stricken.

Randmaschen: Wahlweise Nahtrand oder links gestrickter Knötchenrand (siehe Seite 118).

Zopfmuster 1: Nach Strickschrift A arbeiten. Es sind nur die Hinreihen gezeichnet, in den Rückreihen die Maschen stricken, wie sie erscheinen. Die 1.–10. Reihe stets wiederholen.

Zopfmuster 2: Nach Strickschrift B arbeiten. Es sind nur die Hinreihen gezeichnet, in den Rückreihen die Maschen stricken, wie sie erscheinen. Die 1.–6. Reihe stets wiederholen.

Zopfmuster 3: Nach Strickschrift C arbeiten. Es sind nur die Hinreihen gezeichnet, in den Rückreihen die Maschen stricken, wie sie erscheinen. Die 1.–8. Reihe stets wiederholen.

Zopfmuster 4: Nach Strickschrift D arbeiten. Es sind nur die Hinreihen gezeichnet, in den Rückreihen die Maschen stricken, wie sie erscheinen. Den Mustersatz zwischen den Pfeilen 3-mal stricken. Die 1.–8. Reihe stets wiederholen.

Tiefer eingestochene Masche:

1. Reihe = Hinreihe: 1 Masche rechts, dabei in die Masche 1 Reihe tiefer einstechen, die auf der Nadel befindliche Masche löst sich dabei auf.

2. Reihe = Rückreihe: 1 Masche links.

Die 1. und 2. Reihe stets wiederholen.

Betonte Abnahmen:

Am rechten Rand: Randmasche, 1 Masche rechts, 2 Maschen rechts überzogen zusammenstricken (siehe Seite 119) bzw. 3 Maschen rechts überzogen zusammenstricken (= 1 Masche rechts abheben, 2 Maschen rechts zusammenstricken, dann die abgehobene Masche darüberziehen).

Am linken Rand: 2 Maschen rechts zusammenstricken bzw. 3 Maschen rechts zusammenstricken, 1 Masche rechts, Randmasche.

Glatt links: In Hinreihen linke Maschen, in Rückreihen rechte Maschen stricken.

Strickschrift A

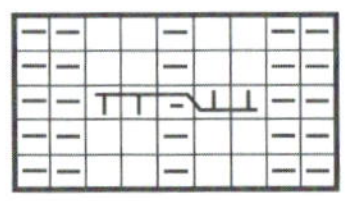

Strickschrift B

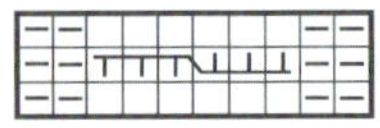

Strickschrift C

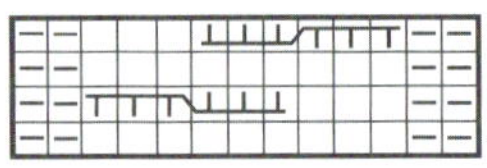

Strickschrift D

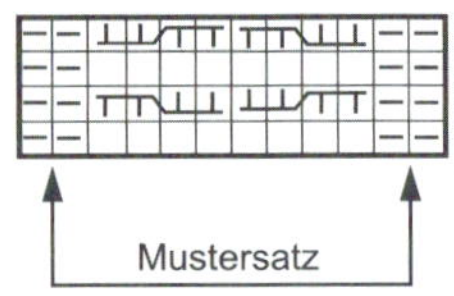

Zeichenerklärung

□ = 1 Masche rechts ⊟ = 1 Masche links

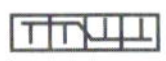 = 2 Maschen auf eine Hilfsnadel vor die Arbeit legen, 2 Maschen rechts, dann die Maschen der Hilfsnadel rechts stricken

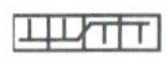 = 2 Maschen auf eine Hilfsnadel hinter die Arbeit legen, 2 Maschen rechts, dann die Maschen der Hilfsnadel rechts stricken

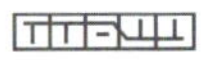 = 2 Maschen auf eine Hilfsnadel vor die Arbeit legen, 1 Masche auf eine zweite Hilfsnadel hinter die Arbeit legen, 2 Maschen rechts, dann die Masche der zweiten Hilfsnadel links und die Maschen der ersten Hilfsnadel rechts stricken

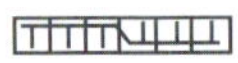 = 3 Maschen auf eine Hilfsnadel vor die Arbeit legen, 3 Maschen rechts, dann die Maschen der Hilfsnadel rechts stricken

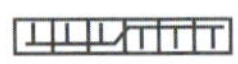 = 3 Maschen auf eine Hilfsnadel hinter die Arbeit legen, 3 Maschen rechts, dann die Maschen der Hilfsnadel rechts stricken

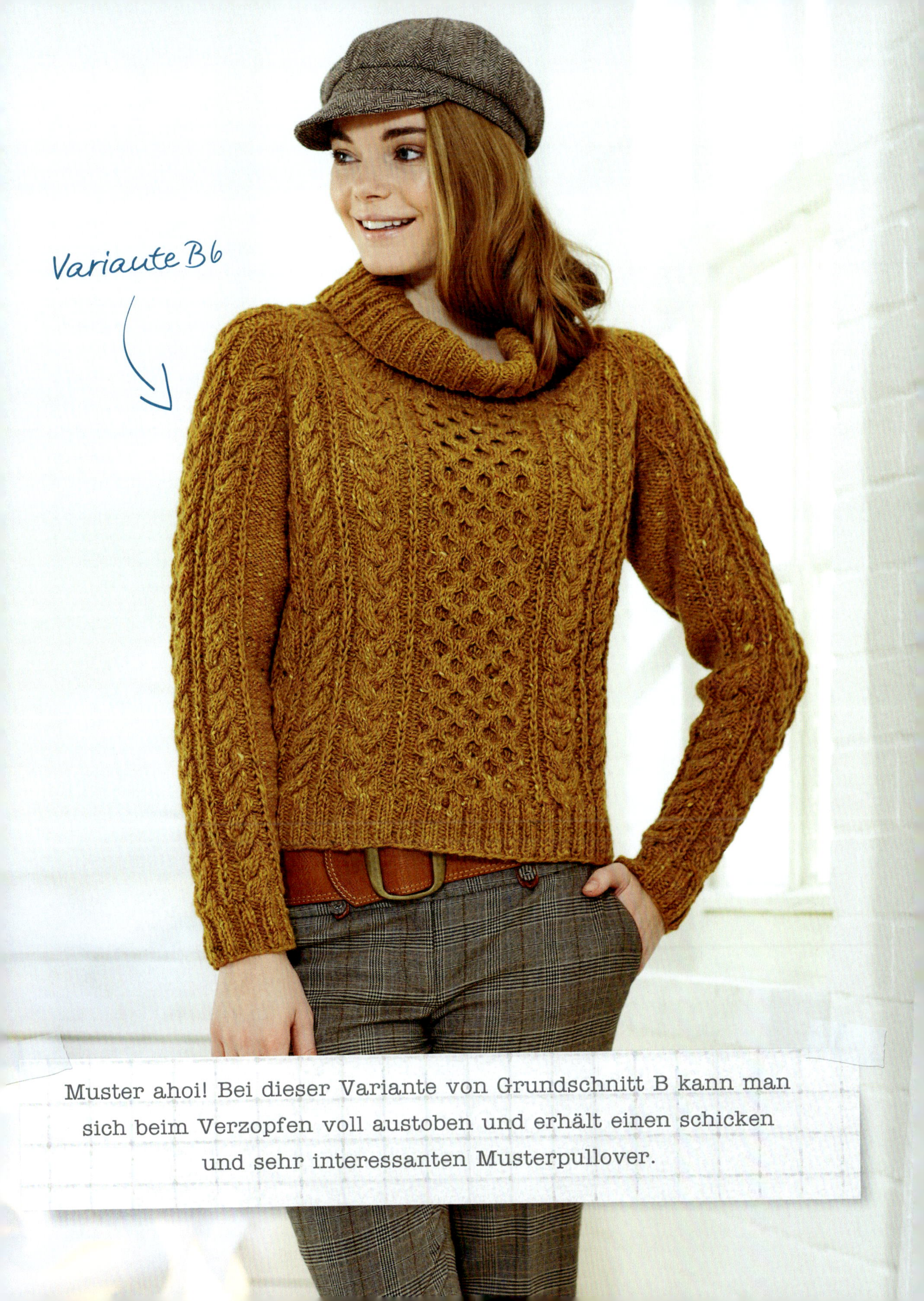

Muster ahoi! Bei dieser Variante von Grundschnitt B kann man sich beim Verzopfen voll austoben und erhält einen schicken und sehr interessanten Musterpullover.

Maschenprobe

Mascheneinteilung/Muster im Durchschnitt mit Nadeln Nr. 5: 24 Maschen und 24 Reihen = 10 x 10 cm

Glatt links mit Nadeln Nr 5: 17 Maschen und 24 Reihen = 10 x 10 cm

Hinweis: Für die Maschenprobe Mascheneinteilung/Muster im Durchschnitt die halbe Maschenzahl des Rückenteils anschlagen, damit alle Muster einmal in der Breite gearbeitet sind.

So wird's gemacht

Rückenteil

104 (116/124) Maschen und 2 Randmaschen = 106 (118/126) Maschen mit Nadeln Nr. 4,5 anschlagen und 5 cm im Rippenmuster stricken, dabei in der 1. Reihe = Rückreihe nach der Randmasche mit 1 Masche links, 2 Maschen rechts, 2 Maschen links beginnen und gegengleich enden. Mit Nadeln Nr. 5 die Maschen wie folgt einteilen und in der 1. Reihe 2 (0/0) Maschen zunehmen = 108 (118/126) Maschen:

Größe 36/38: Randmasche, 3 Maschen glatt links, 1 tiefer eingestochene Masche, 9 Maschen Zopfmuster 1, 1 tiefer eingestochene Maschen, 10 Maschen Zopfmuster 2, 1 tiefer eingestochene Masche, 13 Maschen Zopfmuster 3, 1 tiefer eingestochene Masche, 28 Maschen Zopfmuster 4, 1 tiefer eingestochene Masche, 13 Maschen Zopfmuster 3, 1 tiefer eingestochene Masche, 10 Maschen Zopfmuster 2, 1 tiefer eingestochene Masche, 9 Maschen Zopfmuster 1, 1 tiefer eingestochene Maschen, 3 Maschen glatt links, Randmasche.

Größe 40/42: Randmasche, * 2 Maschen glatt links, 1 tiefer gestochene Masche, ab * 3-mal, 9 Maschen Zopfmuster 1, 1 tiefer eingestochene Masche, 10 Maschen Zopfmuster 2, 1 tiefer eingestochene Masche, 13 Masche Zopfmuster 3, 1 tiefer eingestochene Masche, 28 Maschen Zopfmuster 4, 1 tiefer eingestochene Masche, 13 Maschen Zopfmuster 3, 1 tiefer eingestochene Masche, 10 Maschen Zopfmuster 2, 1 tiefer eingestochene Masche, 9 Maschen Zopfmuster 1, ** 1 tiefer eingestochene Masche, 2 Maschen glatt links, ab ** 3-mal arbeiten. Randmasche.

Größe 44: Randmasche, 3 Maschen glatt links, * 1 tiefer eingestochene Masche, 2 Maschen glatt links, ab * 3-mal arbeiten, 1 tiefer eingestochene Masche, 9 Maschen Zopfmuster 1, 1 tiefer eingestochene Masche, 10 Maschen Zopfmuster 2, 1 tiefer eingestochene Masche, 13 Maschen Zopfmuster 3, 1 tiefer eingestochene Masche, 28 Maschen Zopfmuster 4, 1 tiefer eingestochene Masche, 13 Maschen Zopfmuster 3, 1 tiefer eingestochene Masche, 10 Masche Zopfmuster 2, 1 tiefer eingestochene Masche, 9 Maschen Zopfmuster 1, 1 tiefer eingestochene Masche, ** 2 Maschen glatt links, 1 tiefer eingestochene Masche, ab ** 3-mal arbeiten, 3 Maschen glatt links, Randmasche.

Für die Taillierung beidseitig in jeder 12. Reihe 4-mal 1 Masche und in der folgenden 10. Reihe 1-mal 1 Masche zunehmen = 118 (128/136) Maschen. Über die zugenommenen Maschen glatt links stricken.

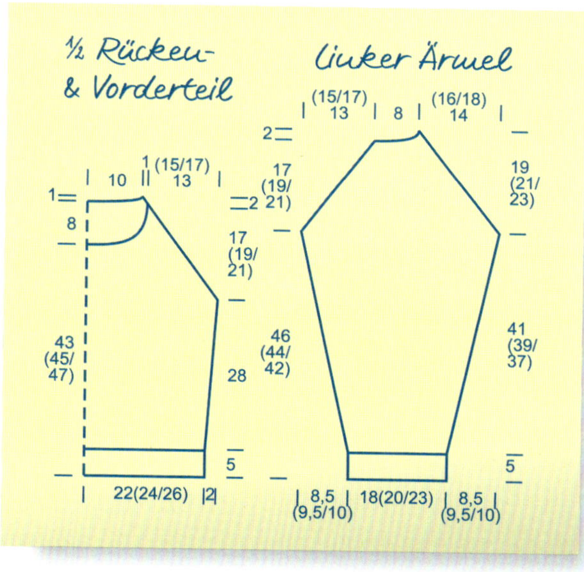

Für die Raglanschrägungen nach 33 cm ab Anschlag beidseitig 1-mal 1 (3/4) Maschen abketten und in jeder 2. Reihe 9-mal (14-mal/17-mal) 1 Masche und 12-mal (11-mal/11-mal) 2 Maschen betont abnehmen. Für den Halsausschnitt nach 51 (53/55) cm ab Anschlag die mittleren 46 Maschen abketten und beide Seiten getrennt beenden. Nach 52 (54/56) cm ab Anschlag die restlichen 2 Maschen abketten.

Vorderteil

Wie das Rückenteil arbeiten, jedoch für die Raglanschrägungen beidseitig 1-mal 1 (3/4) Maschen abketten und in jeder 2. Reihe 12-mal (15-mal/16-mal) 1 Masche und 8-mal (8-mal/9-mal) 2 Maschen betont abnehmen. Für den Halsausschnitt nach 43 (45/47) cm ab Anschlag die mittleren 38 Maschen abketten und beide Seiten getrennt beenden. Für die Ausschnittrundung jeweils am inneren Rand in jeder 2. Reihe 1-mal 3 Maschen, 2-mal 2 Maschen, 1-mal 1 Masche und in der folgenden 4. Reihe 1-mal 1 Masche abketten. Nach 50 (52/54) cm ab Anschlag die restlichen 2 Maschen abketten.

Linker Ärmel

40 (44/48) Maschen und 2 Randmaschen = 42 (46/50) Maschen mit Nadeln Nr. 4,5 anschlagen und 5 cm im Rippenmuster stricken, dabei in der 1. Reihe = Rückreihe nach der Randmasche mit 1 Masche links, 2 Maschen rechts, 2 Maschen links beginnen und gegengleich enden. Dann mit Nadeln Nr. 5 die Maschen wie folgt einteilen und in der 1. Reihe 3 (3/5) Maschen zunehmen = 45 (49/55) Maschen:

Größe 36/38: Randmasche, 3 Maschen glatt links, 1 tiefer eingestochene Masche, 10 Maschen Zopfmuster 2, 1 tiefer eingestochene Masche, 13 Maschen Zopfmuster 3, 1 tiefer eingestochene Masche, 10 Maschen Zopfmuster 2, 1 tiefer eingestochene Masche, 3 Maschen glatt links, Randmasche.

Größe 40/42: Randmasche, * 2 Maschen glatt links, 1 tiefer eingestochene Masche, ab * 2-mal arbeiten, 10 Maschen Zopfmuster 2, 1 tiefer eingestochene Masche, 13 Maschen Zopfmuster 3, 1 tiefer eingestochene Masche, 10 Maschen Zopfmuster 2, ** 1 tiefer eingestochene Masche, 2 Maschen glatt links, ab ** 2-mal arbeiten, Randmasche.

Größe 44: Randmasche, * 2 Maschen glatt links, 1 tiefer eingestochene Masche, ab * 3-mal arbeiten, 10 Maschen Zopfmuster 2, 1 tiefer eingestochene Masche, 13 Maschen Zopfmuster 3, 1 tiefer eingestochene Masche, 10 Maschen Zopfmuster 2, ** 1 tiefer eingestochene Masche, 2 Maschen glatt links, ab ** 3-mal arbeiten, Randmasche.

Für die Ärmelschrägungen beidseitig in der folgenden 6. Reihe 7-mal 1 Masche und in jeder 4. Reihe 13-mal 1 Masche (in jeder 4. Reihe 23-mal 1 Masche/in jeder 4. Reihe 19-mal 1 Masche und in jeder 2. Reihe 5-mal 1 Masche) zunehmen = 85 (95/103) Maschen. Über die zugenommenen Maschen glatt links stricken.

Für die Raglanschrägungen nach 46 (44/42) cm ab Anschlag am rechten Rand 1-mal 1 (3/4) Maschen abketten und in jeder 2. Reihe 9-mal (14-mal/17-mal) 1 Masche und 12-mal (11-mal/11-mal) 2 Maschen betont abnehmen und am linken Rand 1-mal 1 (3/4) Maschen abketten und in jeder 2. Reihe 12-mal (15-mal/16-mal) 1 Masche und 8-mal (8-mal/9-mal) 2 Maschen betont abnehmen. Am linken Rand nach 63 cm ab Anschlag 1-mal 12 Maschen und in jeder 2. Reihe 2-mal 5 Maschen abketten.

Den rechten Ärmel gegengleich arbeiten.

Fertigstellung

Die Raglannähte schließen. Aus dem Halsausschnitt 128 Maschen mit Nadeln Nr. 4,5 auffassen und 18 cm im Rippenmuster stricken. Die Maschen abketten. Die Seiten- und Ärmelnähte schließen.

Raglanjacke im Halbpatent

Schwierigkeit: ★★ | Größe: 36/38 (40/42; 44)

Material

- Schurwollmischgarn (60 % Schurwolle, 40 % Polyacryl, Lauflänge 100 m/100 g): 1100 (1200/1300) g Petrol
- Stricknadeln Nr. 6 und 7
- 6 Knöpfe

Rippenmuster: 1 Masche rechts, 1 Masche links im Wechsel stricken

Spezial-Randmaschen: Die ersten und letzten angegebenen Maschen jeder Reihe nicht im Halbpatent arbeiten, sondern die rechten Maschen rechts stricken, die linken Maschen links abheben, dabei den Faden vor die Arbeit legen.

Halbpatent:

Muster erfordert ungerade Maschenzahl.

1. Reihe = Hinreihe: Randmasche (= 1 Masche rechts), * 1 Masche links, die folgende Masche mit 1 Umschlag wie zum Linksstricken abheben, ab * stets wiederholen, 1 Masche links, Randmasche (= 1 Masche rechts).

2. Reihe = Rückreihe: Randmasche (= Masche abheben, Faden vor der Arbeit), * 1 Masche rechts, den Umschlag und die abgehobene Masche der Vorreihe links zusammenstricken, ab * stets wiederholen, 1 Masche rechts, Randmasche (= Masche abheben, Faden vor der Arbeit).

Die 1. und 2. Reihe stets wiederholen.

Betonte Abnahmen:

Am rechten Rand: Randmasche (= 1 Masche rechts), 1 Masche links, 3 Maschen rechts überzogen zusammenstricken (= 1 Masche rechts abheben, 2 Maschen rechts zusammenstricken, dann die abgehobene Masche darüberziehen).

Am linken Rand: 3 Maschen rechts zusammenstricken, 1 Masche links, Randmasche (= 1 Masche rechts).

Maschenprobe

Im Halbpatent mit Nadeln Nr. 7: 11 Maschen und 24 Reihen = 10 x 10 cm

So wird's gemacht

Rückenteil

57 (61/65) Maschen und 2 Randmaschen = 59 (63/67) Maschen mit Nadeln Nr. 7 anschlagen und 8 cm im Rippenmuster stricken, dabei in der 1. Reihe = Rückreihe nach der Randmasche mit 1 Masche rechts, 1 Masche links beginnen und gegengleich enden. Dann im Halbpatent weiterarbeiten.

Für die Raglanschrägungen nach 46 (44/42) cm ab Anschlag beidseitig 1-mal 2 Maschen und in jeder 6. Reihe 5-mal (5-mal/6-mal) 2 Maschen und in jeder 4. Reihe 3-mal (4-mal/4-mal) 2 Maschen betont abnehmen.

Für den Halsausschnitt nach 63 cm ab Anschlag die mittleren 19 Maschen abketten und beide Seiten getrennt beenden. Nach 65 cm ab Anschlag die restlichen 2 Maschen abketten.

Linkes Vorderteil

29 (31/33) Maschen und 6 Randmaschen = 35 (37/39) Maschen mit Nadeln Nr. 7 anschlagen und 8 cm im Rippenmuster stricken, dabei in der 1. Reihe = Rückreihe nach der Randmasche mit 1 Masche links, 1 Masche rechts beginnen und gegengleich enden. Dann im Halbpatent weiterarbeiten, dabei für die Blende über die letzten 5 Maschen Spezial-Randmaschen arbeiten.

Für die Raglanschrägungen nach 46 (44/42) cm ab Anschlag am rechten Rand 1-mal 2 Maschen und in jeder 6. Reihe 4-mal (5-mal/5-mal)

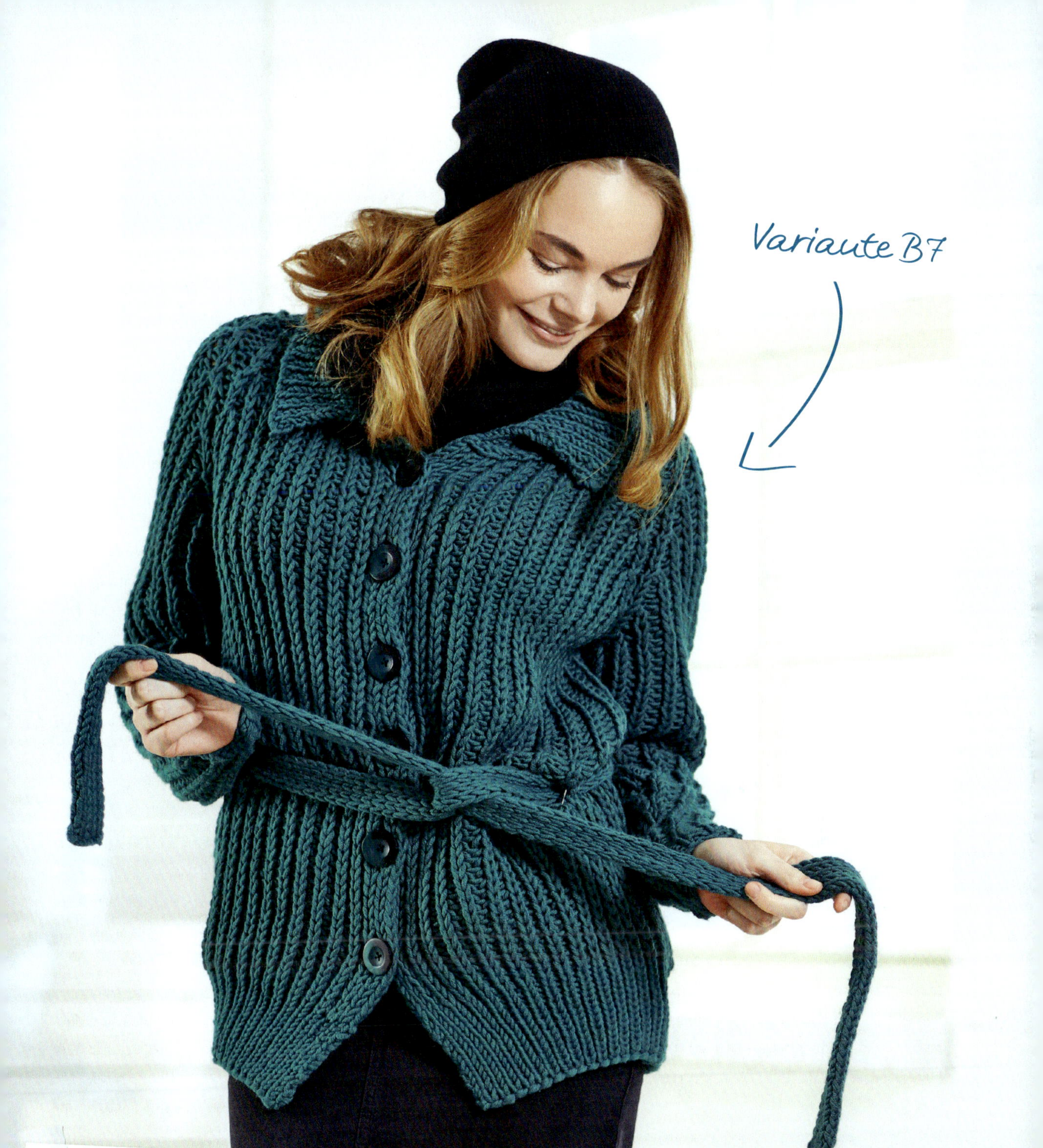

Hier wird der Raglanschnitt verlängert und als Jacke gearbeitet. Das Halbpatentmuster zeigt Wirkung und wer noch kein Knopfloch gearbeitet hat, kann es hier gleich sechsmal ausprobieren.

2 Maschen und in jeder 4. Reihe 3-mal (3-mal/ 4-mal) 2 Maschen betont abnehmen.

Für den Halsausschnitt nach 57 cm ab Anschlag am linken Rand 5-mal 2 Maschen rechts zusammenstricken und diese restlichen 5 Maschen stilllegen, dann in jeder 2. Reihe 1-mal 3 Maschen, 1-mal 2 Maschen, 1-mal 1 Masche und in der folgenden 4. Reihe 1-mal 1 Masche abketten.

Nach 63 cm ab Anschlag die restlichen 2 Maschen abketten.

Rechtes Vorderteil

Gegengleich arbeiten, jedoch nach 13 cm ab Anschlag das erste Knopfloch einarbeiten: Dazu die 3. und 4. Masche rechts zusammenstricken und 1 Umschlag arbeiten. Die folgenden fünf Knopflöcher mit einem Abstand von ca. 6 cm ebenso arbeiten.

Linker Ärmel

21 (23/25) Maschen und 2 Randmaschen = 23 (25/27) Maschen mit Nadeln Nr. 7 anschlagen und 5 cm im Rippenmuster stricken, dabei in der 1. Reihe = Rückreihe nach der Randmasche mit 1 Masche rechts, 1 Masche links beginnen und gegengleich enden. Dann im Halbpatent weiterarbeiten.

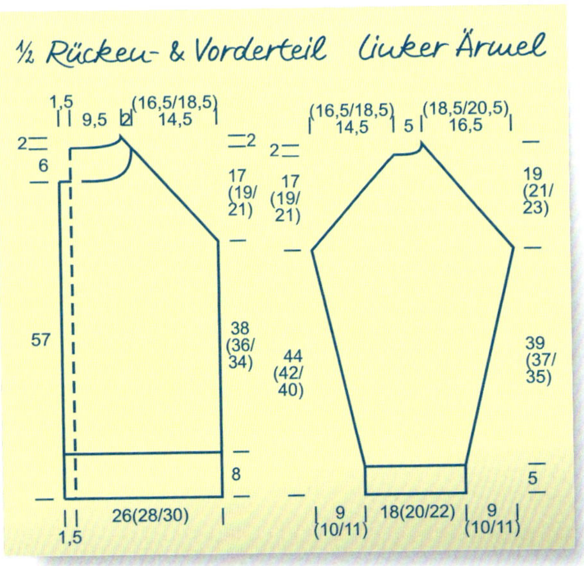

Für die Ärmelschrägungen beidseitig in jeder 10. Reihe 3-mal 1 Masche und in jeder 8. Reihe 7-mal 1 Masche (in jeder 8. Reihe 8-mal 1 Masche und in jeder 6. Reihe 3-mal 1 Masche/in jeder 8. Reihe 3-mal 1 Masche und in jeder 6. Reihe 9-mal 1 Masche) zunehmen = 43 (47/51) Maschen.

Für die Raglanschrägungen nach 44 (42/40) cm ab Anschlag am rechten Rand 1-mal 2 Maschen und in jeder 6. Reihe 5-mal (5-mal/6-mal) 2 Maschen und in jeder 4. Reihe 3-mal (4-mal/4-mal) 2 Maschen und am linken Rand 1-mal 2 Maschen und in jeder 6. Reihe 4-mal (5-mal/5-mal) 2 Maschen und in jeder 4. Reihe 3-mal (3-mal/ 4-mal) 2 Maschen betont abnehmen.

Am linken Rand nach 61 cm ab Anschlag 1-mal 3 Maschen und in jeder 2. Reihe 2-mal 3 Maschen abketten.

Den rechten Ärmel gegengleich arbeiten.

Fertigstellung

Die Raglannähte schließen.

Zwischen den stillgelegten 5 Maschen der Vorderteilblenden aus dem Halsausschnitt 73 Maschen mit Nadeln Nr. 6 auffassen und im Rippenmuster stricken. Dabei nach 7 Reihen mit Nadeln Nr. 7 weiterarbeiten. In der folgenden 4. Reihe beidseitig 1 Masche zunehmen, in der folgenden 4. Reihe ebenfalls beidseitig 1 Masche zunehmen. Die zugenommenen Maschen mustergemäß stricken. Nach weiteren 4 Reihen alle Maschen abketten.

Die Seiten- und Ärmelnähte schließen.

Für den Gürtel 9 Maschen anschlagen und in der 1. Reihe = Rückreihe nach der Randmasche mit 1 Masche links, 1 Masche rechts beginnen und gegengleich enden. Nun über alle Maschen Spezial-Randmaschen arbeiten. Nach ca. 150 cm die Maschen abketten.

Die Knöpfe annähen. Zum Fertigstellen siehe auch Seite 124.

Raglanpullover mit Streifen

Schwierigkeit: ★ | Größe: 36/38 (40/42; 44/46; 48/50)

Material

- Baumwollgarn mit Polyamid (88 % Baumwolle, 12 % Polyamid, Lauflänge ca. 140 m/50 g): ca. 200 (250/250/250) g Dunkelgrau, 100 (100/150/150) g Mint, 50 g Opalgrün
- Stricknadeln Nr. 4,5 und 5
- Rundstricknadeln Nr. 4,5, 60 cm lang

Glatt rechts: In Hinreihen rechte Maschen, in Rückreihen linke Maschen stricken.

Randmaschen: Wahlweise den Nahtrand oder Kettenrand stricken (siehe Seite 118).

Rippenmuster: 1 Masche rechts, 1 Masche links im Wechsel stricken.

Betonte Abnahmen:

Am rechten Rand: Randmasche, 2 Maschen glatt rechts, 2 Maschen überzogen zusammenstricken (= 1 Masche wie zum Rechtsstricken abheben, die folgende Masche rechts stricken, dann die abgehobene Masche darüberziehen).

Am linken Rand: 2 Maschen rechts zusammenstricken, 2 Maschen glatt rechts, Randmasche.

Betonte Zunahmen:

Am rechten Rand: Randmasche, 2 Maschen rechts, 1 Masche rechts verschränkt aus dem Maschen-Querfaden herausstricken.

Am linken Rand: 1 Masche rechts verschränkt aus dem Maschen-Querfaden herausstricken, 2 Maschen rechts, Randmasche. In Rückreihen nach/vor der Randmasche linke Maschen stricken und die Masche aus dem Querfaden links verschränkt herausstricken.

Doppelmaschen: Nach dem Wenden am Anfang der Reihe den Faden vor die Arbeit legen, von rechts in die 1. Masche einstechen, die Masche und den Faden zusammen abheben. Danach den Faden fest über die Nadel nach hinten ziehen. Dadurch wird die Masche über die Nadel gezogen und liegt doppelt. In der folgenden Reihe beide Maschenteile zusammen erfassen und mustergemäß rechts oder links abstricken.

Streifenfolge: 4 Reihen Mint, 4 Reihen Opalgrün stricken.

Maschenprobe

Glatt rechts mit Nadel Nr. 5: 20 Maschen und 28 Reihen = ca. 10 x 10 cm

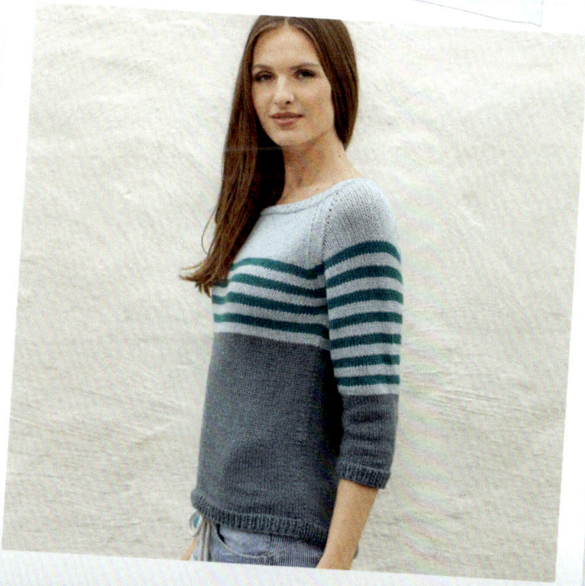

So wird's gemacht

Rückenteil

92 (100/108/116) Maschen und 2 Randmaschen = 94 (102/110/118) Maschen mit Nadel Nr. 4,5 in Dunkelgrau anschlagen ca. 3 cm = 9 Reihen im Rippenmuster stricken. Dann zu Nadel Nr. 5 wechseln und glatt rechts für den verlängerten Rücken verkürzte Maschen wie folgt stricken: die Rückreihe bis 5 Maschen vor dem Ende stricken, wenden, Doppelmasche, zurückstricken bis 5 Maschen vor dem Ende der Hinreihe, wenden, Doppelmasche, bis 4 Maschen vor der Doppelmasche stricken (= weitere 5 Maschen stilllegen), wenden, Doppelmasche. Auf diese Weise fortfahren, bis beidseitig jeweils 25 Maschen stillgelegt sind.

Nun wieder die ganze Reihe stricken, dabei die Doppelmasche mustergemäß abstricken.

Nach ca. 26 cm = 74 ganze Reihe ab Bund 4-mal in der Streifenfolge stricken, danach weiter in Mint, gleichzeitig für die Raglanschrägung nach 32 (30,5/29/27,5) cm = 90 (86/82/78) ganze Reihe beidseitig 1-mal je 3 (4/5/6) Maschen abketten, dann in jeder 2. Reihe 23 (25/27/29)-mal betonte Abnahmen arbeiten = 42 (44/46/48) Maschen. Alle Maschen abketten.

Vorderteil

Wie das Rückenteil arbeiten, jedoch ohne verkürzte Reihen stricken und für einen tieferen Halsausschnitt für die Raglanschrägung beidseitig in jeder 2. Reihe 1-mal je 3 (4/5/6) Maschen abketten und 20 (22/24/26)-mal betonte Abnahmen arbeiten = 48 (50/52/54) Maschen. Alle Maschen abketten.

Rechter Ärmel

46 (48/50/52) Maschen und 2 Randmaschen = 48 (50/52/54) Maschen mit Nadel Nr. 4,5 in Dunkelgrau anschlagen und ca. 3 cm = 9 Reihen im Rippenmuster stricken. Zu Nadel Nr. 5 wechseln und glatt rechts weiterstricken. Für die Schrägung ab Bund in jeder 6. Reihe 11-mal (in jeder 5. Reihe 13-mal/in jeder 4. Reihe 15-mal/in jeder 4. Reihe 12-mal) und danach in jeder 3. Reihe 5-mal betonte Zunahmen stricken = 70 (76/82/88) Maschen, gleichzeitig nach ca. 13 cm = 36 Reihen ab Bund 7-mal in der Streifenfolge stricken. Dann weiter in Mint arbeiten. Für die Raglanschrägungen nach 27 (25,5/24/22,5) cm = 76 (72/68/64) Reihe ab Bund beidseitig 1-mal je 3 (4/5/6) Maschen abketten, dann in jeder 2. Reihe 20 (22/24/26)-mal betonte Abnahmen arbeiten, danachg am rechten Rand 3-mal je 7 Maschen abketten und am linken Rand noch 3-mal betonte Abnahmen stricken.

Den linken Ärmel gegengleich arbeiten.

Fertigstellung

Die Raglannähte schließen. Für die Ausschnittblende mit der Rundstricknadel Nr. 4,5 126 (130/134/138) Maschen auffassen und ca. 3 cm = 9 Reihen im Rippenmuster stricken. Die Maschen mustergemäß abketten und die Ärmel- und Seitennähte schließen. Zum Fertigstellen siehe auch Seite 124.

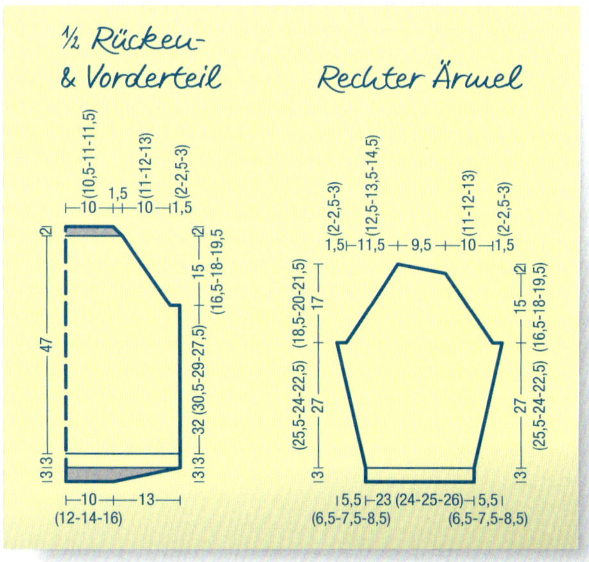

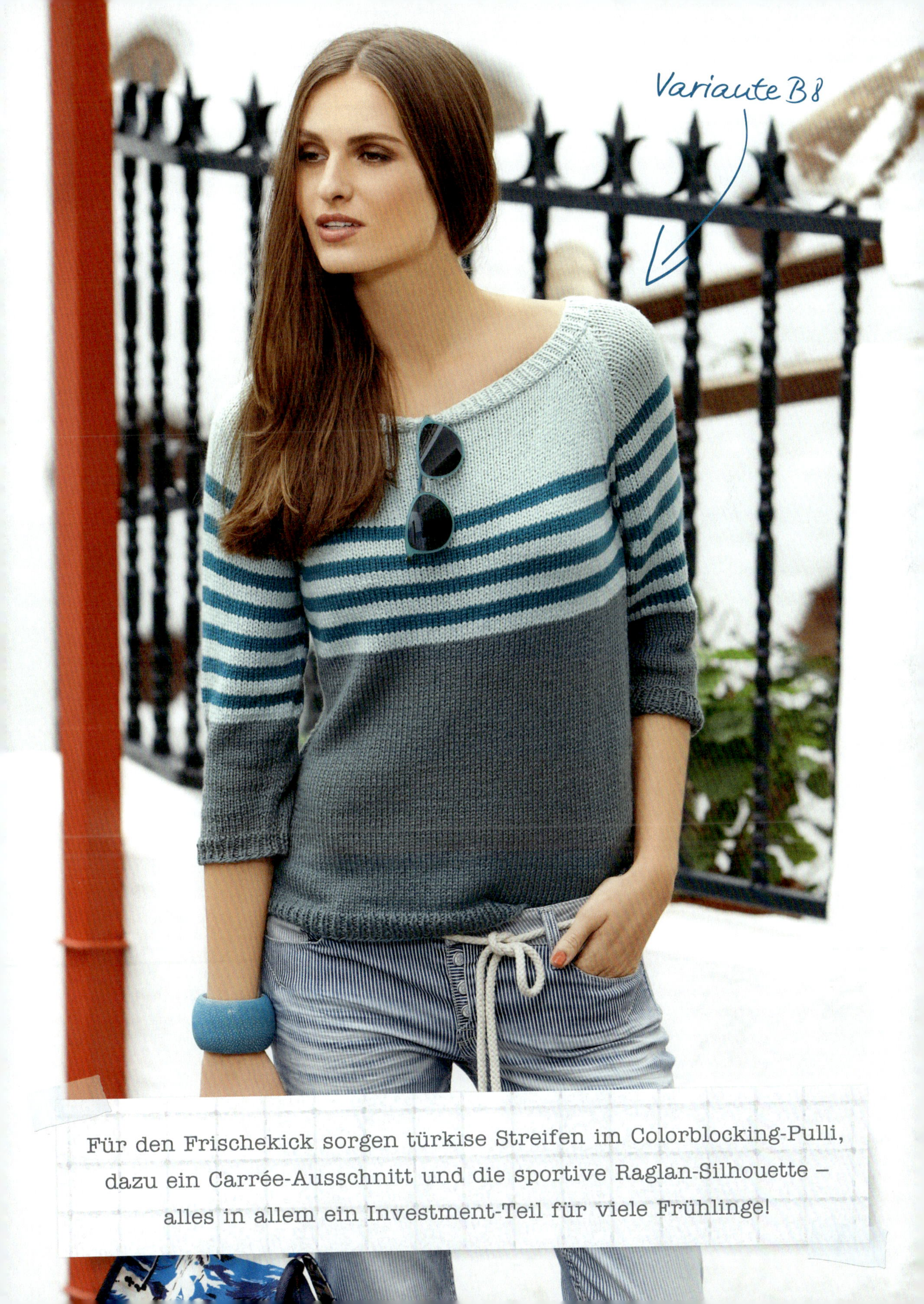

Für den Frischekick sorgen türkise Streifen im Colorblocking-Pulli, dazu ein Carrée-Ausschnitt und die sportive Raglan-Silhouette – alles in allem ein Investment-Teil für viele Frühlinge!

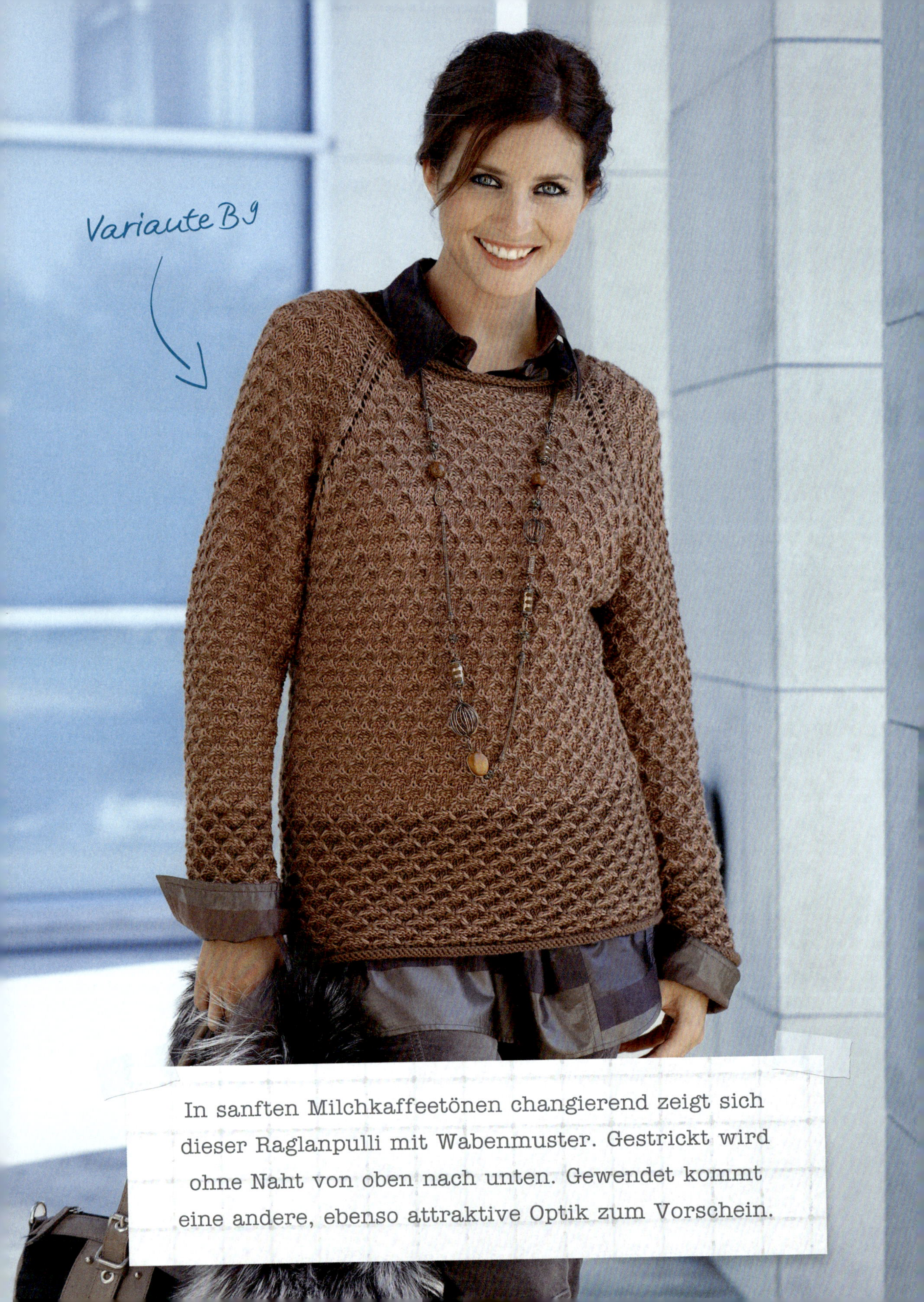

In sanften Milchkaffeetönen changierend zeigt sich dieser Raglanpulli mit Wabenmuster. Gestrickt wird ohne Naht von oben nach unten. Gewendet kommt eine andere, ebenso attraktive Optik zum Vorschein.

Raglanpullover mit Wendeoptik

Schwierigkeit: ★★★ | Größe: 36/38 (40/42)

Material

- Merinowolle mit Seide (75 % Merino fein, 25 % Seide, Lauflänge ca. 115 m/50 g): ca. 300 (350) g Schokolade und ca. 400 (450) g Hellbraun
- Rundstricknadel Nr. 4,5, je 1-mal 40 und 80 cm lang
- Nadelspiel Nr. 4,5

Glatt rechts: In Hinreihen rechte Maschen, in Rückreihen linke Maschen stricken.

Randmaschen: Mit dem Knötchenrand arbeiten (siehe Seite 118).

Schattenmuster: In Runden nach Strickschrift stricken. Den Mustersatz = 6 Maschen zwischen den Pfeilen fortlaufend wiederholen. Die 1.–13. Runde 1-mal stricken, dann die 2.–13. Runde stets wiederholen. Die Buchstaben neben den Rundenzahlen benennen die Farbe, in der die Runde gestrickt wird. Am Rundenübergang stets die Fäden auf der Innenseite verkreuzen, damit keine sichtbaren Spannfäden entstehen. Die zugenommenen Maschen ins Muster eingliedern. Dabei beachten, dass die Zugmasche erst nach 3 Zunahmen ausgeführt werden kann.

Farbfolge 1: A = Schokolade, B = Hellbraun.

Farbfolge 2: A = Hellbraun, B = Schokolade.

Betonte Abnahmen innerhalb der Runden:

Vor der markierten Masche jeweils 2 Maschen rechts überzogen zusammenstricken = 1 Masche wie zum Rechtsstricken abheben, die folgende Masche rechts stricken, dann die abgehobene Masche darüberziehen.

Nach der markierten Masche jeweils 2 Maschen rechts zusammenstricken.

Strickschrift

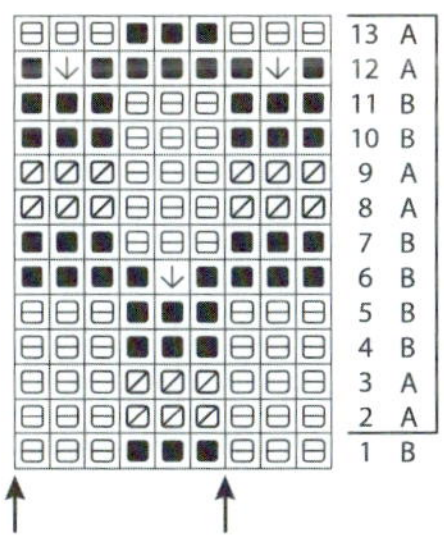

Zeichenerklärung:

- ⍗ = Zugmasche: die Masche mit der rechten Nadel unter den 2 gespannten Querfäden vorholen, auf die linke Nadel nehmen und rechts abstricken
- ⊟ = 1 Masche links
- ⊘ = 1 Masche rechts abheben
- ■ = 1 Masche rechts

Maschenprobe

Im Schattenmuster mit Nadel Nr. 4,5: 24 Maschen und 42 Reihen = ca. 10 x 10 cm

Hinweis: Der Pullover wird ohne Nähte von oben nach unten in Runden gestrickt.

So wird's gemacht

Ausführung

96 Maschen und 2 Randmaschen = 98 Maschen mit der kürzeren Rundstricknadel in Schokolade für den Kragen anschlagen, zur Runde schließen und 7 Runden glatt rechts stricken. Dann die Arbeit wie folgt einteilen: 15 Maschen des linken Ärmels, 2 Raglan-Maschen, 30 Maschen des Rückenteils, 2 Raglan-Maschen, 15 Maschen des rechten Ärmels, 2 Raglan-Maschen, 30 Maschen des Vorderteils, 2 Raglan-Maschen stricken. Die Raglan-Maschen stets glatt recht stricken.

Nun zwischen den Raglan-Maschen das Schattenmuster nach Strickschrift in Farbfolge 1 stricken. Über den 15 Maschen der Ärmel mit den 3 Maschen vor dem 1. Pfeil beginnen, dann den Mustersatz 2-mal stricken, über den 30 Maschen des Rücken- und Vorderteils den Mustersatz jeweils 5-mal stricken. Dabei bereits in der 1. Runde für die Raglanschrägungen beidseitig der Raglan-Maschen jeweils 1 Umschlag arbeiten = 8 Umschläge pro Runde. Die Umschläge in der folgenden Runde stets rechts stricken. Diese Zunahmen in jeder 2. Runde noch 42 (44)-mal ausführen = 442 (458) Maschen.

Bei zunehmender Weite auf die längeren Rundstricknadeln wechseln. Nach 20,5 (21,5) cm = 86 (90) Runden im Schattenmuster die Arbeit wie folgt teilen: für den linken Ärmel 103 (107) Maschen = 101 (105) Maschen des Ärmels und beidseitig je 1 Raglan-Masche stilllegen, für das Rückenteil 118 (122) Maschen = 116 (120) Maschen und 2 Raglan-Maschen, auf die längere Rundstricknadel nehmen, für den rechten Ärmel 103 (107) Maschen = 101 (105) Maschen des Ärmels und beidseitig je 1 Raglan-Masche stilllegen und die restlichen 118 (122) Maschen für das Vorderteil mit auf die Rundstricknadel nehmen.

Jetzt das Rücken- und Vorderteil über die 236 (248) Maschen weiter in Runden im Schattenmuster wie folgt stricken: vor und nach den 118 (122) Maschen des Rückenteils jeweils 3 Maschen neu anschlagen, dabei die mittlere Masche markieren = 242 (250) Maschen.

Für die Seitenschrägungen in der 4. Runde ab Teilung beidseitig der markierten Mittel-Masche je 1 Masche betont abnehmen = 4 Abnahmen pro Runden. Diesen Vorgang in jeder 4. Runde noch 8 (7)-mal wiederholen = 206 (218) Maschen. In der folgenden 4. Reihe beide markierten Maschen mit den davorliegenden Maschen rechts zusammenstricken = 204 (216) Maschen. Nach 41,5 cm = 175 Runden Schattenmuster in Farbfolge 2 weiterstricken.

Nach 17 cm = 72 Runden ab Farbfolge-Wechsel über alle Maschen glatt rechts in Schokolade stricken. Nach 6 Runden glatt rechts alle Maschen abketten.

Für den linken Ärmel die stillgelegten 103 (107) Maschen auf die kürzere Rundstricknadel nehmen, zwischen den Raglan-Maschen, aus den 3 neu angeschlagenen Maschen zwischen Vorder- und Rückenteil, 3 Maschen auffassen = 106 (110) Maschen. Die mittlere dieser 3 Maschen markieren. Das Schattenmuster in Runden fortsetzen.

Für die Schrägungen in der 4. Runde ab Aufnehmen beidseitig der markierten Maschen je 1 Masche betont abnehmen = 2 Abnahmen pro Runde. Diesen Vorgang noch 22 (21)-mal in jeder 4. Runde wiederholen = 60 (66) Maschen. Bei abnehmender Weite zum Nadelspiel wechseln. Nach 53 cm = 217 Reihen Schattenmuster in Farbfolge 2 weiterstricken. Nach 10 cm = 42 Runden ab Farbfolge-Wechsel über alle Maschen glatt rechts in Schokolade stricken. Nach 6 Runden glatt rechts alle Maschen abketten.

Den rechten Ärmel ebenso arbeiten.

Fertigstellung

Zum Fertigstellen siehe Seite 124.

½ Rücken- & Vorderteil mit ½ Ärmel

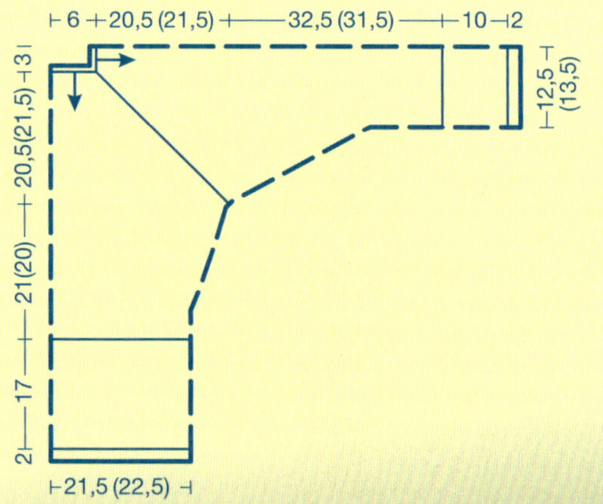

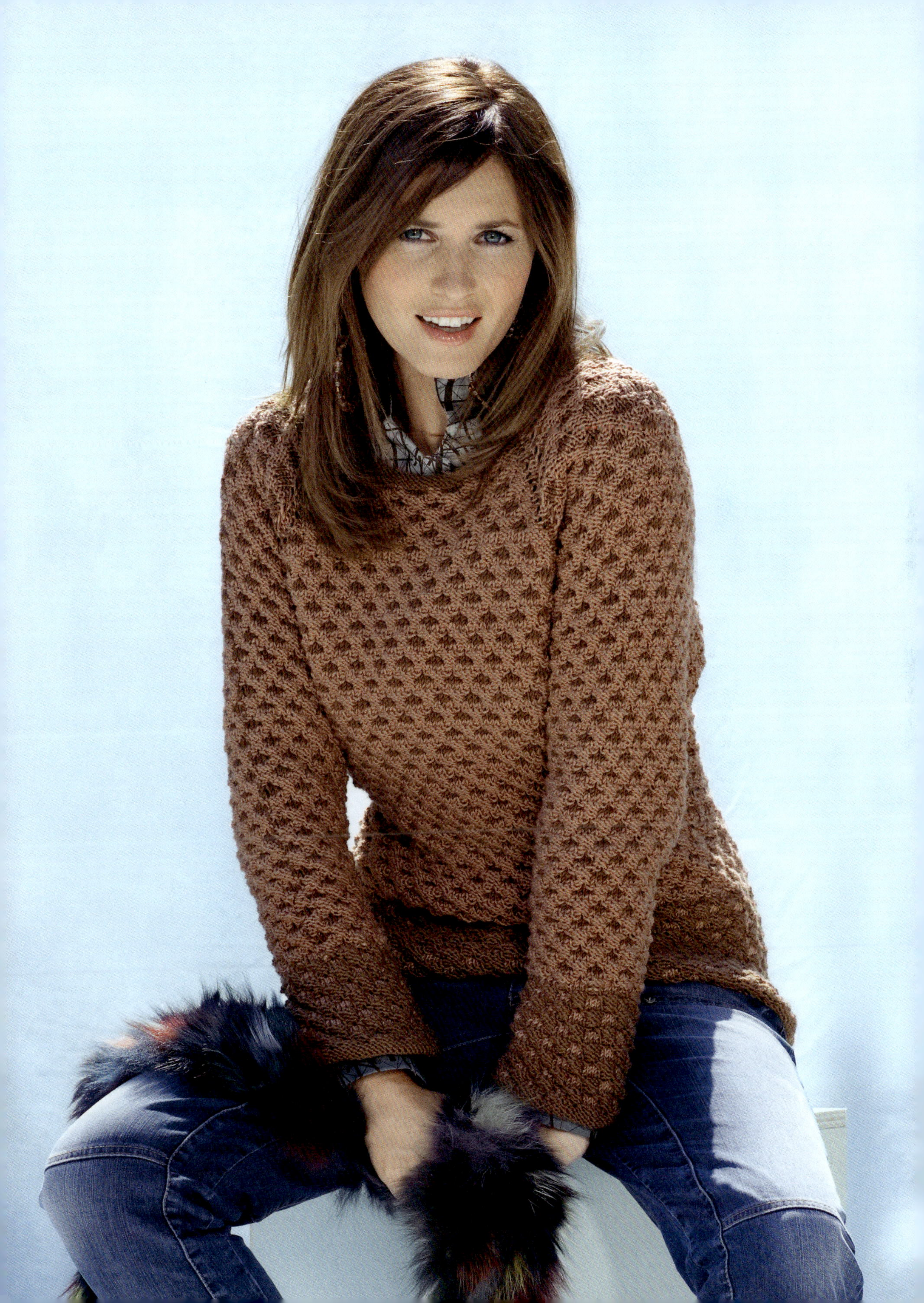

Nahtlos angepasst – Die Rundpasse

Wer sich das Einsetzen von Ärmeln sparen möchte, sollte die Rundpasse wählen. Diese Grundform wird ab einer bestimmten Höhe in Runden gestrickt. Besonders schön wird die Rundpasse, wenn der in Runden gestrickte Abschnitt in einer anderen Farbe oder in einem Muster gestrickt wird wie im Norwegerpullover.

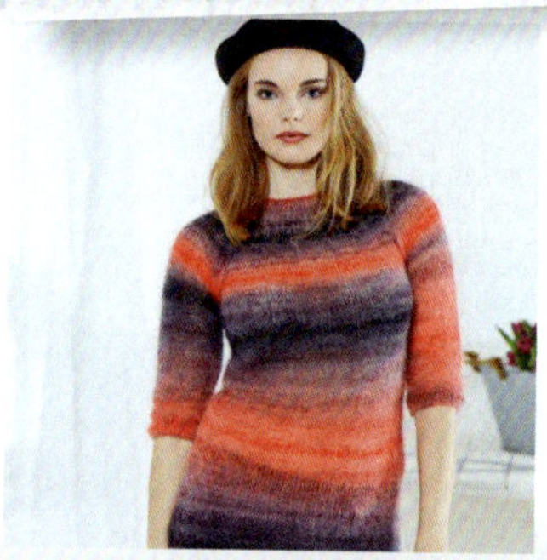

Taillierter Pullover

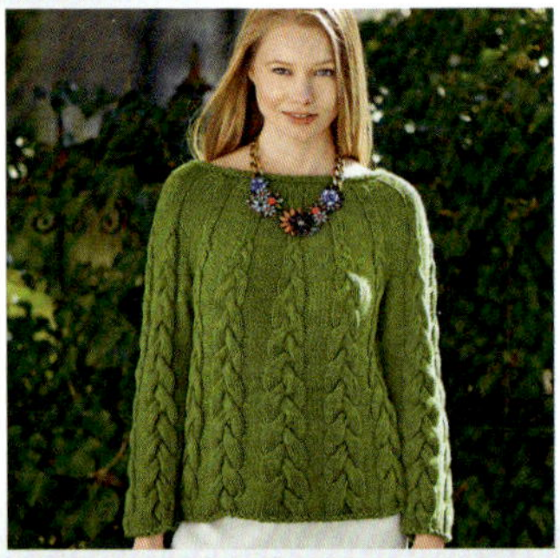

Mt Zöpfen

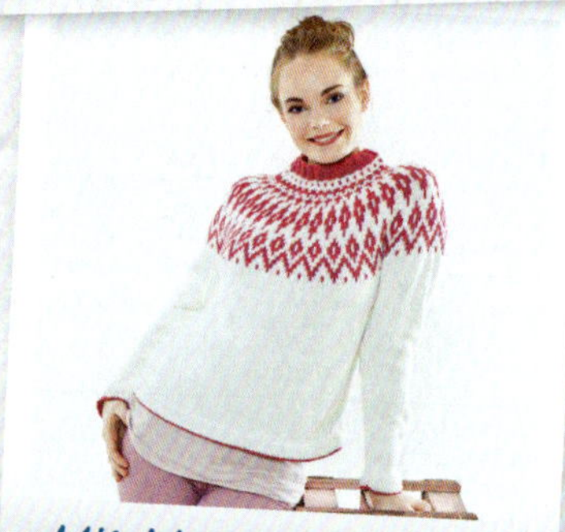

Mit Norwegermuster

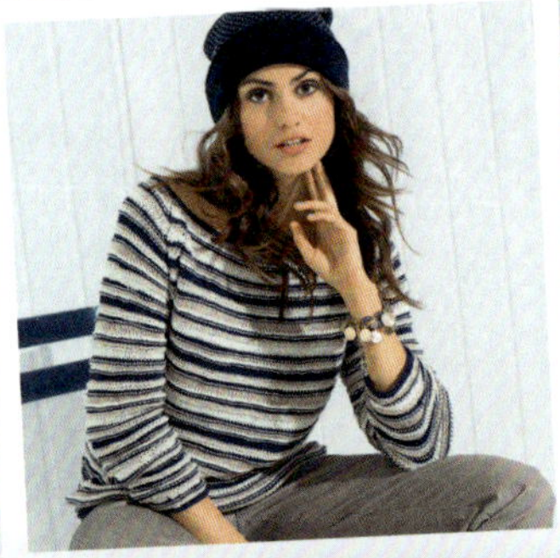

Gestreifter Pullover

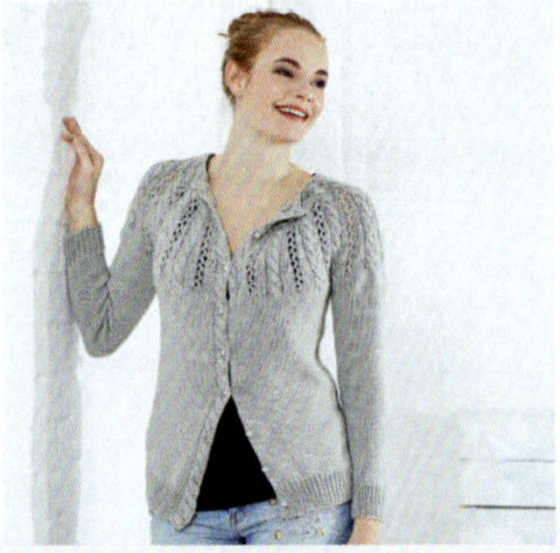

Ajour & Zopfmuster

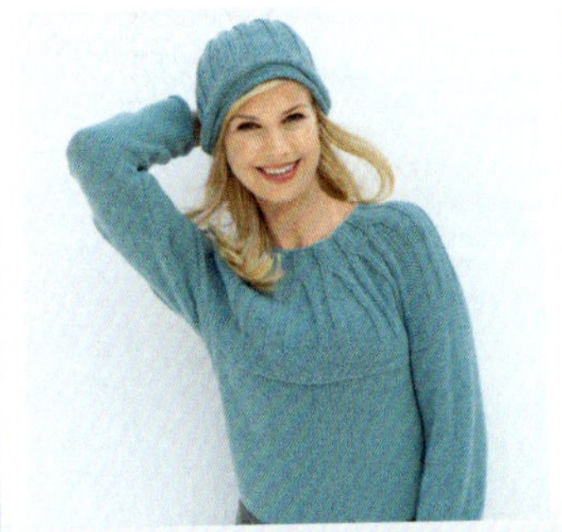

Rippenpasse

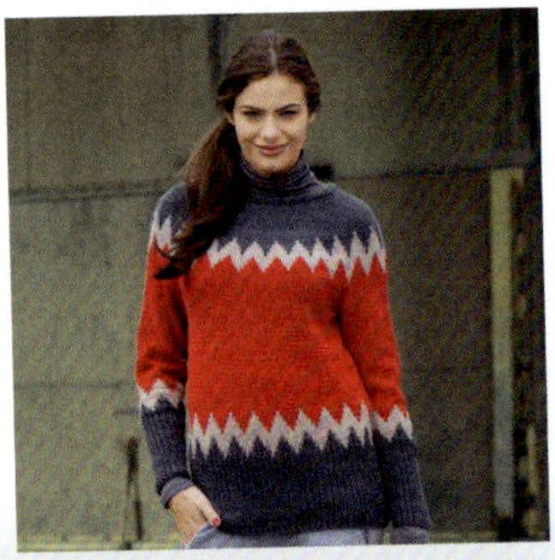

Zickzack-Passe

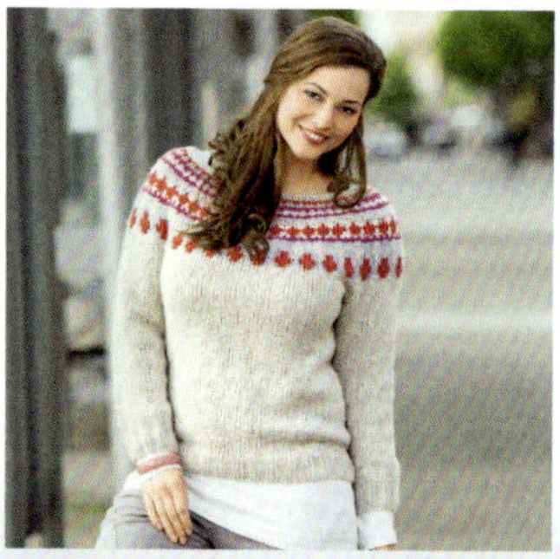

Noch mehr Norweger

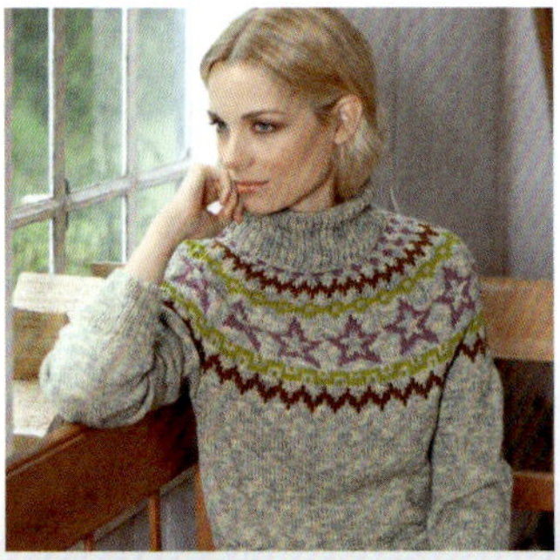

Mit Rollkragen

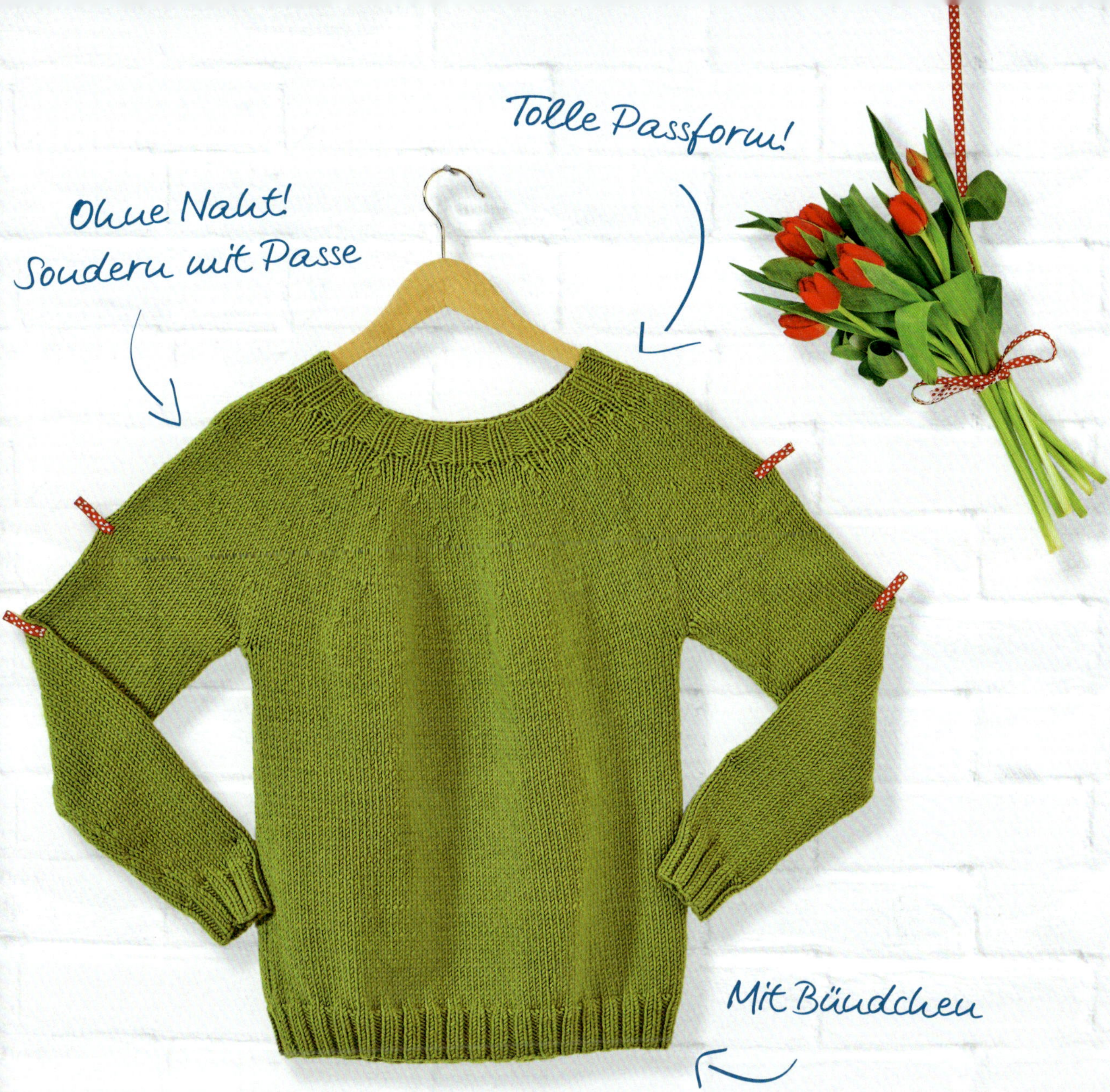

Was ist eine Passe? Eine Passe bedeutet, dass Rücken- und Vorderteil und Ärmel nur bis zu einer bestimmten Höhe gestrickt werden, dann werden die Maschen stillgelegt. Im nächsten Schritt wird für die Passe über alle Maschen aller Teile in Runden gestrickt und nach und nach gleichmäßig verteilt abgenommen.

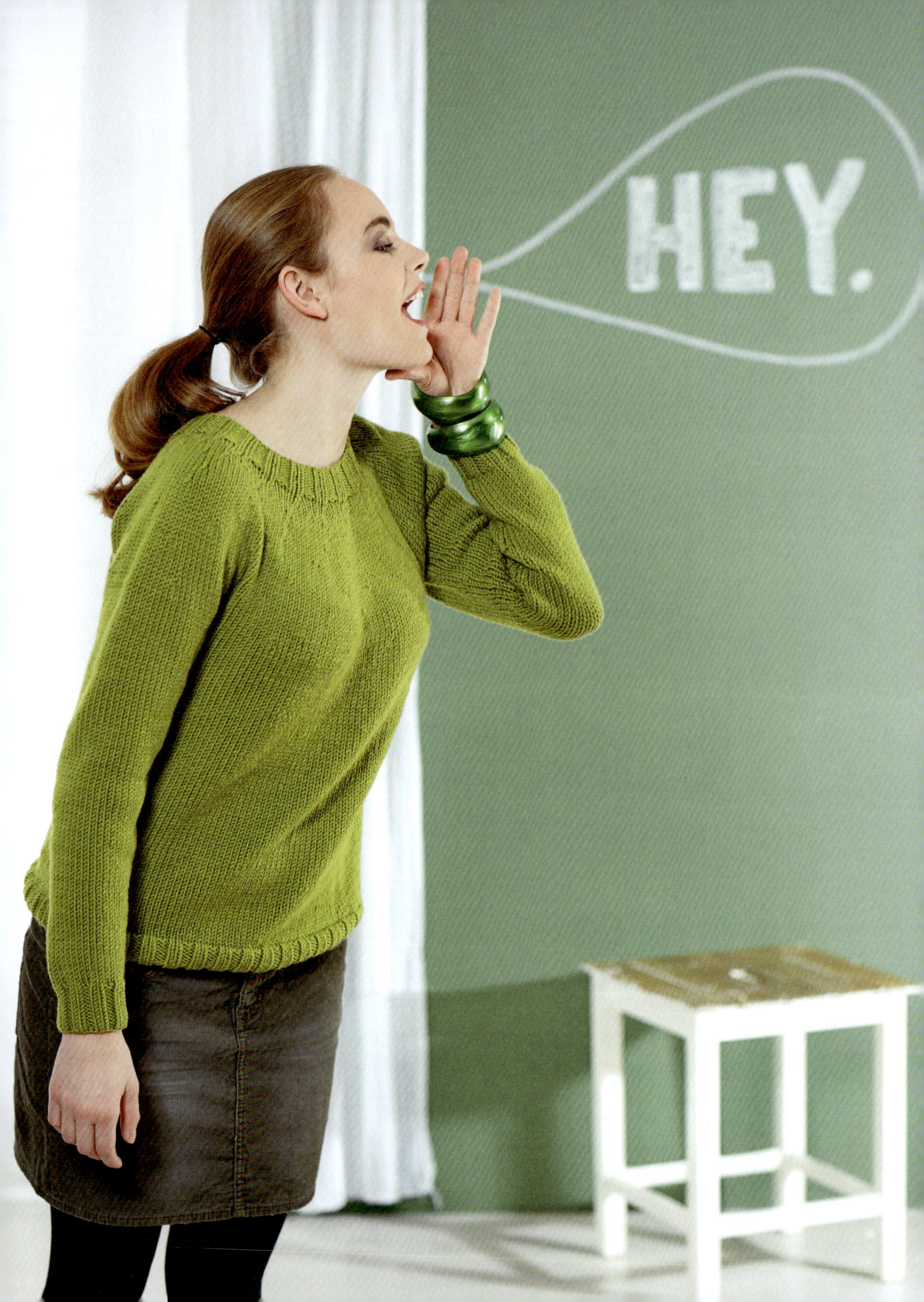
HEY.

Grundschnitt C: Pullover mit Passe

Schwierigkeit: ★ | Größe: 36/38 (40/42; 44)

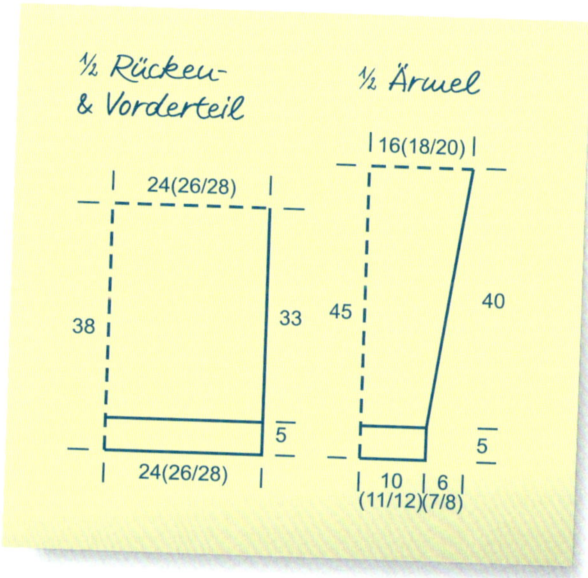

Material

- Schurwollgarn (100 % Merino-Schurwolle, Lauflänge 50 m/50 g): 650 (650/700) g Grün
- Stricknadeln Nr. 5 und 5,5
- Rundstricknadeln Nr. 5,5, je 1-mal 80, 60 und 50 cm lang

Glatt rechts: In Hinreihen rechte Maschen, in Rückreihen linke Maschen stricken. In Runden stets rechte Maschen stricken.

Randmaschen: Wahlweise einen Naht- oder Kettrand arbeiten (siehe Seite 118).

Rippenmuster: 2 Maschen rechts, 2 Maschen links im Wechsel stricken.

Maschenprobe

Glatt rechts mit Nadeln Nr. 5,5: 16 Maschen und 23 Reihen = 10 x 10 cm

So wird's gemacht

Rückenteil

76 (84/88) Maschen und 2 Randmaschen = 78 (86/90) Maschen mit Nadeln Nr. 5 anschlagen und 5 cm im Rippenmuster stricken, dabei in der 1. Reihe = Rückreihe nach der Randmasche mit 1 Masche links, 2 Maschen rechts, 2 Maschen links beginnen und gegengleich enden. Dann mit Nadeln Nr. 5,5 glatt rechts weiterarbeiten, dabei in der 1. Reihe gleichmäßig verteilt 0 (0/2) Maschen zunehmen = 78 (86/92) Maschen.

Nach 38 cm ab Anschlag alle Maschen stilllegen.

Vorderteil

Das Vorderteil wie das Rückenteil arbeiten.

Ärmel

32 (36/36) Maschen und 2 Randmaschen = 34 (38/38) Maschen mit Nadeln Nr. 5 anschlagen und 5 cm im Rippenmuster stricken, dabei in der 1. Reihe = Rückreihe nach der Randmasche mit 1 Masche links, 2 Maschen rechts, 2 Maschen links beginnen und gegengleich enden. Dann mit Nadeln Nr. 5,5 glatt rechts weiterarbeiten, dabei in der 1. Reihe gleichmäßig verteilt 0 (0/2) Maschen zunehmen = 34 (38/40) Maschen.

Für die Ärmelschrägungen beidseitig in jeder 10. Reihe 2-mal 1 Masche und in jeder 8. Reihe 8-mal 1 Masche (in jeder 8. Reihe 10-mal 1 Masche und in der folgenden 6. Reihe 1-mal 1 Masche/in jeder 8. Reihe 4-mal 1 Masche und in jeder 6. Reihe 9-mal 1 Masche) zunehmen = 54 (60/66) Maschen.

Nach 45 cm ab Anschlag alle Maschen stilllegen. Den zweiten Ärmel ebenso arbeiten.

Passe

Alle stillgelegten Maschen auf eine Rundstricknadel Nr. 5,5 nehmen: 54 (60/66) Maschen linker Ärmel, 78 (86/92) Maschen Vorderteil, 54 (60/66) Maschen rechter Ärmel, 78 (86/92) Maschen Rückenteil = 264 (292/316) Maschen. Der Rundenanfang liegt zwischen Rückenteil und linkem Ärmel. Den Rundenanfang mit einem Maschenmarkierer, einer Sicherheitsnadel oder einem Kontrastfaden markieren. Glatt rechts in Runden stricken. In der 1. Runde die aufeinandertreffenden Randmaschen mit der Masche davor bzw. danach rechts zusammenstricken = 256 (284/308) Maschen. Wenn notwendig auf die kürzeren Rundstricknadeln wechseln.

Für die Abnahmen gleichmäßig verteilt in der folgenden 10. Runde 1-mal 17 (17/19) Maschen, in der folgenden 8. Runde 1-mal 17 (17/19) Maschen, in jeder 6. Runde 2-mal (1-mal/2-mal) 18 (17/19) Maschen, in jeder 4. Runde 2-mal (4-mal/5-mal) 17 (17/19) Maschen und in jeder 2. Runde 4-mal (5-mal/3-mal) 18 (17/19) Maschen abnehmen = 80 Maschen.
Über die restlichen 80 Maschen noch 4 cm im Rippenmuster stricken. Die Maschen locker abketten.

Fertigstellung

Die Seiten- und Ärmelnähte schließen. Zum Fertigstellen siehe auch Seite 124.

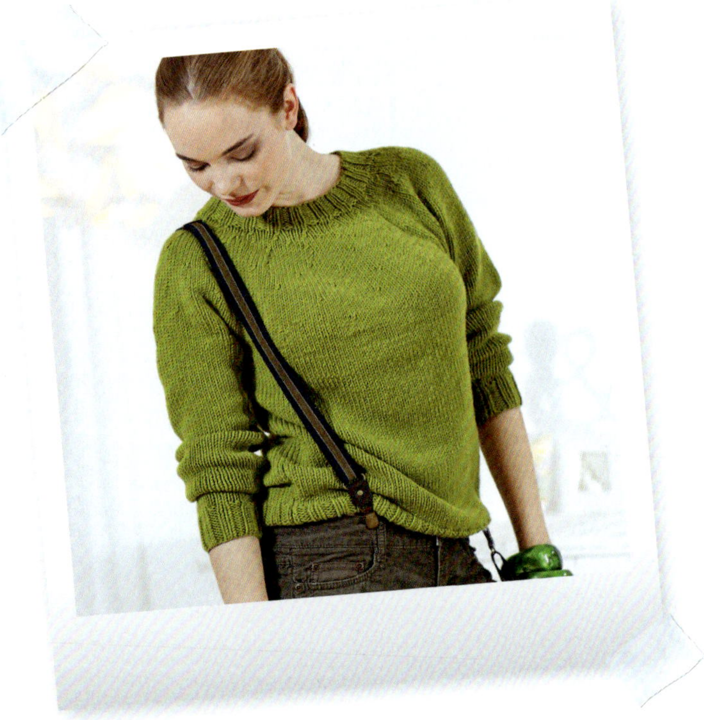

Taillierter Pullover mit Passe

Schwierigkeit: ★ | Größe: 36/38 (40/42; 44)

Material

- Mohairgarn mit Seide (77 % Mohair, 23 % Seide, Lauflänge 175 m/25 g): 100 (125/150) g Rot-Grau
- Stricknadeln Nr. 4
- Rundstricknadeln Nr. 4, je 1-mal 80, 60 und 50 cm lang

Glatt rechts: In Hinreihen rechte Maschen, in Rückreihen linke Maschen stricken. In Runden stets rechte Maschen stricken.
Randmaschen: Es eignen sich sowohl Naht- und Kettrand als auch Knötchenrand (siehe Seite 118)
Rippenmuster: 1 Masche rechts, 1 Masche links im Wechsel stricken.

Maschenprobe

Glatt rechts mit Nadeln Nr. 4: 16,5 Maschen und 33 Reihen = 10 x 10 cm

So wird's gemacht

Rückenteil

82 (90/96) Maschen und 2 Randmaschen = 84 (92/98) Maschen mit Nadeln Nr. 4 zweifädig anschlagen und 7 cm im Rippenmuster stricken. Dann glatt rechts einfädig weiterarbeiten.
Für die Taillierung beidseitig in jeder 14. Reihe 5-mal 1 Masche abnehmen, dann in jeder 12. Reihe 3-mal 1 Masche und in jeder 10. Reihe 2-mal 1 M zunehmen = 84 (92/98) Maschen.
Nach 48 cm ab Anschlag alle Maschen stilllegen.

Vorderteil

Das Vorderteil wie das Rückenteil arbeiten.

Ärmel

42 (44/50) Maschen und 2 Randmaschen = 44 (46/52) Maschen mit Nadeln Nr. 4 zweifädig anschlagen und 3 cm im Rippenmuster stricken. Dann glatt rechts einfädig weiterarbeiten.
Für die **Ärmelschrägungen** beidseitig in jeder 12. Reihe 5-mal 1 Masche (in jeder 10. Reihe 4-mal 1 Masche und in jeder 8. Reihe 3-mal 1 Masche/in jeder 8. Reihe 8-mal 1 Masche) zunehmen = 54 (60/68) Maschen.
Nach 25 cm ab Anschlag alle Maschen stilllegen.
Den zweiten Ärmel ebenso arbeiten.

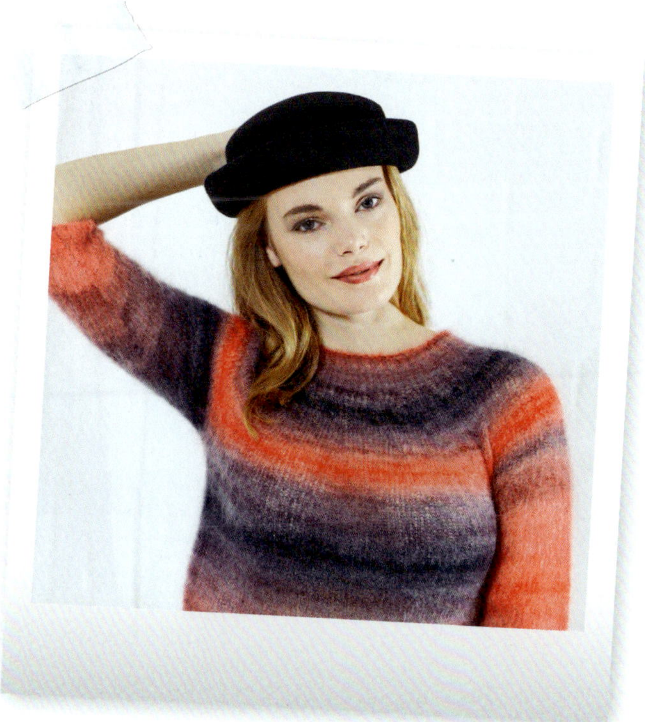

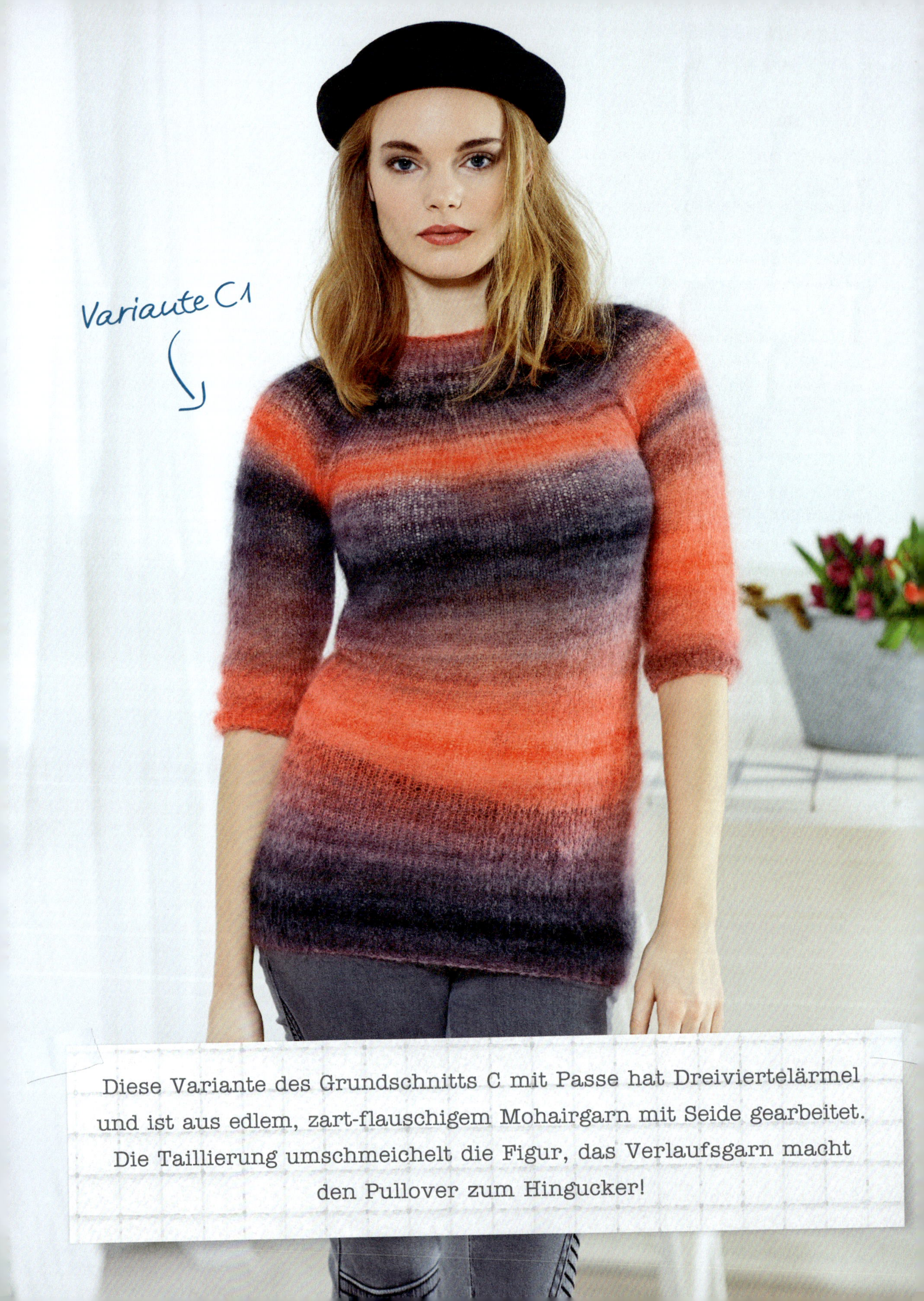

Diese Variante des Grundschnitts C mit Passe hat Dreiviertelärmel und ist aus edlem, zart-flauschigem Mohairgarn mit Seide gearbeitet. Die Taillierung umschmeichelt die Figur, das Verlaufsgarn macht den Pullover zum Hingucker!

Passe

Alle stillgelegten Maschen auf eine Rundstricknadel nehmen: 54 (60/68) Maschen linker Ärmel, 84 (92/98) Maschen Vorderteil, 54 (60/68) Maschen rechter Ärmel, 84 (92/98) Maschen Rückenteil = 276 (304/332) Maschen. Der Rundenanfang liegt zwischen linkem Ärmel und Vorderteil. Den Rundenanfang mit einem Maschenmarkierer, einer Sicherheitsnadel oder einem Kontrastfaden markieren. Glatt rechts in Runden einfädig stricken. In der 1. Runde die aufeinandertreffenden Randmaschen mit der Masche davor bzw. danach rechts zusammenstricken = 268 (296/324) Maschen.

Für die Abnahmen gleichmäßig verteilt wie folgt arbeiten:

Größe 36/38: In der folgenden 10. Runde 1-mal 19 Maschen, in der folgenden 8. Runde 1-mal 19 Maschen und in jeder 6. Runde 8-mal 19 Maschen abnehmen = 78 Maschen.

Größe 40/42: In der folgenden 10. Runde 1-mal 9 Maschen und in jeder 8. Runde 11-mal 19 Maschen abnehmen = 78 Maschen.

Größe 44: In der folgenden 10. Runde 1-mal 22 Maschen, in der folgenden 8. Runde 1-mal 19 Maschen, in jeder 6. Runde 9-mal 19 Maschen und in jeder 4. Runde 2-mal 19 Maschen abnehmen = 78 Maschen.

Wenn notwendig auf die kürzeren Rundstricknadeln wechseln.

Über die restlichen 78 Maschen noch 2 cm im Rippenmuster stricken. Alle Maschen locker zweifädig abketten.

Fertigstellung

Die Seiten- und Ärmelnähte schließen. Zum Fertigstellen siehe auch Seite 124.

Tipp

Bei dünnen, locker verarbeiteten Garnen empfiehlt es sich, zum Anschlagen und Abketten doppelt so viele Fäden zu verwenden wie zum eigentlichen Stricken.

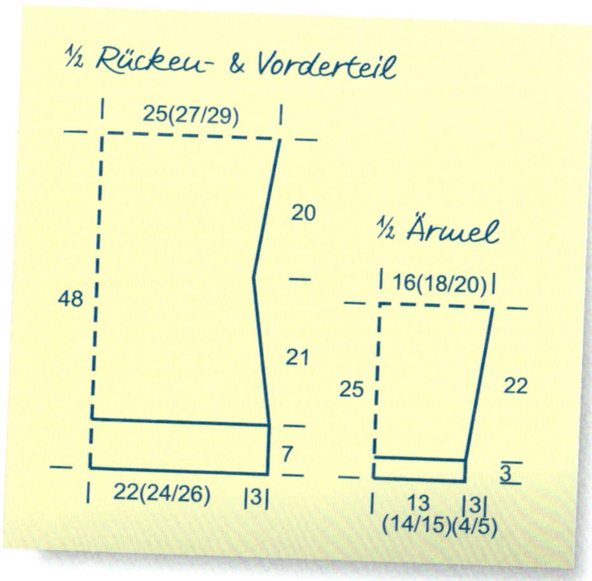

Zopfpullover mit Rundpasse

Schwierigkeit: ★★★ | Größe: 36/38

Material

- Merinowolle (100 % Merinowolle, Lauflänge 90 m/50 g): 650 g Grün
- Stricknadeln Nr. 5,5
- Rundstricknadel Nr. 5,5, je 1-mal 60 und 100 cm lang

Glatt links: In Hinreihen linke Maschen, in Rückreihen rechte Maschen. In Runden stets linke Maschen stricken.

Glatt rechts: In Runden stets rechte Maschen stricken.

Randmaschen: Wahlweise den Nahtrand oder den Kettrand stricken (siehe Seite 118).

Zopfmuster: (zunächst über 12 Maschen) in Reihen: Nach Strickschrift arbeiten. Es sind nur Hinreihen gezeichnet. In den Rückreihen die Maschen links stricken. Durch die Zunahmen in der 5. und 7. Reihe erhöht sich die Maschenzahl auf 18 Maschen.

Musterfolge: Die 1.–20. Reihe 1-mal arbeiten, dann die 9.–20. Reihe 1-mal wiederholen, die 21.–94. Reihe 1-mal arbeiten (= 106 Reihen mit Verzopfungen), danach die 95. und 96. Reihe stets wiederholen (= Rippen).

Zopf in Runden: Ebenso arbeiten, jedoch in den geraden Runden die Maschen rechts stricken.

Maschenprobe

Bei Beginn: 22,5 Maschen und 25 Reihen = 10 x 10 cm; bei Beginn der Rundpasse: 20 Maschen und 25 Runden = 10 x 10 cm

So wird's gemacht

Rückenteil

90 Maschen und 2 Randmaschen = 92 Maschen mit Nadel Nr. 5,5 im Kreuzanschlag (siehe Seite 117) anschlagen, dann in folgender Einteilung arbeiten: Randmasche, 3 Maschen glatt links, * 12 Maschen Zopfmuster, 6 Maschen glatt links, ab * noch 3-mal wiederholen und enden mit 12 Maschen Zopfmuster, 3 Maschen glatt links, Randmasche. Durch die Zunahmen innerhalb der Zöpfe erhöht sich die Maschenzahl ab der 7. Reihe auf 122 Maschen. Die Zöpfe in der angegebenen Musterfolge arbeiten. Gleichzeitig in den Glatt-links-Flächen zwischen den Zöpfen nach 22,5 cm = 56 Reihen ab Anschlag je 1 Masche zunehmen. Dafür aus dem 1. Querfaden nach dem 1.–4. Zopf je 1 Masche links verschränkt herausstricken. Diese Zunahmen noch 1-mal in der 18. Reihe wiederholen = je 8 Maschen glatt links zwischen den Zöpfen. Die seitliche Schrägungen ergeben sich aus den Abnahmen innerhalb der Zöpfe, den Zunahmen innerhalb der Glatt-links-Flächen und den unterschiedlichen Maschen-Proben! Nach 32 cm = 80 Reihen ab Anschlag sind 85 Maschen auf der Nadel. Diese Maschen stilllegen.

Vorderteil

Wie das Rückenteil arbeiten.

Ärmel

54 Maschen und 2 Randmaschen = 56 Maschen mit Nadel Nr. 5,5 im Kreuzanschlag anschlagen, dann in folgender Einteilung arbeiten: Randmasche, 3 Maschen glatt links, * 12 Maschen im Zopfmuster, 6 Maschen glatt links,

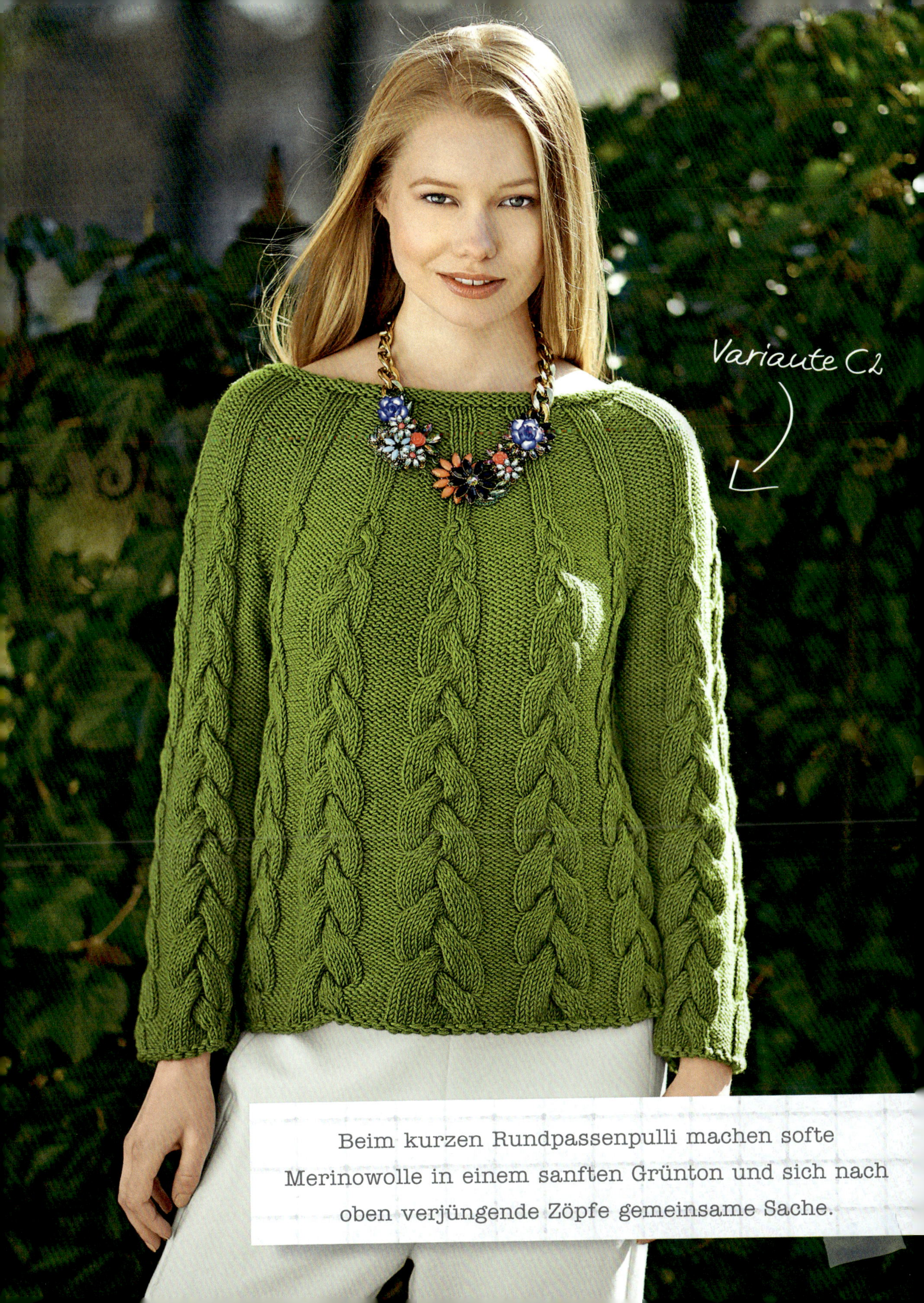

Beim kurzen Rundpassenpulli machen softe Merinowolle in einem sanften Grünton und sich nach oben verjüngende Zöpfe gemeinsame Sache.

ab * noch 1-mal wiederholen und enden mit 12 Maschen Zopfmuster, 3 Maschen glatt links, Randmasche. Durch die Zunahmen innerhalb der Zöpfe erhöht sich die Maschenzahl ab der 7. Reihe auf 74 Maschen. Die Zöpfe in der Musterfolge wie beim Rückenteil arbeiten, dabei jedoch die 9.–20. Reihe 2-mal wiederholen. Gleichzeitig in den Glatt-links-Flächen vor dem 1. Zopf, zwischen dem 1. und 3. Zopf und nach dem 3. Zopf nach 27 cm = 68 Reihen ab Anschlag je 1 Masche zunehmen. Dafür aus dem Querfaden vor dem 1. Zopf und nach dem 1.–3. Zopf je 1 Masche links verschränkt herausstricken. Diese Zunahmen noch 1-mal in der 18. Reihe wiederholen. Durch die Abnahmen innerhalb der Zöpfe und die Zunahmen in den Glatt-links-Flächen sind nach 37 cm = 92 Reihen ab Anschlag 55 Maschen auf der Nadel. Diese Maschen stilllegen.

Fertigstellung

Für die Rundpasse die stillgelegten Maschen von Rückenteil, 1. Ärmel, Vorderteil und 2. Ärmel auf die lange Rundstricknadel legen = 280 Maschen. Mustergemäß in Runden weiterarbeiten, dabei in der 1. Runde jeweils die Randmasche mit der Masche davor bzw. danach links zusammenstricken = 272 Maschen (= 16 Mustersätze à 17 Maschen). In der 13. Passenrunde in allen Glatt-links-Flächen noch 1 Masche wie zuvor zunehmen. Durch die weiteren Abnahmen innerhalb der Zöpfe und die letzte Zunahme innerhalb der Glatt-links-Flächen sind nach dem Ende aller Verzopfungen 16 Mustersätze à 12 Maschen (= je 3 Maschen glatt rechts und 9 Maschen glatt links) auf der Nadel = 192 Maschen. Bei Bedarf auf die kleine Rundstricknadel wechseln. Gleichzeitig die weiteren Abnahmen wie folgt arbeiten: In der folgenden 4. Runde in jedem Mustersatz je 2 Glatt-links-Maschen links zusammenstricken = 176 Maschen. Diese Abnahmen noch 5-mal in jeder 4. Runde wiederholen = 96 Maschen. Für die Halsblende nach 22,5 cm = 56 Runden Passenhöhe über alle Maschen noch 4 Runden linke Maschen stricken, dann die Maschen rechts abketten. Die Seiten- und Ärmelnähte schließen.

Strickschrift

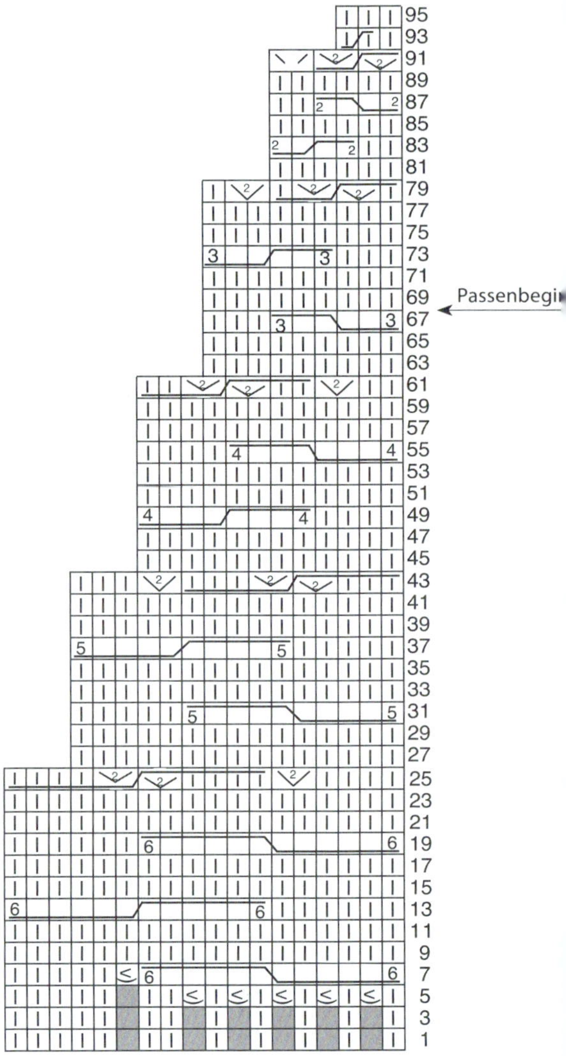

Zeichenerklärung:

= ohne Strickbedeutung

= 1 Masche rechts

= 2 Maschen rechts zusammenstricken

= aus dem Querfaden 1 Masche rechts verschränkt zunehmen

= 12 Maschen nach rechts verzopfen rechts: 6 Maschen auf eine Zopfnadel hinter die Arbeit legen, 6 Maschen rechts und die Masche der Zopfnadel rechts stricken

= 12 Maschen nach links verzopfen rechts: 6 Maschen auf eine Zopfnadel vor die Arbeit legen, 6 Maschen rechts und die Masche der Zopfnadel rechts stricken

= 6 Maschen auf eine Zopfnadel hinter die Arbeit legen, 4 Maschen rechts und 2 Maschen rechts zusammenstricken, dann von der Zopfnadel 2 Maschen rechts zusammenstricken, 4 Maschen rechts stricken

= 10 Maschen nach rechts verzopfen rechts: 5 Maschen auf eine Zopfnadel hinter die Arbeit legen, 5 Maschen rechts und die Masche der Zopfnadel rechts stricken

= 10 Maschen nach links verzopfen rechts: 5 Maschen auf eine Zopfnadel vor die Arbeit legen, 5 Maschen rechts und die Masche der Zopfnadel rechts stricken

= 5 Maschen auf eine Zopfnadel vor die Arbeit legen, 3 Maschen rechts und 2 Maschen rechts zusammenstricken, dann vor der Zopfnadel 2 Maschen rechts zusammenstricken, 3 Maschen rechts stricken

= 8 Maschen nach rechts verzopfen rechts: 4 Maschen auf eine Zopfnadel hinter die Arbeit legen, 4 Maschen rechts und die Maschen der Zopfnadel rechts stricken

= 8 Maschen nach links verzopfen rechts: 4 Maschen auf eine Zopfnadel vor die Arbeit legen, 4 Maschen rechts und die Maschen der Zopfnadel rechts stricken

= 4 Maschen auf eine Zopfnadel hinter die Arbeit legen, 2 Maschen rechts und 2 Maschen rechts zusammenstricken, dann von der Zopfnadel 2 Maschen rechts zusammenstricken, 2 Maschen rechts stricken

= 6 Maschen nach rechts verzopfen rechts: 3 Maschen auf eine Zopfnadel hinter die Arbeit legen, 3 Maschen rechts und die Maschen der Zopfnadel rechts stricken

= 6 Maschen nach links verzopfen rechts: 3 Maschen auf eine Zopfnadel vor die Arbeit legen, 3 Maschen rechts und die Maschen der Zopfnadel rechts stricken

= 3 Maschen auf eine Zopfnadel vor die Arbeit legen, 1 Masche rechts und 2 Maschen rechts zusammenstricken, dann von der Zopfnadel 2 Maschen rechts zusammenstricken, 1 Masche rechts stricken

= 4 Maschen nach rechts verzopfen rechts: 2 Maschen auf eine Zopfnadel hinter die Arbeit legen, 2 Maschen rechts und die Maschen der Zopfnadel rechts stricken

= 4 Maschen nach links verzopfen rechts: 2 Maschen auf eine Zopfnadel vor die Arbeit legen, 2 Maschen rechts und die Maschen der Zopfnadel rechts stricken

= 2 Maschen auf eine Zopfnadel vor die Arbeit legen, 2 Maschen rechts zusammenstricken, dann die Maschen der Zopfnadel rechts zusammenstricken

= 2 Maschen nach rechts verkreuzen rechts: 1 Masche auf eine Zopfnadel hinter die Arbeit legen, 1 Masche rechts und die Masche der Zopfnadel rechts stricken

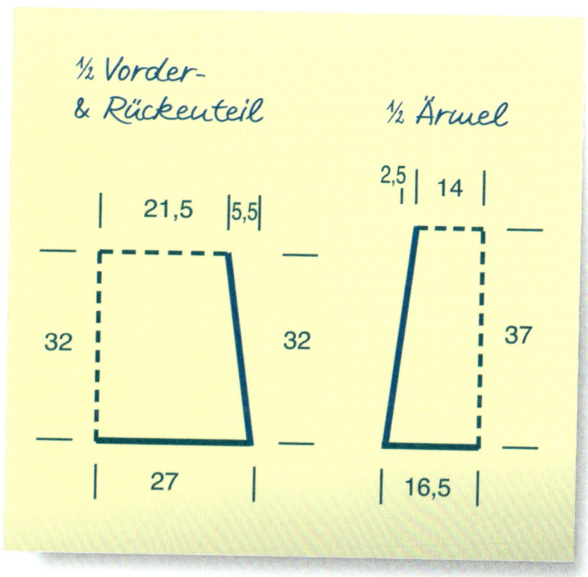

Pullover mit Passe und Norwegermuster

Schwierigkeit: ★★ | Größe: 36/38 (40/42; 44)

Material

- Schurwollmischgarn (51 % Schurwolle, 49 % Polyacryl, Lauflänge 100 m/50 g): 450 (500/550) g Natur und 200 (250/250) g Himbeerrot
- Rundstricknadeln Nr. 4,5 und 5 in verschiedenen Längen (Falls keine kurze Rundstricknadel vorhanden ist, kann auch mit zwei längeren Rundstricknadeln der gleichen Stärke gearbeitet werden).

Glatt rechts: In Hinreihen rechte Maschen, in Rückreihen linke Maschen stricken. In Runden stets rechte Maschen stricken.

Randmaschen: Hier empfiehlt es sich, den Nahtrand oder den Kettrand zu arbeiten (siehe Seite 118).

Rippenmuster: 2 Maschen rechts, 2 Maschen links im Wechsel stricken.

Kraus rechts: In Hin- und Rückreihen rechte Maschen stricken. In Runden 1 Runde linke Maschen, 1 Runde rechte Maschen im Wechsel stricken.

Jacquardmuster: Nach der Strickschrift arbeiten. Der nicht in Arbeit befindliche Faden wird locker auf der Rückseite der Arbeit mitgeführt (siehe Seite 123). Dabei darauf achten, dass die Fäden gleichmäßig gespannt sind. Es sind nur die ungeraden Runden gezeichnet, in den geraden Runden die Maschen stricken, wie sie erscheinen. Den Mustersatz zwischen den Pfeilen stets wiederholen. 1-mal die 1.–58. Runde stricken.

Maschenprobe

Glatt rechts mit Nadeln Nr. 5: 18 Maschen und 26 Reihen = 10 x 10 cm

Strickschrift

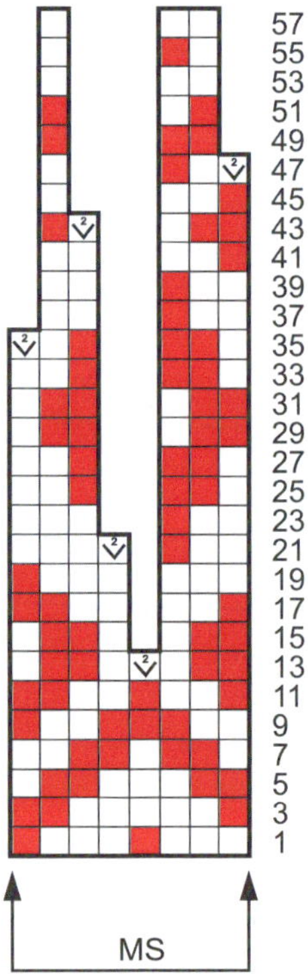

Zeichenerklärung

- □ = 1 Masche rechts in Natur
- ■ = 1 Masche rechts in Himbeerrot
- ⊻ = 2 Maschen rechts zusammenstricken in Natur
- MS = Mustersatz

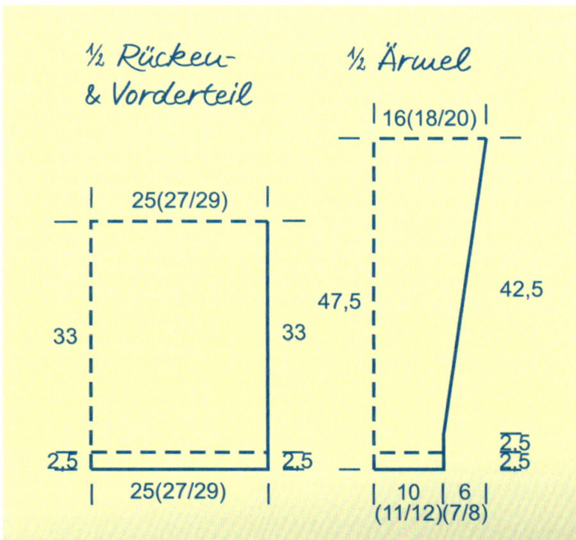

Variante C3

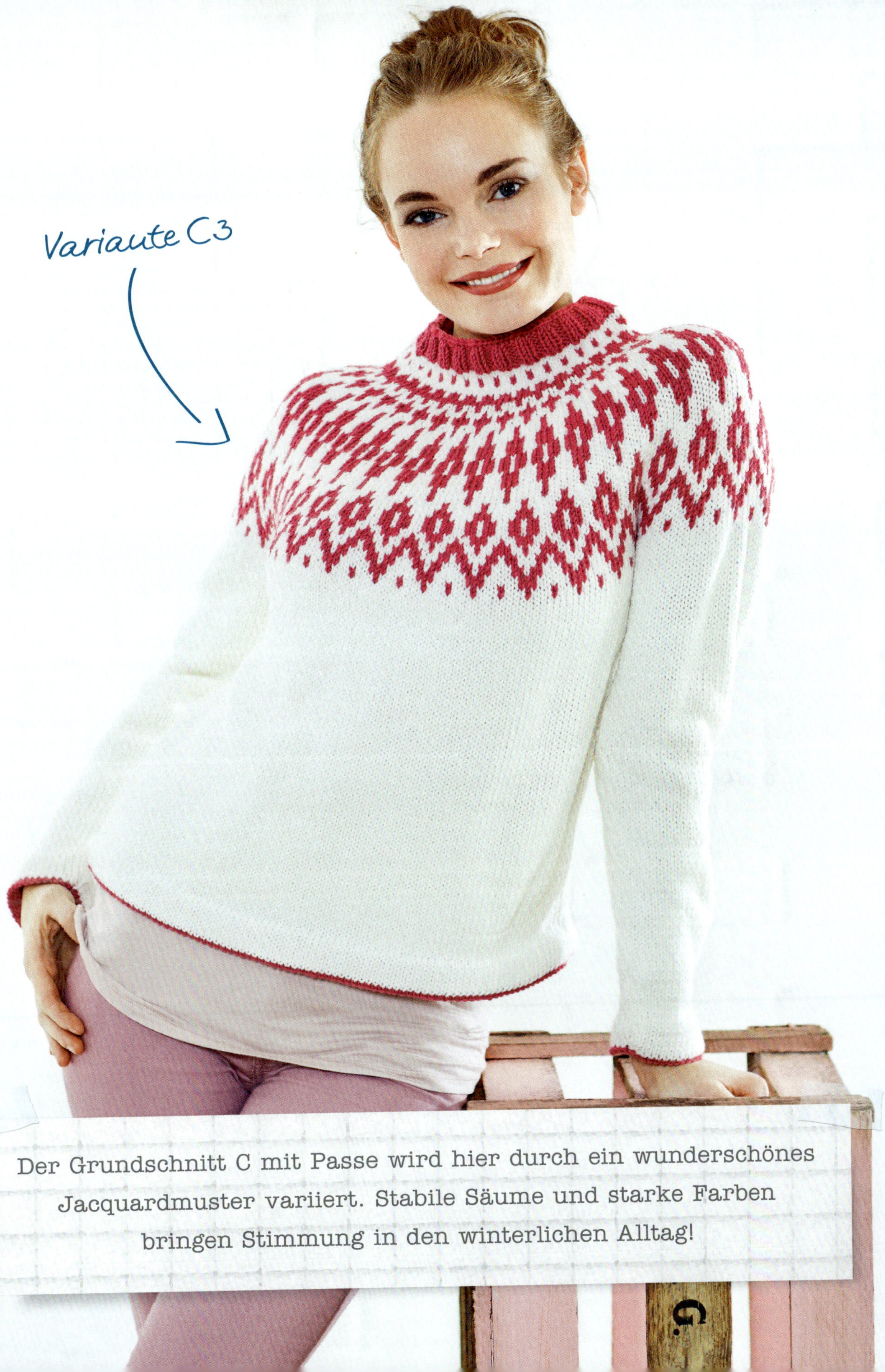

Der Grundschnitt C mit Passe wird hier durch ein wunderschönes Jacquardmuster variiert. Stabile Säume und starke Farben bringen Stimmung in den winterlichen Alltag!

So wird's gemacht

Rückenteil

90 (98/104) Maschen und 2 Randmaschen = 92 (100/106) Maschen in Himbeerrot mit Nadeln Nr. 5 anschlagen und 2,5 cm glatt rechts stricken. Dann 2 Reihen kraus rechts stricken für den Umbruch des Saums. Danach glatt rechts in Natur weiterarbeiten. Nach 35,5 cm ab Anschlag alle Maschen stilllegen.

Vorderteil

Wie das Rückenteil arbeiten.

Ärmel

36 (40/44) Maschen und 2 Randmaschen = 38 (42/46) Maschen in Himbeerrot mit Nadeln Nr. 5 anschlagen und 2,5 cm glatt rechts stricken. Dann 2 Reihen kraus rechts stricken für den Umbruch des Saums. Danach glatt rechts in Natur weiterarbeiten.

Für die Ärmelschrägungen beidseitig in jeder 10. Reihe 7-mal 1 Masche und in jeder 8. Reihe 4-mal 1 Masche (in jeder 8. Reihe 13-mal 1 Masche/in jeder 8. Reihe 10-mal 1 Masche und in jeder 6. Reihe 4-mal 1 Masche) zunehmen = 60 (68/74) Maschen. Nach 47,5 cm ab Anschlag alle Maschen stilllegen.

Den zweiten Ärmel ebenso arbeiten.

Passe

Alle stillgelegten Maschen auf eine Rundstricknadel Nr. 5 nehmen: 60 (68/74) Maschen linker Ärmel, 92 (100/106) Maschen Vorderteil, 60 (68/74) Maschen rechter Ärmel, 92 (100/106) Maschen Rückenteil = 304 (336/360) Maschen. Der Rundenanfang liegt zwischen linkem Ärmel und Vorderteil. Den Rundenanfang mit einem Maschenmarkierer, einer Sicherheitsnadel oder einem Kontrastfaden markieren. In der 1. Runde die aufeinandertreffenden Randmaschen mit der Masche davor bzw. danach rechts zusammenstricken = 296 (328/352) Maschen.

Das Jacquardmuster arbeiten = 111 (123/132) Maschen. Wenn notwendig auf die kürzeren Rundstricknadeln wechseln.

Nach dem Jacquardmuster in Himbeerrot mit Nadeln Nr. 4,5 weiterarbeiten, dabei 1 Runde rechte Maschen und gleichmäßig verteilt 11 (23/32) Maschen abnehmen = 100 Maschen. Dann noch 7 Runden im Rippenmuster stricken. Die Maschen abketten.

Fertigstellung

Die Seiten- und Ärmelnähte schließen. Die unteren Ärmelränder und den unteren Pullirand am Umbruch nach innen umschlagen und annähen. Zum Fertigstellen siehe auch Seite 124.

Gestreifter Pullover mit Rundpasse

Schwierigkeit: ★★ | Größe: 38/40 (42/44; 46/48)

Material

- Baumwollgarn mit Viskose (50 % Baumwolle, 50 % Viskose, Lauflänge = 100 m/50 g): je 200 (200/250) g Blau, Ecru und Beige
- Stricknadel Nr. 4
- Rundstricknadel Nr. 4

Glatt links: In Hinreihen linke Maschen, in Rückreihen rechte Maschen stricken. In Runden stets linke Maschen stricken.

Glatt rechts: In Hinreihen rechte Maschen, in Rückreihen linke Maschen stricken. In Runden stets rechte Maschen stricken.

Kraus rechts: Hin- und Rückreihen rechte Maschen stricken. In Runden: 1 Runde rechte Maschen, 1 Runde linke Maschen im Wechsel stricken.

Kraus links: Hin- und Rückreihen linke Maschen stricken. In Runden: 1 Runde linke Maschen, 1 Runde rechte Maschen im Wechsel stricken.

Randmaschen: Wahlweise den Nahtrand oder den Kettrand stricken (siehe Seite 118).

Strickschrift

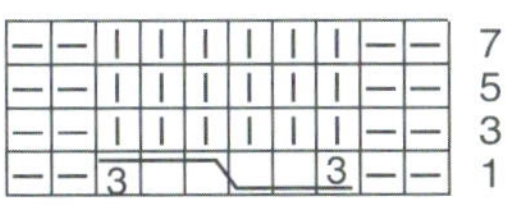

Zeichenerklärung:

| = 1 Masche rechts

– = 1 Masche links

3 ⌐_ 3 = 6 Maschen nach links verzopfen. Rechts: 3 Maschen auf eine Zopfnadel vor die Arbeit legen, 3 Maschen rechts und die Maschen der Zopfnadel rechts stricken

Muster- und Farbfolge: 2 Runden/Reihen glatt links in Blau, 2 Runden/Reihen glatt rechts in Ecru, * 2 Runden/Reihen kraus rechts in Beige, 2 Runden/Reihen kraus links in Blau, 4 Runden/Reihen glatt rechts in Ecru, 2 Runden/Reihen glatt links in Beige, 2 Runden/Reihen glatt rechts in Blau, 2 Runden/Reihen glatt links in Ecru, 4 Runden/Reihen glatt rechts in Beige, 2 Runden/Reihen kraus links in Blau, 2 Runden/Reihen kraus rechts in Ecru, 2 Runden/Reihen kraus links in Beige, 4 Runden/Reihen glatt rechts in Blau, 2 Runden/Reihen kraus links in Ecru, ab * stets wiederholen.

Zopfmuster über 10 Maschen: Nach Strickschrift in Runden stricken. Gezeichnet sind die ungeraden Runden. In den geraden Runden die Maschen stricken, wie sie erscheinen. Die 1.–8. Runde stets wiederholen.

Maschenprobe

Mascheneinteilung/Muster im Durchschnitt mit Nadel Nr. 4: 21 Maschen und 31 Runden/Reihen = 10 x 10 cm

Hinweis: Der Pullover wird bis zu den Armausschnitten in einem Stück in Runden gestrickt

So wird's gemacht

Vorder- und Rückenteil

192 (208/224) Maschen und 2 Randmaschen = 194 (210/226) Maschen mit Rundstricknadel Nr. 4 in Blau anschlagen (= je 97 (105/113) Maschen für Vorder- und Rückenteil), zur

Runde schließen und nach Muster- und Farbfolge in Runden stricken.

Für die Raglanausschnitte nach 36 cm = 112 Runden (34 cm = 106 Runden/32 cm = 100 Runden) ab Anschlag die Arbeit in Vorder- und Rückenteil teilen und beidseitig je 2 (3/4) Maschen abketten = je 93 (99/105) Maschen für Vorder- und Rückenteil.

Nach 37 cm = 114 Runden/Reihen (35 cm = 108 Runden/Reihen/33 cm = 102 Runden/Reihen) ab Anschlag alle Maschen stilllegen.

Ärmel

46 (54/62) Maschen und 2 Randmaschen = 48 (56/64) Maschen mit Nadel Nr. 4 in Blau anschlagen und nach Muster- und Farbfolge in Reihen stricken. Gleichzeitig für die Ärmelschrägungen ab Anschlag beidseitig 11-mal abwechselnd in jeder 8. und 10. Reihe je 1 Masche muster- und farbgemäß zunehmen = 70 (78/86) Maschen.

Für die Raglanausschnitte nach 36 cm = 112 Reihen (34 cm = 106 Reihen/32 cm = 100 Reihen) ab Anschlag beidseitig 1-mal 2 (3/4) Maschen abketten = 66 (72/78) Maschen. Nach 37 cm = 114 Reihen (35 cm = 108 Reihen/33 cm = 102 Reihen) ab Anschlag die Maschen stilllegen.

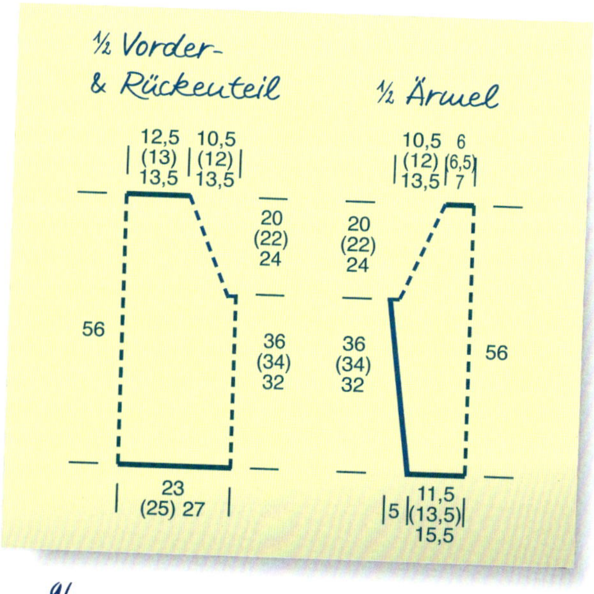

Passe

Die stillgelegten je 93 (99/105) Maschen von Vorder- und Rückenteil sowie die dazwischen die stillgelegten je 66 (72/78) Maschen der Ärmel auf die Rundstricknadel nehmen und über alle 318 (342/366) Maschen in Runden wie folgt weiterarbeiten: Am Übergang von Vorderteil zu Ärmel sowie an den Übergängen von Rückenteil zu Ärmel jeweils mittig den Zopf über 10 Maschen arbeiten, über den restlichen je 83 (89/95) Maschen für Vorder- und Rückenteil bzw. je 56 (62/68) Maschen für die Ärmel die Muster- und Farbfolge weiterarbeiten, dabei die Zöpfe in die Farbfolge integrieren. Gleichzeitig für die Verringerung der Weite 1-mal in der 1. Runden ab Beginn der Rundpasse, dann 19 (21/23)-mal in jeder 3. Runde beidseitig jedes Zopfes je 1 Masche wie folgt abnehmen: Die erste Masche des Zopfes mit der Masche davor links zusammenstricken sowie die letzte Masche des Zopfes mit der Masche danach links zusammenstricken = Abnahme von jeweils 8 Maschen pro Abnahme-Runde. Nach 18,5 cm = 58 Runden (20,5 cm = 64 Runden/22,5 cm = 70 Runden) Passenhöhe (es befinden sich 158 (166/174) Maschen auf der Nadel = je 53 (55/57) Maschen für Vorder- und Rückenteil sowie je 26 (28/30) Maschen für die Ärmel) noch 2 Runden glatt links in Blau stricken. Nach 19,5 cm = 60 Runden (21,5 cm = 66 Runden/23,5 cm = 72 Runden) Passenhöhe bzw. 20 cm = 62 Reihen/Runden (22 cm = 68 Reihen/Runden/24 cm = 74 Reihen/Runden) ab Raglanausschnitt alle Maschen rechts abketten.

Fertigstellung

Die Ärmelnähte schließen und die abgeketteten Maschen der Raglanausschnitte zusammennähen. Zum Fertigstellen siehe auch Seite 124.

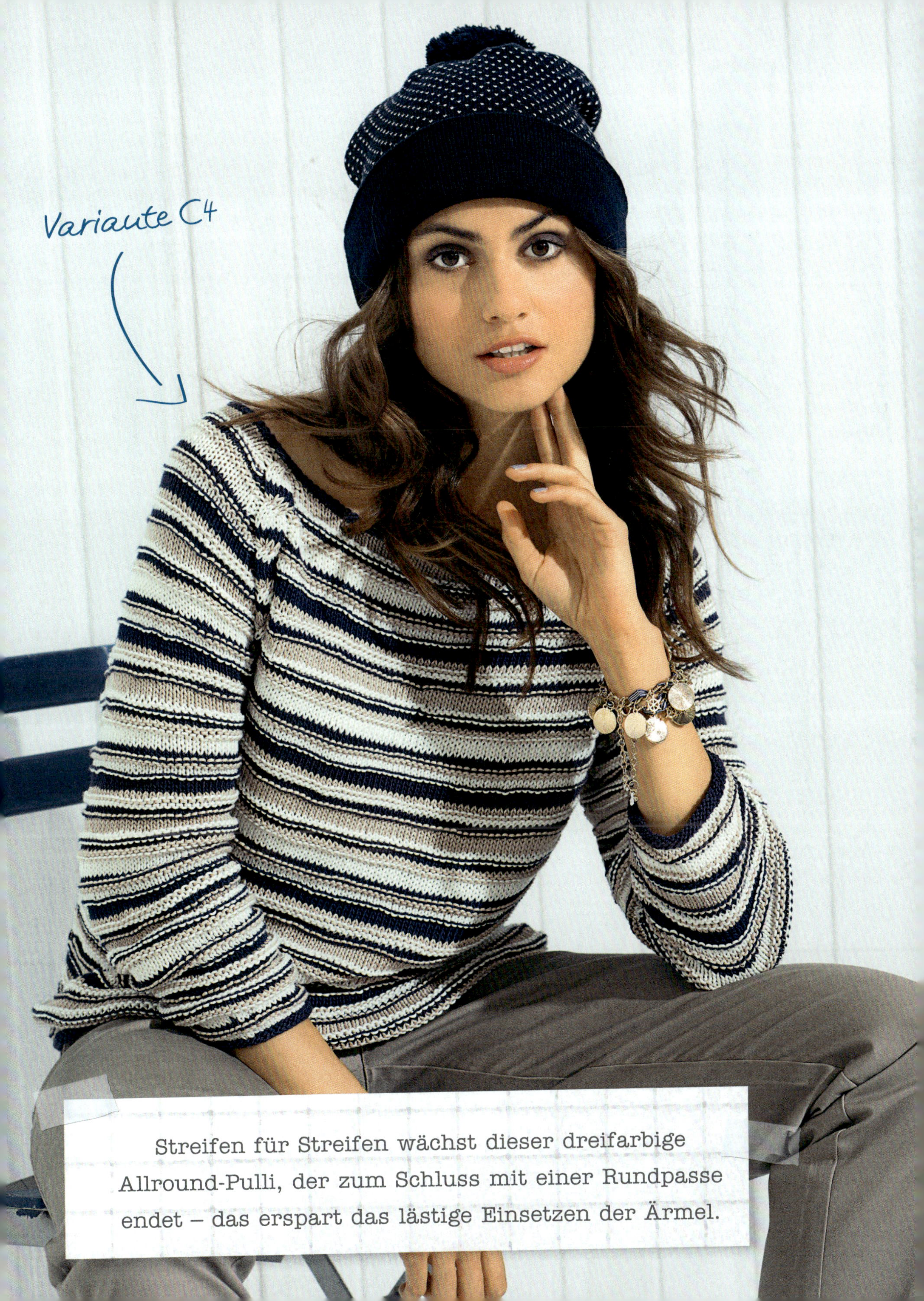

Streifen für Streifen wächst dieser dreifarbige Allround-Pulli, der zum Schluss mit einer Rundpasse endet – das erspart das lästige Einsetzen der Ärmel.

Jacke mit Passe im Ajour- & Zopfmuster

Schwierigkeit: ★★–★★★ | Größe: 36/38 (40/42; 44)

Material

- Baumwollgarn mit Seide und Alpaka (60 % Baumwolle, 15 % Seide, 15 % Alpaka, Lauflänge 115 m/50 g): 450 (500/550) g Silbergrau
- Stricknadeln Nr. 4 und 4,5
- Rundstricknadel Nr. 4,5, 80 cm lang
- 1 Häkelnadel Nr. 4
- 9 Perlenknöpfe

Glatt rechts: In Hinreihen rechte Maschen, in Rückreihen linke Maschen stricken. In Runden stets rechte Maschen stricken.

Randmaschen: Wahlweise den Naht- oder Kettrand arbeiten (siehe Seite 118).

Rippenmuster: 1 Masche rechts, 1 Masche links im Wechsel stricken.

Zopfmuster:

1. Reihe = Hinreihe: 1 Masche links, 6 Maschen rechts, 1 Masche links.

2. Reihe und alle folgenden Rückreihen: Die Maschen stricken, wie sie erscheinen.

3. Reihe = Hinreihe: 1 Masche links, 6 Maschen rechts, 1 Masche links.

5. Reihe = Hinreihe: 1 Masche links, 3 Maschen auf eine Hilfsnadel vor die Arbeit legen, 3 Maschen rechts, dann die Maschen der Hilfsnadel rechts stricken, 1 Masche links.

Die 1.–6. Reihe stets wiederholen.

Ajourmuster:

1. Reihe = Hinreihe: 2 Maschen rechts zusammenstricken, 1 Umschlag.

2. Reihe = Rückreihe: 2 Maschen links.

3. Reihe = Hinreihe: 1 Umschlag, 2 Maschen rechts überzogen zusammenstricken.

4. Reihe = Rückreihe: 2 Maschen links.

Die 1.–4. Reihe stets wiederholen.

Maschenprobe

Glatt rechts mit Nadeln Nr. 4,5: 20 Maschen und 26 Reihen = 10 x 10 cm

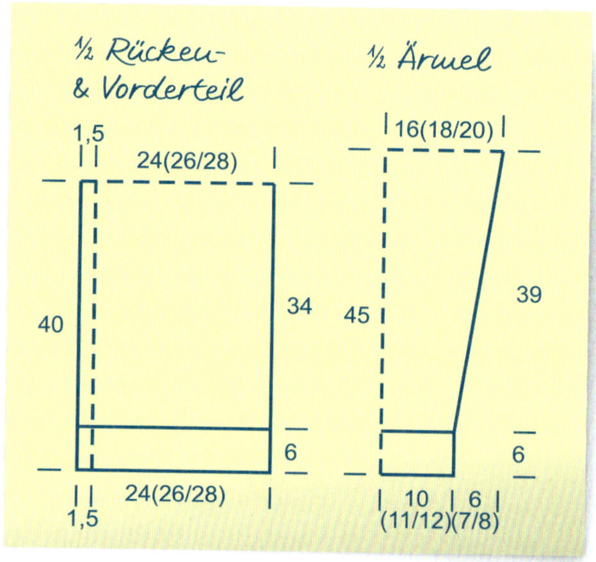

So wird's gemacht

Rückenteil

96 (104/112) Maschen und 2 Randmaschen = 98 (106/114) Maschen mit Nadeln Nr. 4 anschlagen und 6 cm im Rippenmuster stricken. Dann mit Nadeln Nr. 4,5 glatt rechts weiterarbeiten. Nach 40 cm ab Anschlag alle Maschen stilllegen.

Linkes Vorderteil

50 (54/58) Maschen und 2 Randmaschen = 52 (56/60) Maschen mit Nadeln Nr. 4 anschlagen und 6 cm im Rippenmuster stricken. Dann mit Nadeln Nr. 4,5 glatt rechts weiterarbeiten, dabei in der 1. Reihe 1 Masche zunehmen = 53 (57/61) Maschen.

Nach 40 cm ab Anschlag alle Maschen stilllegen.

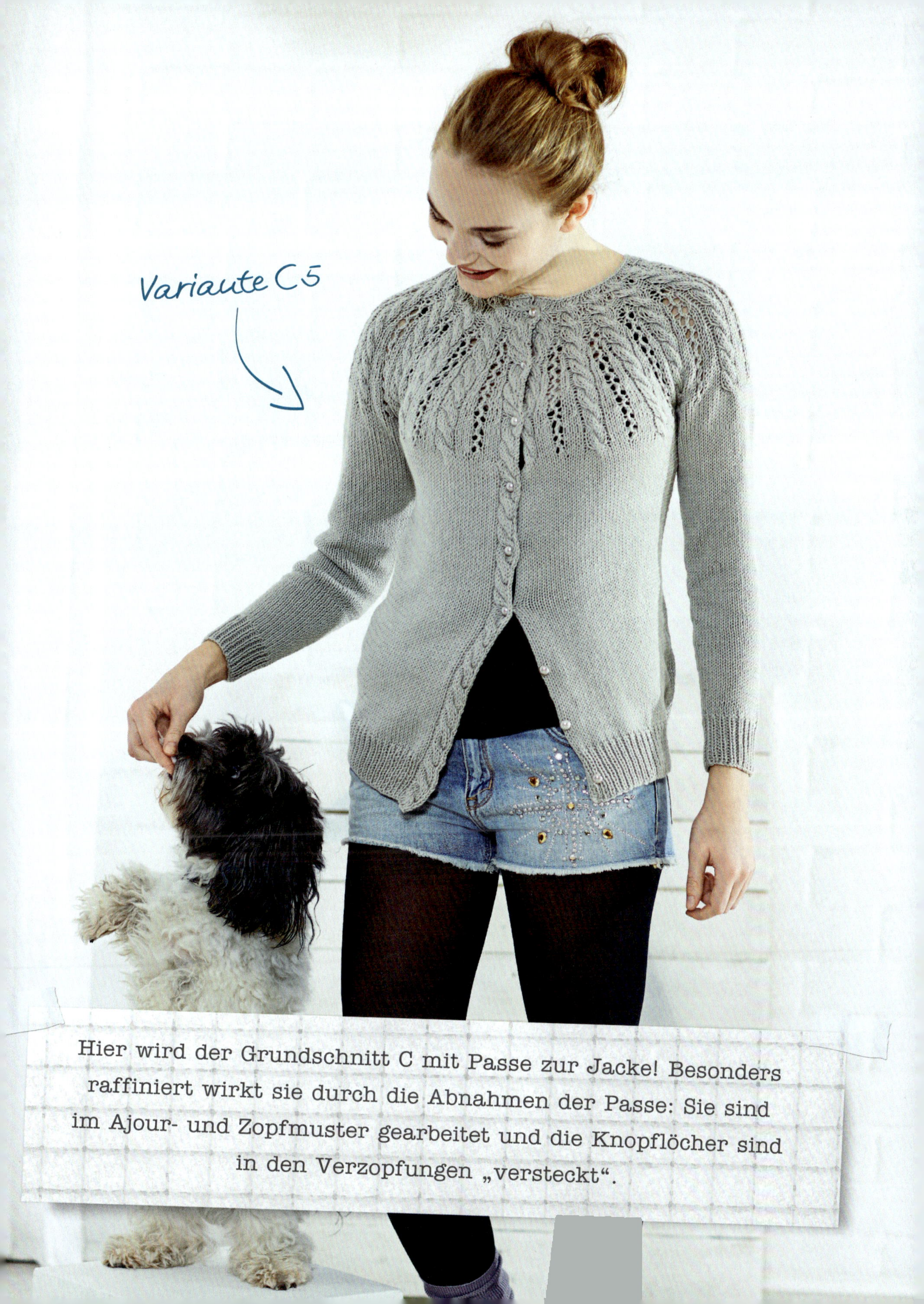

Hier wird der Grundschnitt C mit Passe zur Jacke! Besonders raffiniert wirkt sie durch die Abnahmen der Passe: Sie sind im Ajour- und Zopfmuster gearbeitet und die Knopflöcher sind in den Verzopfungen „versteckt“.

Rechtes Vorderteil

52 (56/60) Maschen und 2 Randmaschen = 54 (58/62) Maschen mit Nadeln Nr. 4 anschlagen und 6 cm im Rippenmuster stricken, dabei für die Blende nach der Randmasche über die ersten 8 Maschen das Zopfmuster stricken.

In der 2. (3./3.) Verzopfung des Zopfmusters das erste Knopfloch einarbeiten: Dazu 1 Umschlag bilden und die mittleren 2 Maschen des Zopfmusters rechts zusammenstricken. Die folgenden Knopflöcher in jeder 3. folgenden Verzopfung arbeiten.

Dann mit Nadeln Nr. 4,5 glatt rechts weiterarbeiten, dabei über den glatt rechten Maschen in der 1. Reihe 1 Masche zunehmen und gleichzeitig die Blende fortsetzen = 55 (59/63) Maschen.

Nach 40 cm ab Anschlag alle Maschen stilllegen.

Ärmel

40 (44/48) Maschen und 2 Randmaschen = 42 (46/50) Maschen mit Nadeln Nr. 4 anschlagen und 6 cm im Rippenmuster stricken. Dann mit Nadeln Nr. 4,5 glatt rechts weiterarbeiten.

Für die Ärmelschrägungen beidseitig in jeder 8. Reihe 12-mal 1 Masche (in jeder 8. Reihe 6-mal 1 Masche und in jeder 6. Reihe 8-mal 1 Masche/in jeder 6. Reihe 16-mal 1 Masche) zunehmen = 66 (74/82) Maschen.

Nach 45 cm ab Anschlag alle Maschen stilllegen. Den zweiten Ärmel ebenso arbeiten.

Passe

Alle stillgelegten Maschen auf eine Rundstricknadel nehmen: 55 (59/63) Maschen rechtes Vorderteil, 66 (74/82) Maschen rechter Ärmel, 98 (106/114) Maschen Rückenteil, 66 (74/82) Maschen linker Ärmel, 53 (57/61) Maschen linkes Vorderteil = 338 (370/402) Maschen. In der 1. Reihe die aufeinandertreffenden Randmaschen mit der Masche davor bzw. danach rechts zusammenstricken = 330 (362/394) Maschen und gleichmäßig verteilt weitere 22 (26/12) Maschen zunehmen = 352 (388/406) Maschen. Nun die Maschen wie folgt einteilen, dabei den Zopfrhythmus des Blendenzopfes über alle Zopfmuster aufnehmen: Randmasche, * 8 Maschen Zopfmuster, 4 Maschen glatt rechts, 2 Maschen Ajourmuster, 4 Maschen glatt rechts, ab * 19-mal (21-mal/22-mal) arbeiten, 8 Maschen Zopfmuster, Randmasche. Für die Abnahmen in der folgenden 12. (18./22.) Reihe jeweils in den glatt rechten Maschen je 1 Masche abnehmen = 314 (346/362) Maschen. In jeder 8. Reihe diese Abnahmen noch 2-mal ebenso arbeiten = 238 (262/274) Maschen. In jeder 6. Reihe 2-mal jeweils die 1. Masche des Zopfmusters mit der Masche davor und die letzte Masche des Zopfmusters mit der Masche danach links zusammenstricken, jedoch nicht die linken Maschen nach und vor der Randmasche = 162 (178/186) Maschen. In der folgenden 4. Reihe je die 1. und letzte Masche des Zopfmusters mit der Masche davor bzw. danach rechts zusammenstricken = 122 (134/140) Maschen. In der folgenden 4. Reihe in jedem Zopfmuster 1 Masche abnehmen = 102 (112/117) Maschen.

Nach weiteren 4 Reihen die restlichen 102 (112/117) Maschen abketten.

Fertigstellung

Die Seiten- und Ärmelnähte schließen. Den Verschlussrand des linken Vorderteils bis Passenbeginn mit 1 Reihe fester Maschen umhäkeln. Die Knöpfe annähen. Zum Fertigstellen siehe auch Seite 124.

Longpullover mit Rippenpasse und Mütze

Schwierigkeit: ★★ | Größe Pulli: 36/38 (40/42; 44/46) | Größe Mütze: Kopfumfang 50–52 cm

Material

- Mischgarn (67 % Polyacryl, 15 % Viskose, 13 % Schurwolle, 5 % Kaschmir, Lauflänge = 175 m/50 g): für den Pulli: 300 (350/350) g Jade; für die Mütze: 50 g Jade
- Stricknadeln Nr. 4 und 4,5
- Rundstricknadeln Nr. 4 und 4,5
- 1 Häkelnadel Nr. 3,5

Strickschrift

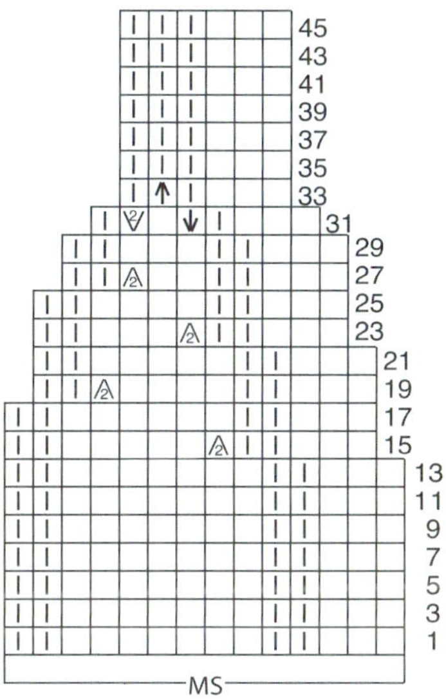

Zeichenerklärung:

- = 1 Masche rechts
- = 1 Masche links
- = 2 Maschen rechts zusammenstricken
- = 1 Überzug: 1 Masche rechts abheben, 1 Masche rechts stricken und die abgehobene Masche darüberziehen
- = 2 Maschen links zusammenstricken
- = 1 Masche rechts abheben, 2 Maschen rechts zusammenstricken und die abgehobene Masche darüberziehen

Glatt links: In Hinreihen linke Maschen, in Rückreihen rechte Maschen stricken. In Runden stets linke Maschen stricken.

Glatt rechts: In Hinreichen rechte Maschen, in Rückreihen linke Maschen stricken. In Runden stets rechte Maschen stricken.

Randmaschen: Wahlweise den Nahtrand oder den Kettrand stricken (siehe Seite 118).

Rippenmuster in Runden: Maschenzahl teilbar durch 14. Nach Strickschrift arbeiten. Es sind nur ungerade Runden gezeichnet. In den geraden Runden die Maschen stricken, wie sie erscheinen. Den Mustersatz stets wiederholen. Die 1.–46. Runde 1-mal arbeiten.

Maschenprobe

Mascheneinteilung/Muster im Durchschnitt mit Nadel Nr. 4,5: 18,5 Maschen und 25,5 Reihen = 10 x 10 cm

So wirds gemacht

PULLI

Rückenteil

79 (87/95) Maschen und 2 Randmaschen = 81 (89) 97 Maschen mit Nadel Nr. 4 anschlagen und für die Blende 1,5 cm = 4 Reihen glatt links stricken. Danach mit Nadel Nr. 4,5 glatt rechts weiterarbeiten. Nach 47 cm = 120 Reihen ab Blende beidseitig 9 Maschen abketten und die restlichen 63 (71/79) Maschen stilllegen.

Vorderteil

Wie das Rückenteil arbeiten.

Ärmel

43 (49/55) Maschen und 2 Randmaschen = 45 (51/57) Maschen mit Nadel Nr. 4 anschlagen und für die Blende 1,5 cm = 4 Reihen glatt links stricken. Danach mit Nadel Nr. 4,5 glatt rechts weiterarbeiten. Gleichzeitig für die Ärmelschrägungen beidseitig 11-mal abwechselnd in jeder 8. und 10. Reihe je 1 Masche zunehmen = 67 (73/79) Maschen. Nach 43 cm = 110 Reihe ab Blende beidseitig 9 Maschen abketten und die restliche 49 (55/61) Maschen stilllegen.
Den zweiten Ärmel ebenso arbeiten.

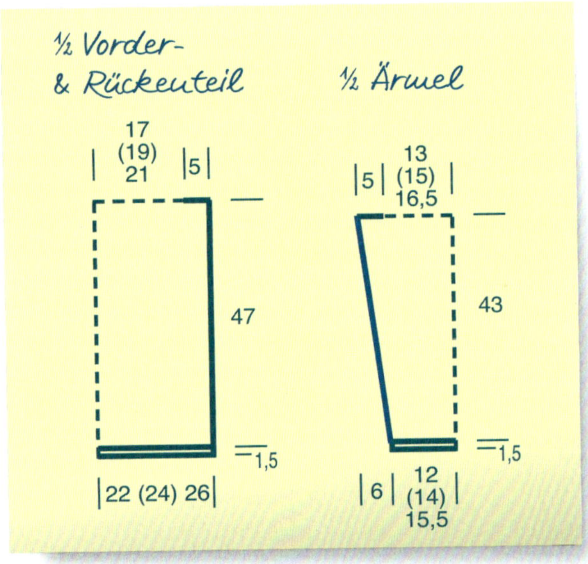

Passe

Die stillgelegten Maschen von Rückenteil, 1. Ärmel, Vorderteil und 2. Ärmel auf die Rundstrickadel Nr. 4,5 legen = 224 (252/280) Maschen. Nun 10 Runden glatt links stricken, dann im Rippenmuster weiterarbeiten.
Für die Abnahmen arbeiten, wie in der Strickschrift eingezeichnet. Zusätzlich bei der 2. Größe in der 37. Runde der Strickschrift in jeder 2. Glatt-links-Rippe je 2 Maschen links zusammenstricken und bei der 3. Größe in jeder Glatt-links-Rippe je 2 Maschen links zusammenstricken. Nach 22 cm = 56 Runden Passenhöhe die restlichen 96 (99/100) Maschen abketten, wie sie erscheinen.

Fertigstellung

Die Seiten- und Ärmelnähte schließen. Den Halsausschnitt mit 1 Runde Krebsmachen (= feste Masche von links nach rechts) umhäkeln. Zum Fertigstellen siehe auch Seite 124.

So wird's gemacht

MÜTZE

90 Maschen mit Rundstricknadel Nr. 4 anschlagen und zur Runde schließen. Zunächst für den Rollrand 10 Runden glatt rechts stricken, dann mit Rundstrickadel Nr. 4,5 glatt links weiterarbeiten. Nach 3 cm = 8 Runden ab Rollrand die Maschen wie folgt einteilen: *2 Maschen glatt rechts, 4 M glatt links stricken, ab * stets wiederholen.
Für die Kopfform nach 15 cm = 38 Runden ab Rollrand in jeder Glatt-links-Rippe 2 Maschen links zusammenstricken = 75 Maschen. Diese Abnahmen noch 2-mal in jeder 3. Runde wiederholen = 45 Maschen. In der folgenden 3. Runde jeweils die beiden rechten Maschen rechts zusammenstricken = 30 Maschen. In der folgenden 3. Runde je 2 Maschen rechts zusammenstricken = 15 Maschen. In der folgenden Runde die Maschen mit dem Arbeitsfaden zusammenziehen.

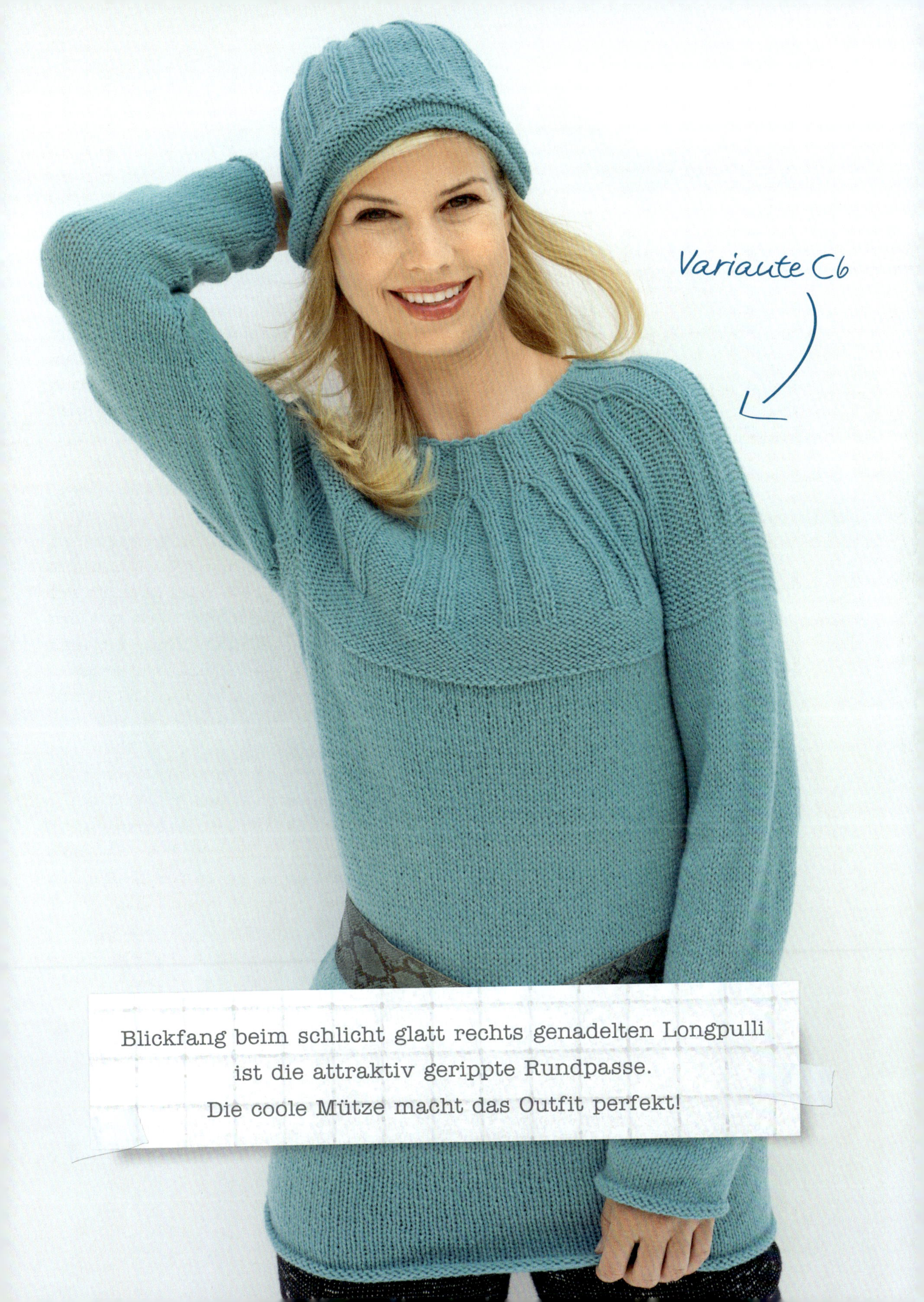

Variante C6

Blickfang beim schlicht glatt rechts genadelten Longpulli ist die attraktiv gerippte Rundpasse. Die coole Mütze macht das Outfit perfekt!

Jacquardpullover mit Zickzack-Streifen

Schwierigkeit: ★★★ | Größe: 38/40 (42/44; 46/48)

Material

- Wollgarn mit Polyacryl und Kaschmir (55 % Wolle, 33 % Polyacryl, 12 %, Kaschmir, Lauflänge = 118 m/50 g): 250 (300/350) g Rot, 200 (200/250) g Dunkelgrau und 100 g Beige
- Stricknadeln Nr. 4,5 und 5
- Rundstricknadel Nr. 5

Glatt rechts: In Hinreihen rechte Maschen, in Rückreihen linke Maschen stricken. In Runden stets rechte Maschen stricken.

Glatt links: In Runden stets linke Maschen stricken.

Randmaschen: Wahlweise den Nahtrand oder den Kettrand stricken (siehe Seite 118).

Rippenmuster: 1 Masche rechts, 1 Masche links im Wechsel, 1 Masche recht. In den Rückreihen die Maschen stricken, wie sie erscheinen.

Jacquardmuster A: Maschenzahl teilbar durch 8 + 1. Nach Zählmuster 1 mit mehreren Knäueln in Jacquardtechnik (siehe Seite 123) stricken, dabei den unbenutzten Faden stets locker auf der Rückseite der Arbeit weiterführen. Es sind nur die Hinreihen gezeichnet. In den Rückreihen die Maschen und Farben stricken, wie sie erscheinen. Den Mustersatz stets wiederholen, mit der Masche nach dem Mustersatz enden. Die 1.–8. Reihe 1-mal stricken.

Jacquardmuster B: Maschenzahl teilbar durch 8. Nach Zählmuster 2 mit mehreren Knäueln in Norwegertechnik in Runden stricken. Es sind nur die ungeraden Runden gezeichnet. In den geraden Runden die Maschen und Farben stricken, wie sie erscheinen. Den Mustersatz stets wiederholen. Die 1.–18. Runde 1-mal stricken.

Hinweis: Die über dem Zählmuster mit Pfeil gekennzeichnete Maschen = Abnahme-Maschen.

Zählmuster 1

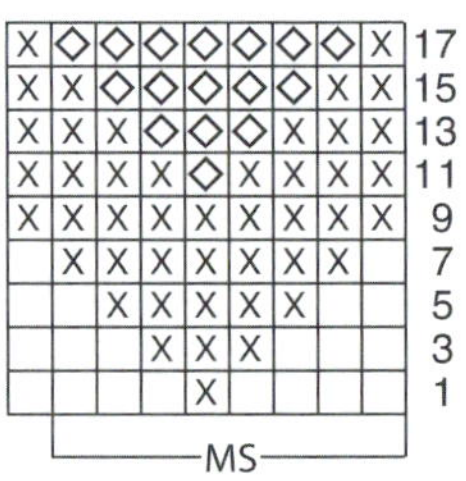

Zählmuster 2

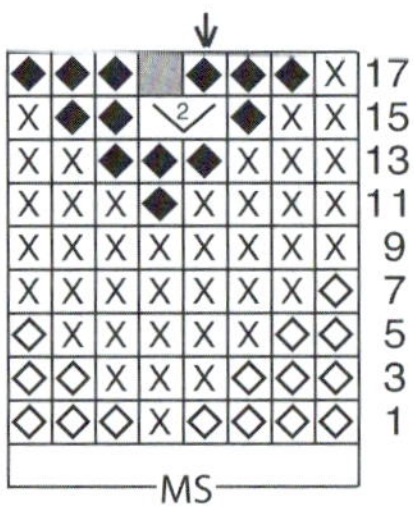

Zeichenerklärung:

- ☐ = 1 Masche Rippenmuster mustergemäß in Dunkelgrau
- ☒ = 1 Masche glatt rechts in Beige
- ◇ = 1 Masche glatt rechts in Rot
- ◆ = 1 Masche glatt rechts in Dunkelgrau
- ⋁2 = 2 Maschen rechts zusammenstricken
- ▒ = ohne Strickbedeutung

1 Kästchen = 1 Masche und 2 Reihen

Maschenproben

Im Rippenmuster mit Nadel Nr. 4,5: 20 Maschen und 27,5 Reihen = 10 x 10 cm.

Glatt rechts im Jacquardmuster mit Nadel Nr. 5: 18,5 Maschen und 24,5 Reihen/Runden = 10 x 10 cm

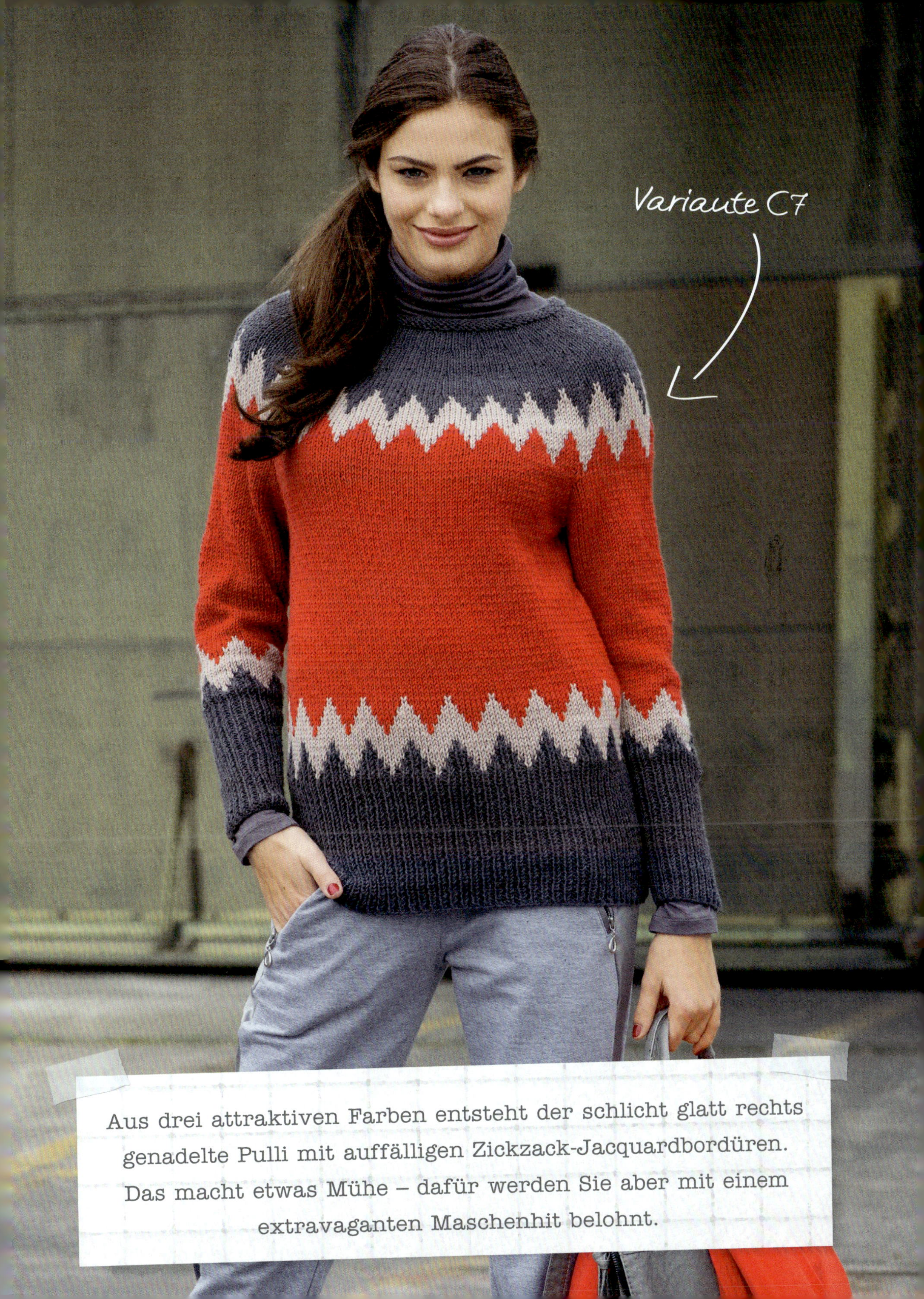

Aus drei attraktiven Farben entsteht der schlicht glatt rechts genadelte Pulli mit auffälligen Zickzack-Jacquardbordüren. Das macht etwas Mühe – dafür werden Sie aber mit einem extravaganten Maschenhit belohnt.

So wird's gemacht

Rückenteil

89 (97/105) Maschen und 2 Randmaschen = 91 (99/107) Maschen mit Nadel Nr. 4,5 in Dunkelgrau anschlagen und im Rippenmuster stricken. Nach 14,5 cm = 40 Reihen ab Anschlag mit Nadel Nr. 5 zwischen den Randmaschen im Jacquardmuster A weiterarbeiten. Nach 7,5 cm = 18 Reihen Jacquardmuster A über alle Maschen in Rot glatt rechts weiterstricken.

Für die Raglanschrägungen nach 26 cm = 64 Reihen ab Bund beidseitig 1-mal 4 Maschen, dann in jeder 2. Reihe 7-mal je 1 Masche abketten = 69 (77/85) Maschen. Nach 32,5 cm = 80 Reihen die restlichen Maschen stilllegen.

Vorderteil

Wie das Rückenteil arbeiten.

Ärmel

41 (45/49) Maschen und 2 Randmaschen = 43 (47/51) Maschen mit Nadel Nr. 4,5 in Dunkelgrau anschlagen und im Rippenmuster stricken. Gleichzeitig für die Ärmelschrägungen ab Anschlag beidseitig 4-mal in jeder 10. Reihe je 1 Masche mustergemäß zunehmen = 51 (55/59) Maschen. Nach 16,5 cm = 46 Reihen ab Anschlag mit Nadel Nr. 5 zwischen den Randmaschen im Jacquardmuster A weiterarbeiten, dabei für die 2. Größe das Muster von der Mitte aus einteilen.

Für die Ärmelschrägungen ab Bund beidseitig 7-mal in jeder 8. Reihe je 1 Masche muster- und farbgemäß zunehmen = 65 (69/73) Maschen. Gleichzeitig nach 7,5 cm = 18 Reihen Jacquardmuster A in Rot glatt rechts weiterstricken. Die Abnahmen für die Raglanschrägungen nach 26 cm = 64 Reihen ab Bund wie beim Rückenteil arbeiten = 43 (47/51) Maschen. Nach 32,5 cm = 80 Reihen ab Bund die restlichen Maschen stilllegen.

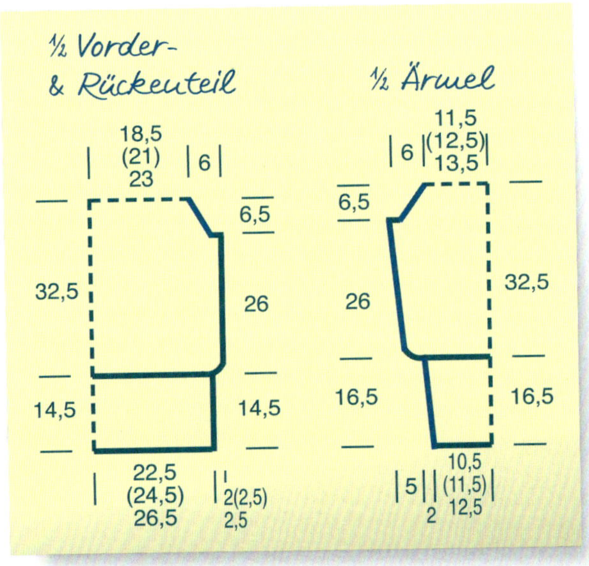

Rundpasse

Die Maschen von Vorderteil, 1. Ärmel, Rückenteil und 2. Ärmel auf die Rundstricknadel nehmen und über alle 224 (248/272) Maschen in Rot 1 Runde rechte Maschen stricken, dabei jeweils die Randmasche mit der nachfolgenden Masche rechts überzogen (= 1 Masche rechts abheben, 1 Masche rechts stricken und die abgehobene Masche überziehen) bzw. mit der davorliegenden Masche rechts zusammenstricken = 216 (240/264) Maschen. Diese Runde ist in den weiteren Berechnungen nicht berücksichtigt.

Dann in Runden im Jacquardmuster B weiterarbeiten, dabei die Maschen so einteilen, dass beim Vorderteil die Zackenspitzen von Jacquardmuster B genau über den Zackenspitzen von Jacquardmuster A liegen = 27 (30/33) Mustersatz. Durch die Abnahmen innerhalb des Jacquardmuster B sind nach der 15. Runde 189 (210/231) Maschen auf der Nadel. Nach 7,5 cm = 18 Runden Jacquardmuster B in Dunkelgrau glatt rechts in Runden weiterarbeiten.

Zur Formgebung in der 19. (20./21.) Runde Passenhöhe gleichmäßig verteilt 27 (30/33) Maschen abnehmen, dafür die Abnahme-Masche mit der davorliegenden Masche rechts zusammenstricken = 162 (180/198) Maschen. Diese Abnahmen noch 2-mal in jeder 8. (9./10.) Runde wiederholen = 108 (120/132) Maschen. In der folgenden 6. Runde gleichmäßig verteilt 13 (15/16) Maschen abnehmen, dafür jede 2. Abnahme-Masche mit der davorliegenden Masche rechts zusammenstricken = 95 (105/116) Maschen.

Für die Halsblende nach 17,5 cm = 43 Runden (19 cm = 47 Runden/20,5 cm = 50 Runden) Passenhöhe glatt links stricken, dabei in der 1. Runde gleichmäßig verteilt 10 Maschen abnehmen = 85 (95/106) Maschen. Nach 1,5 cm = 4 Runden Blendenhöhe alle Maschen rechts abketten.

Fertigstellung

Die Seiten- und Ärmelnähte schließen. Zum Fertigstellen siehe auch Seite 124.

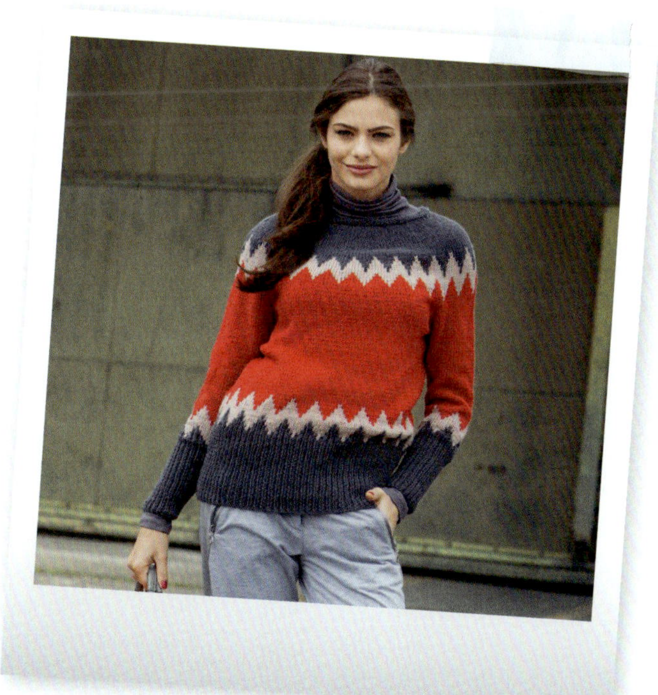

Norwegerpullover mit Rundpasse

Schwierigkeit: ★★ | Größe: 42/44 (46/48)

Material

- Schurwollmischgarn (90 % Schurwolle, 10 % Polyamid, Lauflänge 130 m/50 g): 300 (300) g Sand, je 50 (50) g Pink, Orange, Wollweiß und Hellgrau
- Rundstricknadeln Nr. 5 und 6 (locker gestrickt) oder 6 und 7 (fester gestrickt)

Glatt rechts: in Hinreihen rechte Maschen, in Rückreihen linke Maschen stricken. In Runden stets rechte Maschen stricken.

Kraus rechts: In Runden stets rechte Maschen stricken.

Randmaschen: Wahlweise den Nahtrand oder den Kettrand stricken (siehe Seite 118).

Jacquardmuster: In Runden stets rechte Maschen nach Zählmuster stricken. Den Rapport in der Breite stets wiederholen. In der Höhe die 1. bis 34. Runde 1-mal stricken. Die Fäden auf der Rückseite miteinander verkreuzen (siehe Seite 123).

Bundmuster: 2 Maschen links, 2 Maschen rechts im Wechsel stricken.

Maschenprobe

Glatt rechts: 14 Maschen und 22 Reihen = 10 x 10 cm

Hinweis: Der Norwegerpullover wird von oben nach unten in einem Teil gestrickt!

So wird's gemacht

Rundpasse

70 Maschen und 2 Randmaschen = 72 Maschen in Sand locker mit Nadel Nr. 5 (oder 6) für das Halsbündchen anschlagen und zur Runde schließen. Nun 4 Runden kraus rechts stricken, dann mit Nadel Nr. 6 (oder 7) zunächst in Orange im Jacquardmuster stricken, dabei in den folgenden Runden Maschen wie folgt zunehmen:

1. Reihe: 28 (40) Maschen verteilt zunehmen = 100 (112) Maschen

5. Reihe: 26 Maschen verteilt zunehmen = 126 (138) Maschen

10. Reihe: 22 Maschen verteilt zunehmen = 148 (160) Maschen

14. Reihe: 22 (25) Maschen verteilt zunehmen = 170 (185) Maschen

20. Reihe: 22 (19) Maschen verteilt zunehmen = 192 (204) Maschen

Dann weiter in Sand in Runden glatt rechts stricken. 19 (20) cm ab Beginn des Jacquardmusters zunächst den rechten Ärmel stricken.

Rechter Ärmel

Glatt rechts in Sand 36 Maschen der Rundpasse stricken, wenden und weiter in Reihen glatt rechts stricken dabei beidseitig 8 (10)-mal 1 Masche in jeder Reihe zunehmen = 52 (56) Maschen. Weiter in Runden glatt rechts stricken, dabei 12-mal 1 Masche mittig im Bereich der zugenommenen Maschen in jeder 6. Reihe abnehmen = 40 (44) Maschen.

40 cm ab Beginn des Ärmels mit Nadel Nr. 5 (oder 6) 5 cm Bundmuster stricken, dann alle Maschen locker abketten.

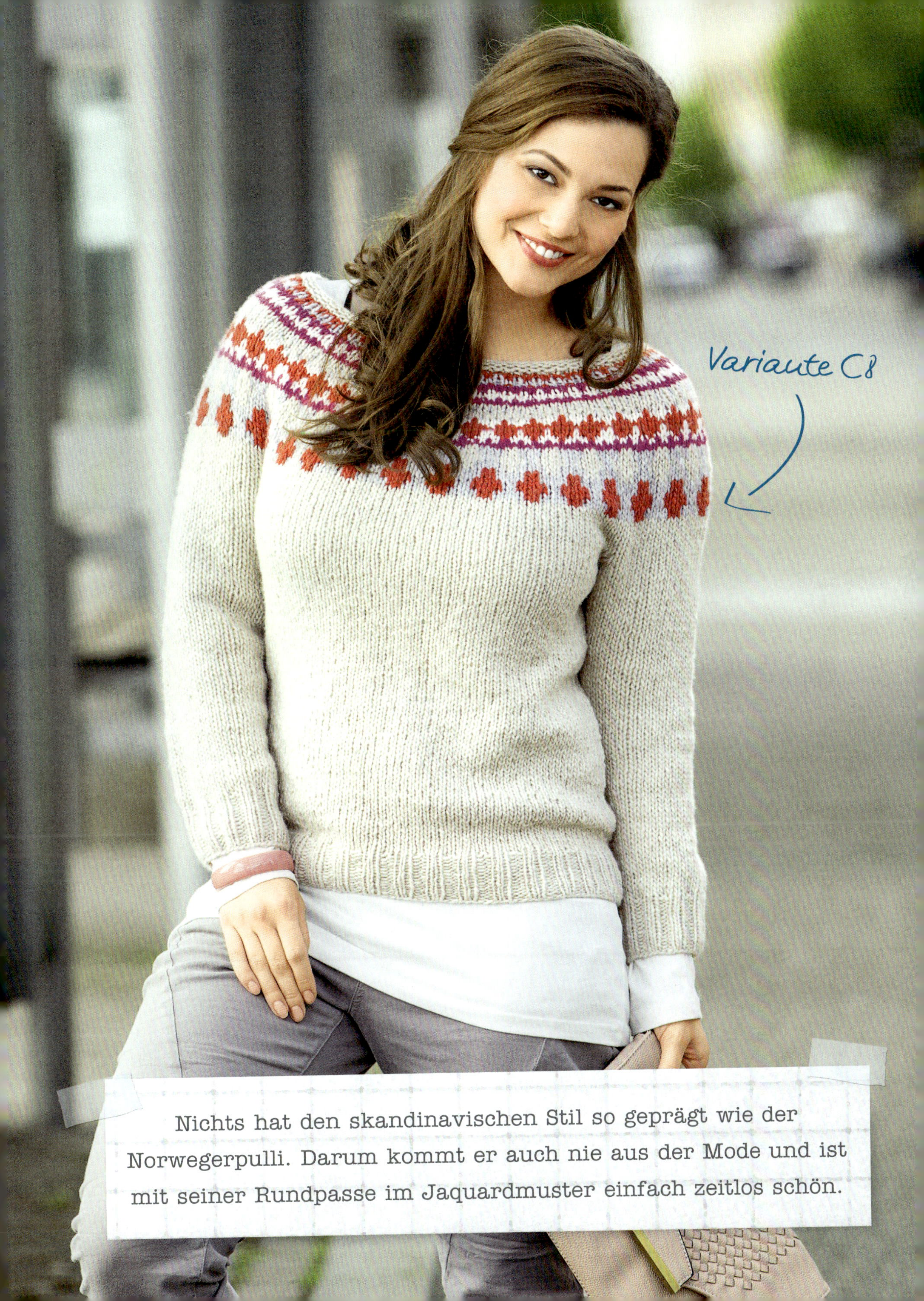

Nichts hat den skandinavischen Stil so geprägt wie der Norwegerpulli. Darum kommt er auch nie aus der Mode und ist mit seiner Rundpasse im Jaquardmuster einfach zeitlos schön.

Linker Ärmel

Wie den rechten Ärmel stricken, jedoch gegengleich, dabei zwischen den Ärmeln je 60 (66) Maschen für Rücken- und Vorderteil stilllegen.

Rückenteil

In Sand im Grundmuster die 60 (66) stillgelegten Maschen in Reihen stricken, dabei beidseitig aus den zugenommenen Ärmelmaschen 8 (10)-mal 1 Masche in jeder Reihe zunehmen = 76 (86) Maschen. Die Maschen stilllegen.

Vorderteil

Direkt im Anschluss für das Vorderteil 8 (10) Maschen auf einmal aus den zugenommenen Ärmelmaschen (rechter Ärmel) aufnehmen, dann die 60 (66) stillgelegten Maschen des Vorderteils stricken. Am linken Ärmel ebenfalls 8 (10) Maschen aufnehmen = 76 (86) Maschen, danach die stillgelegten Maschen des Rückenteils auf die Nadel nehmen und über alle 152 (172) Maschen glatt rechts 36 cm in Runden stricken. Mit der Nadel Nr. 5 (oder 6) 5 cm im Bundmuster stricken, dann alle Maschen locker abketten.

Zählmuster

+	+	O	O	+	+	34
+	+	O	O	+	+	33
+	O	O	O	O	+	32
+	O	O	O	O	+	31
+	+	O	O	+	+	30
+	+	O	O	+	+	29
S	+	+	+	+	S	28
S	+	+	+	+	S	27
S	S	+	+	S	S	26
S	S	+	+	S	S	25
S	+	+	+	+	S	24
S	+	+	+	+	S	23
•	•	•	•	•	•	22
W	•	W	•	W	•	21
W	W	W	W	W	W	20
	W	W	O	W	W	19
	W	O	O	O	W	18
	O	O	O	O	O	17
	W	O	O	O	W	16
	W	W	O	W	W	15
	S	S	S	S	S	15
		+	S	+	S	13
		S	S	S	S	12
		S	+	S	+	11
		S	S	S	S	10
			•	•	•	9
			•	W	•	8
			W	W	W	7
			•	W	•	6
			•	•	•	5
				+	O	4
				+	+	3
				+	O	2
				O	O	1

Zeichenerklärung:

S = Sand
W = Wollweiß
• = Pink
+ = Hellgrau
O = Orange
1 Kästchen = 1 Masche

Fertigstellung

Die Fäden vernähen und den Übergang von der Rundpasse zu Vorder- bzw. Rückenteil und den Ärmeln etwas vernähen (zum Fertigstellen siehe auch Seite 124).

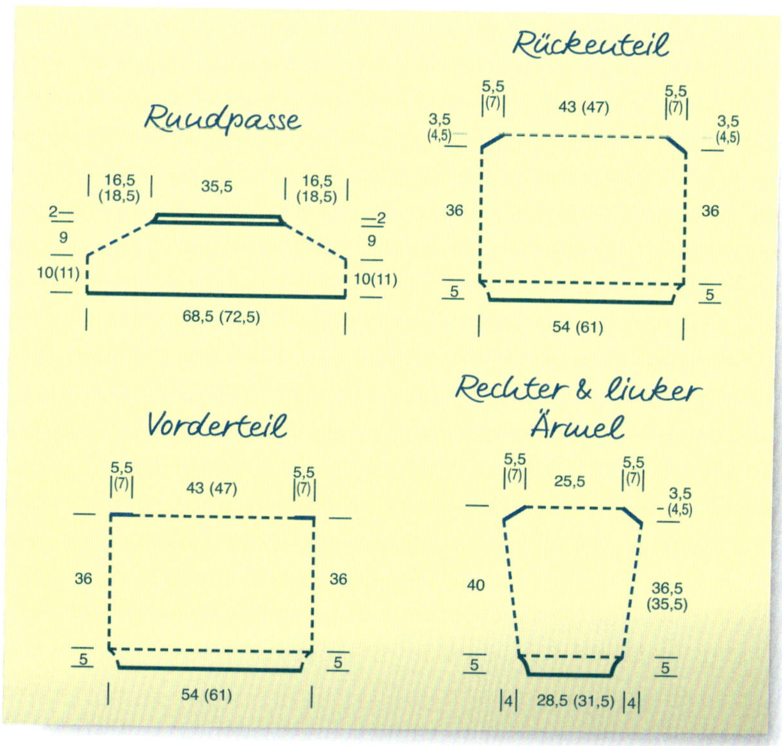

Pullover mit Rollkragen und Musterpasse

Schwierigkeit: ★★–★★★ | Größe: 36/38 (40/42; 44/46)

Material

- Schurwollgarn (100 % Merino extrafein, Lauflänge ca. 120 m/50g): ca. 450 (500/500) g Kiesel meliert und je 50 g Schoko, Anis und Brombeer
- Nadelspiel Nr. 4
- Rundstricknadeln Nr. 4, je 1-mal 60 cm und 80 cm lang

Glatt rechts: In Hinreihen rechte Maschen, in Rückreihen linke Maschen stricken. In Runden stets rechte Maschen stricken.

Randmaschen: Wahlweise den Nahtrand oder Kettrand stricken (siehe Seite 118).

Rippenmuster: 1 Masche rechts, 1 Masche links im Wechsel stricken.

Jacquardmuster: Nach Zählmuster arbeiten und in Runden stricken. Die Maschen zwischen den Pfeilen fortlaufend wiederholen. Die 1.–60. Runde 1-mal stricken, dabei beachten, dass sich die Maschenzahl in jedem Mustersatz durch die Abnahmen in der 10., 31., 43., 51. und 56. Runde verringert. Die Abnahmen sind im Zählmuster gezeichnet.

Betonte Abnahmen:

Rechter Rand: Randmasche, 2 Maschen rechts zusammenstricken.

Linker Rand: 2 Maschen rechts überzogen zusammenstricken (= 1 Masche wie zum Rechtsstricken abheben, 1 Masche rechts stricken, die abgehobene Masche darüberziehen), Randmasche.

Maschenprobe

Glatt rechts: 22 Maschen und 29 Reihen/Runden mit Nadel Nr. 4 = ca. 10 cm x 10 cm

Hinweis: Zuerst die Rundpasse von unten nach oben stricken, anschließend beide Ärmel und Vorder- und Rückenteil von oben nach unten in Runden arbeiten. Die Pfeile im Schnittschema kennzeichnen die Strickrichtung.

Zählmuster

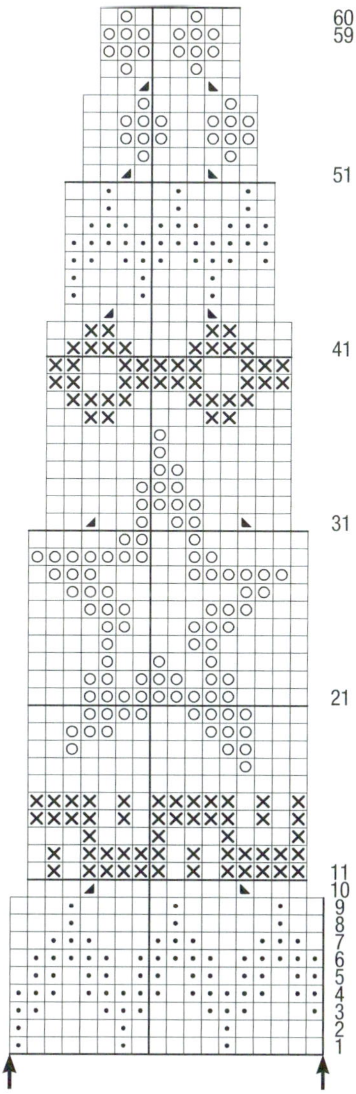

Zeichenerklärung:

□ = Kiesel meliert · = Schoko × = Anis ○ = Brombeer

So wird's gemacht

Rundpasse

Mit einem kontrastfarbenen Hilfsfaden und der längeren Rundstricknadel 250 (286/322) Maschen und 2 Randmaschen = 252 (288/324) Maschen anschlagen und zur Runde schließen. Mit Kiesel meliert 1 Runde rechte Maschen stricken, dann das Jacquardmuster in Runden arbeiten, dabei den Mustersatz von anfänglich 18 Maschen 14 (16/18)-mal stricken. Nach 60 Runden liegen noch 112 (128/144) Maschen auf der Nadel. In Kiesel meliert 1 Runde weiterstricken und gleichmäßig verteilt 14 (24/34) Maschen abnehmen, dafür jeweils 2 Maschen rechts zusammenstricken = 98 (104/110) Maschen. Bei Bedarf zur kürzeren Rundstricknadel bzw. zum Nadelspiel wechseln.

Für den Kragen in Kiesel meliert ca. 20 cm = 58 Runden im Rippenmuster stricken, dann alle Maschen mustergemäß abketten. Die Maschen des Anschlags wie folgt aufteilen: je 77 (87/99) Maschen für das Vorder- und Rückenteil, dazwischen je 49 (57/63) Maschen für die Ärmel. Alle Maschen stilllegen.

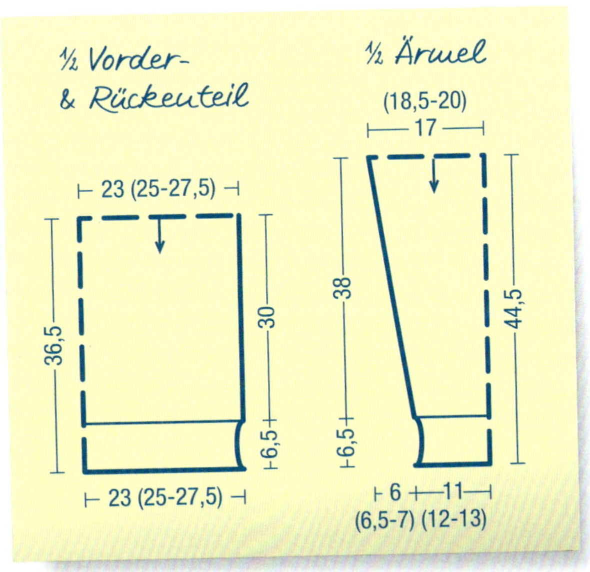

Ärmel

In Kiesel meliert 11 Maschen anschlagen, die 49 (57/63) Ärmelmaschen der Rundpasse glatt rechts abstricken, dabei den Hilfsfaden vorsichtig lösen. 13 Maschen dazu anschlagen = 75 (83/89) Maschen. Glatt rechts in Reihen fortsetzen, dabei für die Ärmelschrägungen in jeder 10. (8./6.) Reihe ab Anschlag beidseitig 11 (13/15)-mal je 1 Masche betont abnehmen = 53 (57/59) Maschen. Nach ca. 38 cm = 110 Reihen ab Rundpasse für den Bund ca. 6,5 cm = 20 Reihen im Rippenmuster stricken, dann alle Maschen mustergemäß abketten.

Rücken- und Vorderteil

In Kiesel meliert die 77 (87/99) Maschen des Rückenteils rechts abstricken, dabei den Hilfsfaden vorsichtig lösen, aus den angeschlagenen Ärmelmaschen 24 Maschen auffassen, 77 (87/99) Maschen des Vorderteils rechts stricken, den Hilfsfaden lösend, aus den angeschlagenen Maschen des anderen Ärmels ebenfalls 24 Maschen auffassen = 202 (222/246) Maschen. Die Maschen zur Runde schließen und glatt rechts weiterarbeiten. Nach 88 Runden = 30 cm ab Rundpasse für den Bund ca. 6,5 cm = 20 Reihen im Rippenmuster stricken, dann alle Maschen mustergemäß abketten.

Fertigstellung

Zum Fertigstellen siehe Seite 124.

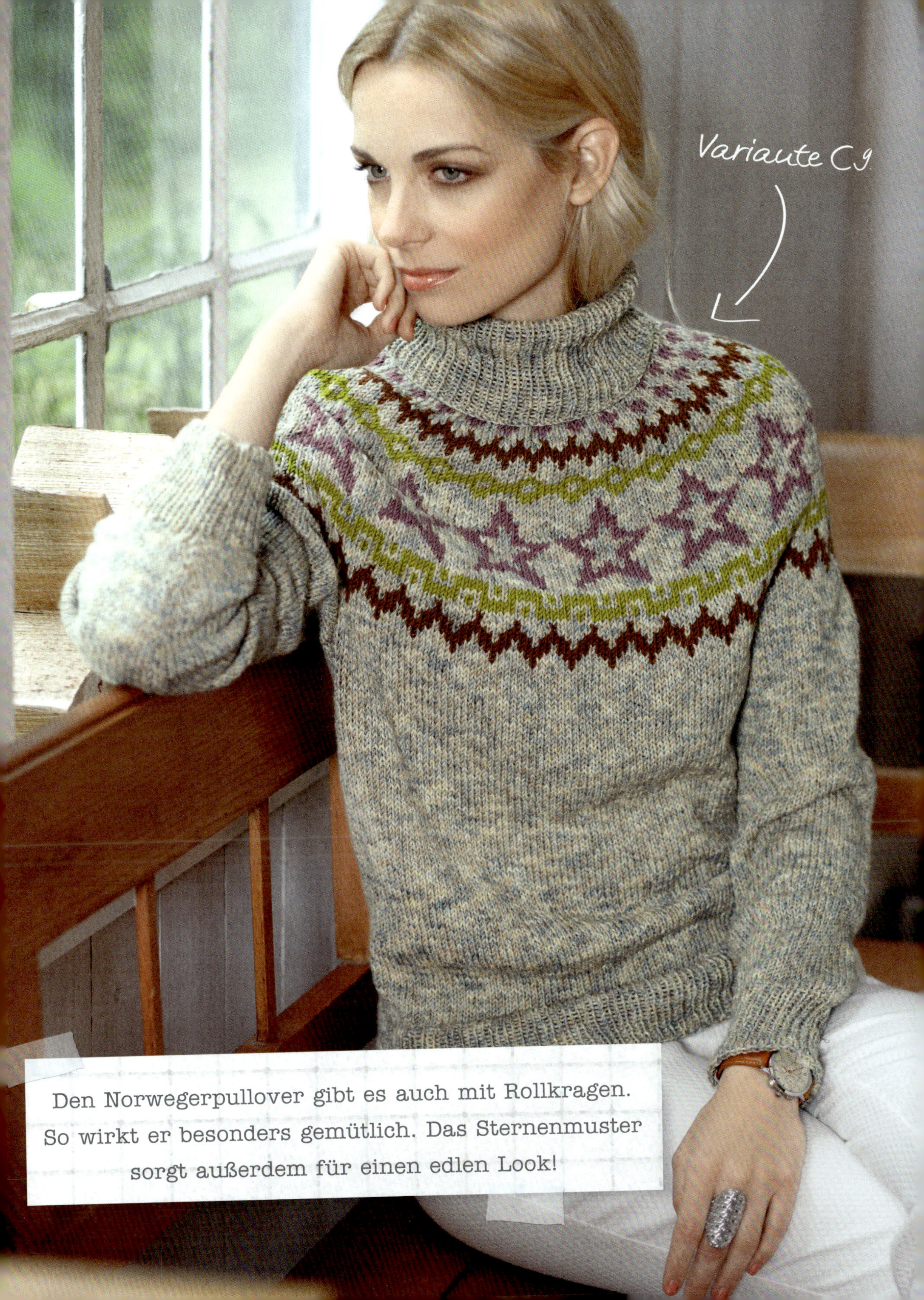

Den Norwegerpullover gibt es auch mit Rollkragen. So wirkt er besonders gemütlich. Das Sternenmuster sorgt außerdem für einen edlen Look!

So errechnen Sie Ihr Wunschmodell

Sie kennen das sicher: „Der Pullover gefällt mir, aber nicht mit dem Garn und vor allem nicht in der Farbe!" Für die Geübten möchte ich hier erklären, wie sich der vorhandene Schnitt eines Pullis oder einer Jacke ganz einfach für Ihr Lieblingsgarn umrechnen lässt. Dies wird hier anhand des Schnitts vom geraden Pullover von Seite 26 dargestellt. Der Originalpulli hat Zöpfe, wir wollen ihn aber nun mit einem anderen Rippenmuster (1 Masche rechts, 1 Masche links im Wechsel) und glatt rechts aus einem anderen Garn stricken, aus einem klassischen Merinogarn mit einer Maschenprobe auf 10 x 10 cm von 23 Maschen und 30 Reihen.

Bei dieser Maschenprobe hat 1 cm 2,3 Maschen in der Breite und 1 cm 3,0 Reihen in der Höhe. Für den Anschlag wird nun die Breite des Rücken- oder Vorderteils, hier sind das 50 (54/58) cm für Rücken- und Vorderteil mit 2,3 Maschen multipliziert: 50 (54/58) cm x 2,3 = 115 (124/133) Maschen. Dazu kommen noch beidseitig je 1 Randmasche = 117 (126/135) Maschen, siehe auch Schnitt. Die Randmaschen müssen hinzugezählt werden, denn sie werden nachher bei der Fertigstellung als „Nahtzugabe" weggenäht und tragen somit nicht zur Weite des Modells bei.

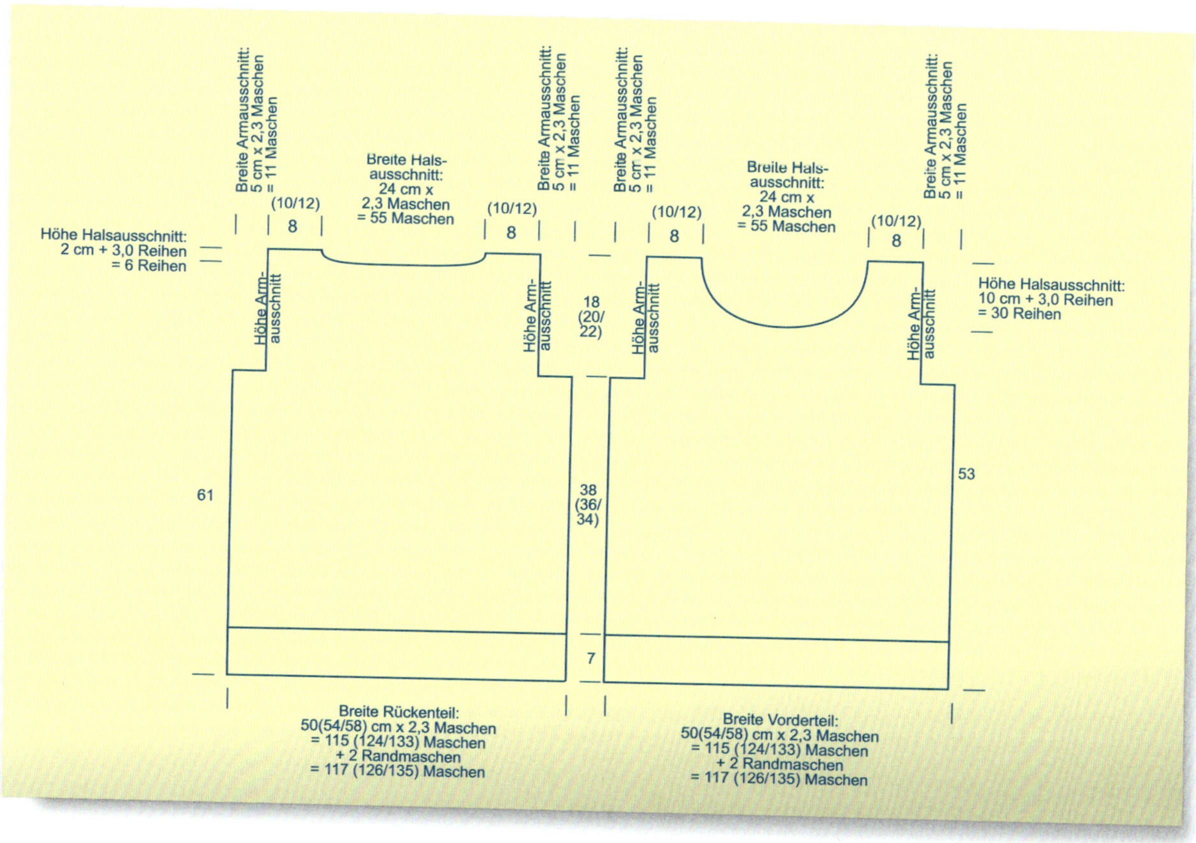

Für die Breite der Armausschnitte werden 5 cm mit 2,3 Maschen multipliziert: 5 cm x 2,3 Maschen = 11,5 Maschen. Die „halbe“ Masche wird ignoriert, es wird mit 11 Maschen gerechnet.

Bei den Rundungen für die Halsausschnitte (siehe auch „Seiten getrennt beenden“, Seite 8) müssen wir nicht nur die Breite = Maschenzahl berücksichtigen, sondern auch die Höhe = Reihenzahl.

Dafür multiplizieren wie die Ausschnitthöhe des rückwärtigen Halsausschnitts von 2 cm mit 3,0 Reihen: 2 cm x 3,0 Reihen = 6 Reihen. Der Halsausschnitt ist 24 cm breit: 24 cm x 2,3 Maschen = 55 Maschen, d. h., wir müssen nun 55 Maschen verteilt auf 6 Reihen abketten. Abgekettet wird nur am Reihenanfang, daher wird nur in jeder 2. Reihe abgekettet.

Für eine schöne Rundung ist es am besten in der Mitte viele Maschen abzuketten und dann beidseitig immer weniger Maschen. Wie solche „Treppen“ eine schöne Rundung ergeben, sehen Sie, wenn Sie diese „Treppen“ auf Karopapier aufzeichnen.

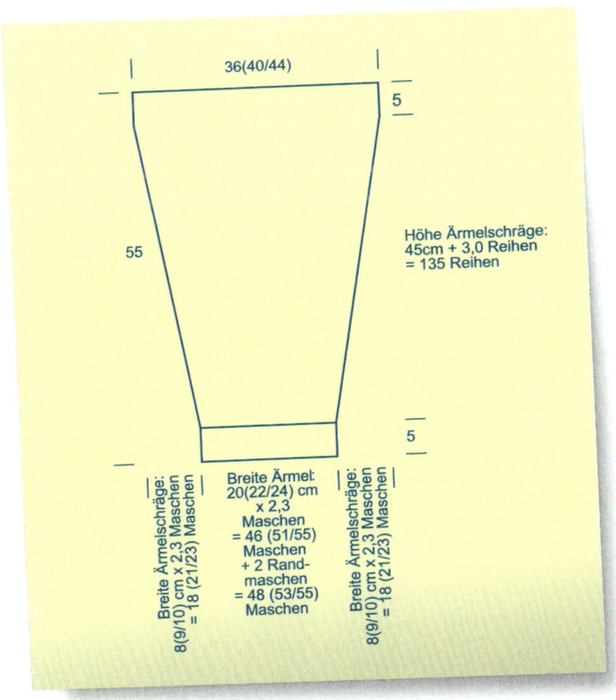

Wir haben für den rückwärtigen Halsausschnitt nur 6 Reihen zur Verfügung, deshalb werden die mittleren 49 Maschen abgekettet. Aber diese Reihe zählt nicht zu den 6 Reihen des Halsausschnitts, sie ist der Abschluss der 61 (63/65) cm ab Anschlag. Für die Ausschnittrundung werden am inneren Rand in jeder 2. Reihe 1-mal 2 Maschen und 1-mal 1 Masche abgekettet. Das sind nur 4 Reihen! Die restlichen 2 Reihen werden ohne Abnahmen gestrickt.

Für den vorderen Halsausschnitt wird die Ausschnitthöhe von 10 cm mit 3,0 Reihen multipliziert: 10 cm x 3,0 Reihen = 30 Reihen. Der Halsausschnitt ist 24 cm breit: 24 cm x 2,3 Maschen = 55 Maschen, d. h. 55 Maschen verteilt auf 30 Reihen abketten.

Für den vorderen Halsausschnitt sind 30 Reihen zu berücksichtigen. Es werden die mittleren 25 Maschen abgekettet. Diese Reihe zählt nicht zu den 30 Reihen des Halsausschnitts, sie ist der Abschluss der 53 (55/57) cm ab Anschlag. Für die Ausschnittrundung werden am inneren Rand in jeder 2. Reihe 1-mal 4 Maschen, 1-mal 3 Maschen, 2-mal 2 Maschen, 2-mal 1 Masche, in der folgenden 4. Reihe 1-mal 1 Masche und in der folgenden 6. Reihe 1-mal 1 Masche abgekettet. Das sind nur 22 Reihen! Die letzten 8 Reihen stricken wir ohne Abnahmen.

Für die untere Breite des Ärmels werden 20 (22/24) cm mit 2,3 Maschen multipliziert: 20 (22/24) cm x 2,3 = 46 (51/55) Maschen. Dazu kommen noch beidseitig je eine Randmasche = 48 (53/57) Maschen.

Für die Ärmelschrägung (siehe auch Seite 9) die Höhe von 45 cm mit 3,0 Reihen multiplizieren: 45 cm x 3,0 Reihen = 135 Reihen. Die Breite der Ärmelschräge ist 8 (9/10) cm: 8 (9/10) cm x 2,3 Maschen = 18 (21/23) Maschen, d. h., es muss beidseitig 18-mal (21-mal/23-mal) 1 Masche gleichmäßig verteilt auf 135 Reihen zugenommen werden.

Da die letzten Zunahmen direkt am Beginn der Armkugel wenig sinnvoll sind, wird die Reihenzahl durch 19 (22/24) geteilt: 135 : 19 (22/24) = 7,1 (6,1/5,6) Reihen. Da es einfacher ist die Zunahmen immer in den Hinreihen zu stricken, können sie nur mit einem geraden Reihenabstand gearbeitet werden, hier von 8 oder 6 Reihen (8 oder 6 Reihen/6 oder 4 Reihen). Die langsamen Zunahmen, also in jeder 8. (8./6.) Reihe immer zuerst arbeiten, denn die Schrägung sieht schöner aus, wenn sie erst weiter oben schneller breiter wird.

Die Zunahmen so auf die Reihen verteilen, dass sich am Ende wieder eine Reihenzahl von 135 ergibt. Hier in jeder 8. Reihe 11-mal 1 Masche und in jeder 6. Reihe 7-mal 1 Masche (in jeder 8. Reihe 2-mal 1 Masche und in jeder 6. Reihe 19-mal 1 Masche/in jeder 6. Reihe 20-mal 1 Masche und in jeder 4. Reihe 3-mal 1 Masche) = 18 (21/23) Maschen, entspricht 130 (130/132) Reihen + 5 (5/3) Reihen ohne Zunahmen = 135 Reihen.

Alle Höhen und Breiten jeder Art von Schnitt können auf diese Weise umgerechnet werden. Es ist nicht schwierig – ein Taschenrechner und Karopapier helfen!

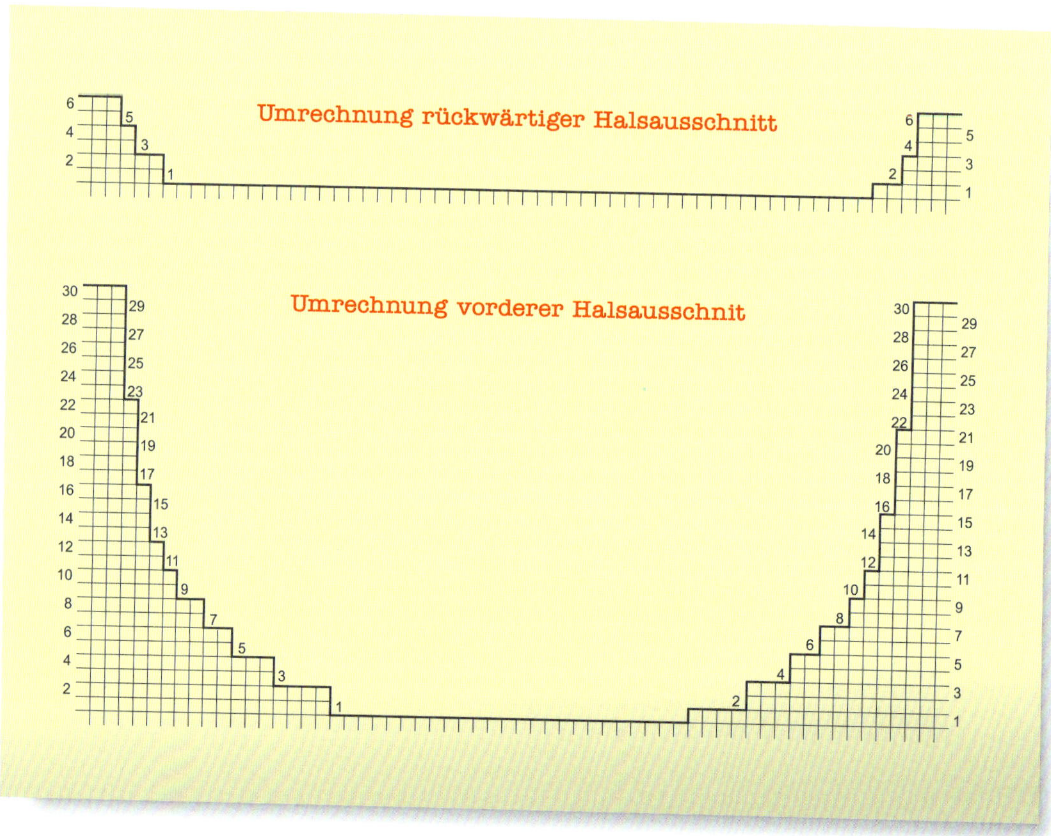

Maschenanschlag

Kreuzanschlag

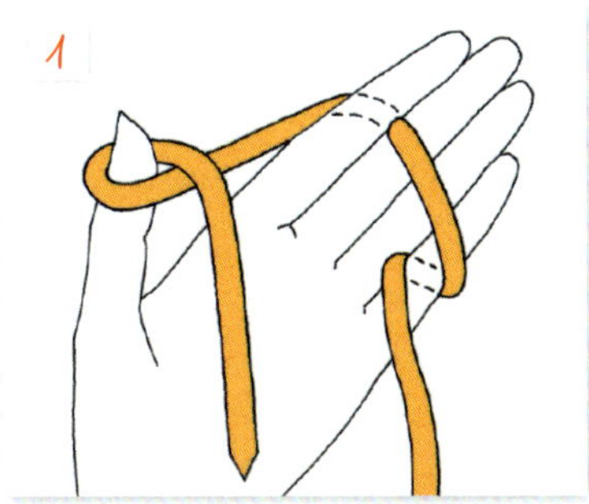

Das Fadenende, wie auf der Abbildung zu sehen, um die Finger legen. Beide Fadenenden festhalten und mit der rechten Nadel von unten in die Daumenschlinge stechen.

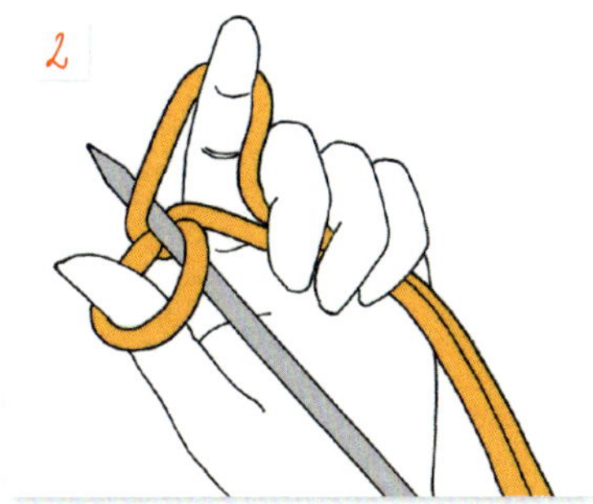

Die rechte Nadel hinter dem vom Zeigefinger kommenden Faden durchführen ...

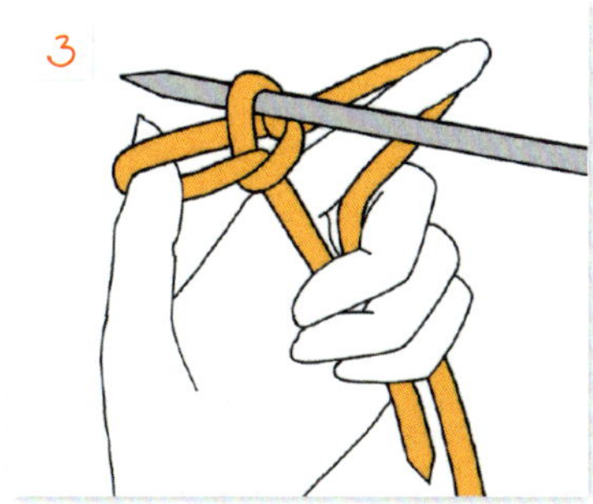

... und den Faden durch die Daumenschlinge ziehen. Den Faden vom Daumen rutschen lassen.

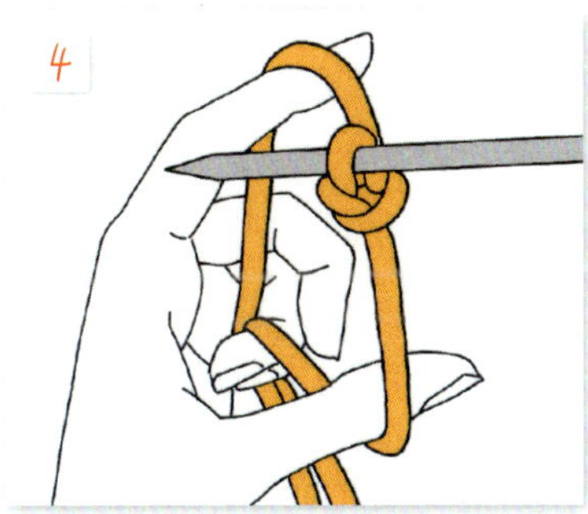

Mit dem Daumen den Endfaden von hinten nach vorne erfassen, die Masche fest anziehen und den Daumen wieder nach oben heben.

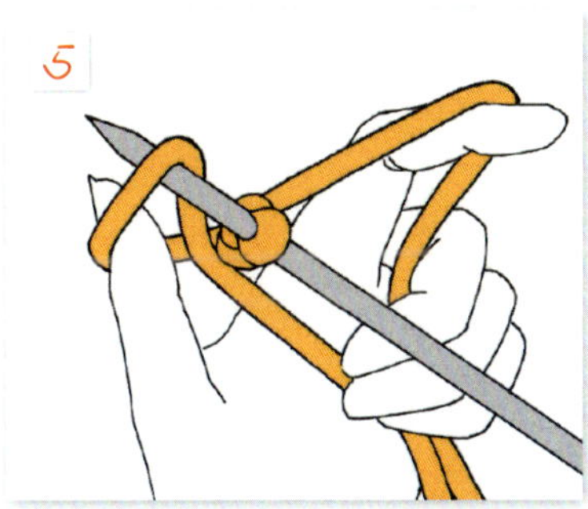

Die erste Masche ist auf der rechten Nadel. Nun wieder von unten in die Daumenschlinge einstechen, ...

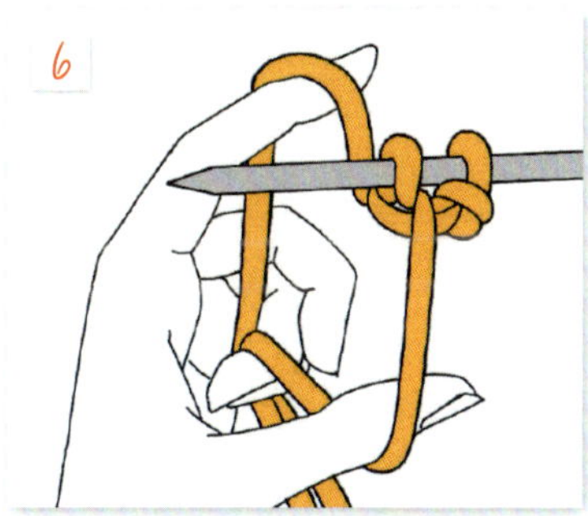

... den Faden erneut durchholen und die Schlinge anziehen. Jeder Arbeitsgang bildet wieder eine neue Schlinge.

Randmaschen

Beim Stricken in Hin- und Rückreihen werden die erste und die letzte Masche an den Seitenrändern unabhängig vom Muster als Randmasche gearbeitet.
Die Randmaschen sind die äußeren Maschen an beiden Seiten einer Reihe. Ein perfekt gearbeiteter Rand erleichtert das Zusammennähen von Strickstücken erheblich. Es gibt viele Möglichkeiten, die Randmaschen zu arbeiten.

Nahtrand

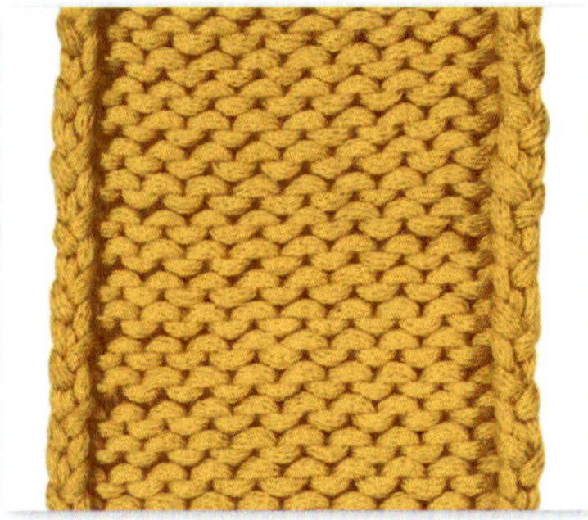

Dieser Rand lässt sich unauffällig zusammennähen. Bei glatt rechts gestrickten Strickstücken werden alle Maschen glatt rechts gestrickt, d.h. die 1. und letzte Masche in den Hinreihen immer rechts, in den Rückreihen immer links stricken. Bei glatt links gestrickten Strickstücken umgekehrt verfahren.

Rechts gestrickter Knötchenrand

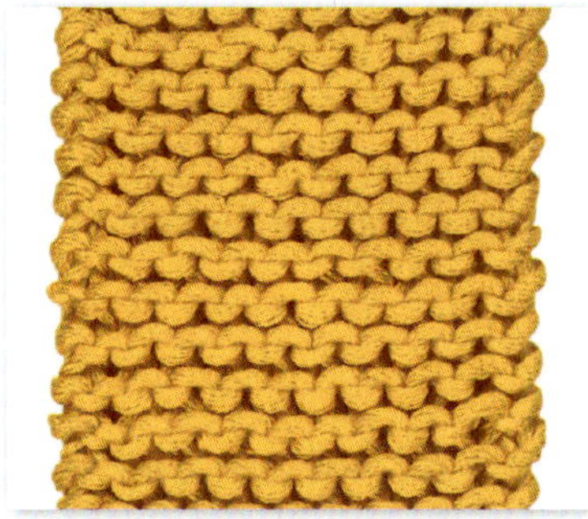

Der rechts gestrickte Knötchenrand eignet sich (wie auch der links gestrickte) besonders für Strickstücke, die zusammengenäht werden. Die Randmaschen werden am Anfang und am Ende jeder Reihe rechts gestrickt.

Links gestrickter Knötchenrand

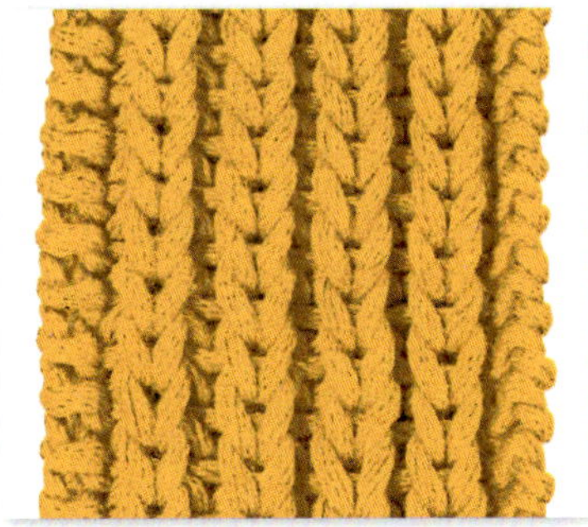

Die Randmaschen werden am Anfang und am Ende jeder Reihe links gestrickt.
Hier lassen sich die Maschen sehr fest anziehen, er eignet sich deshalb besonders gut für flache Nähte bei Patent- oder Halbpatentmustern.

Kettrand

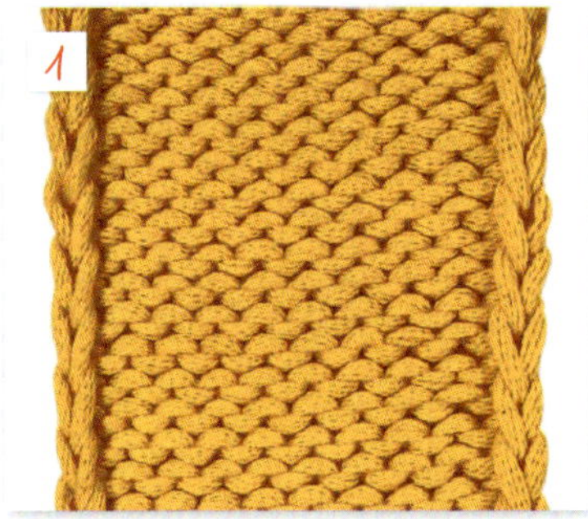

Variante 1: Zu Beginn der Hinreihe (= ungerade Reihe) den Faden vor die Arbeit legen und die 1. Masche wie zum Linksstricken abheben. Am Ende der Hinreihe wieder den Faden vorlegen und die letzte Masche der Reihe wie zum Linksstricken abheben. In der Rückreihe (= gerade Reihe) die 1. Masche rechts verschränkt und die letzte Masche rechts stricken.

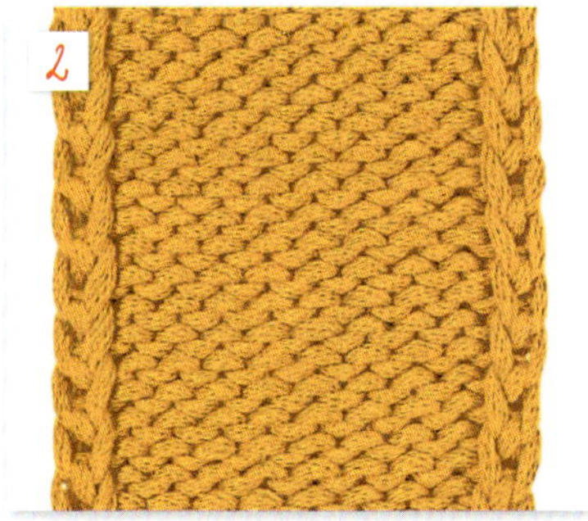

Variante 2: In der Hinreihe die 1. Masche rechts verschränkt stricken und die letzte Masche rechts stricken. In der Rückreihe die 1. und die letzte Masche wie zum Linksstricken abheben, der Faden liegt dabei vor der Arbeit.

Zu- und Abnahmen

2 Maschen rechts zusammenstricken

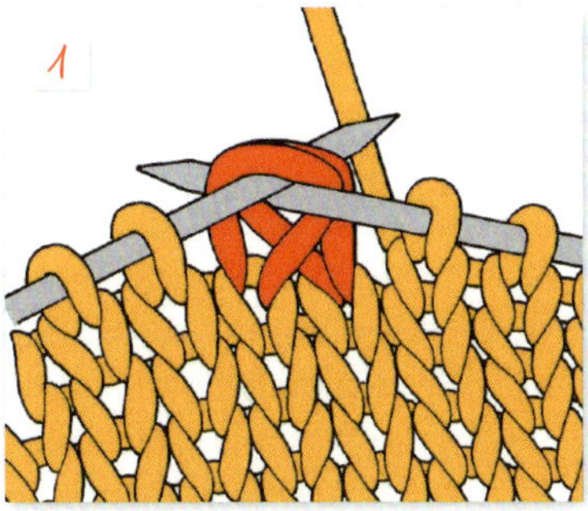

Von links nach rechts in die vorderen Maschenglieder der 2 rechten Maschen einstechen.

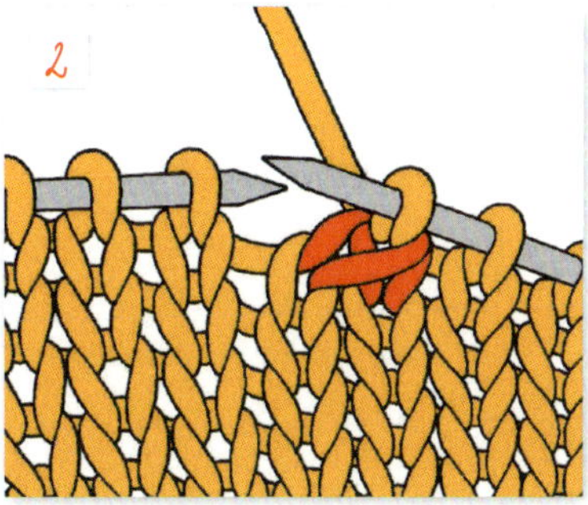

Den Faden wie zum Rechtsstricken nach vorn durchziehen und beide Maschen von der Nadel gleiten lassen.

2 Maschen rechts überzogen zusammenstricken

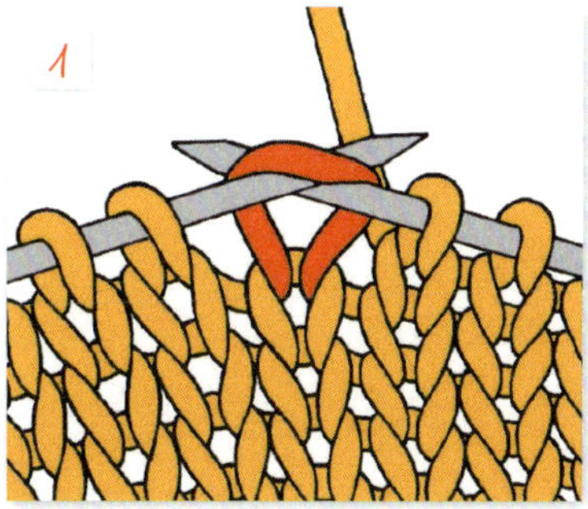

Die erste Masche wie zum Rechtsstricken abheben.

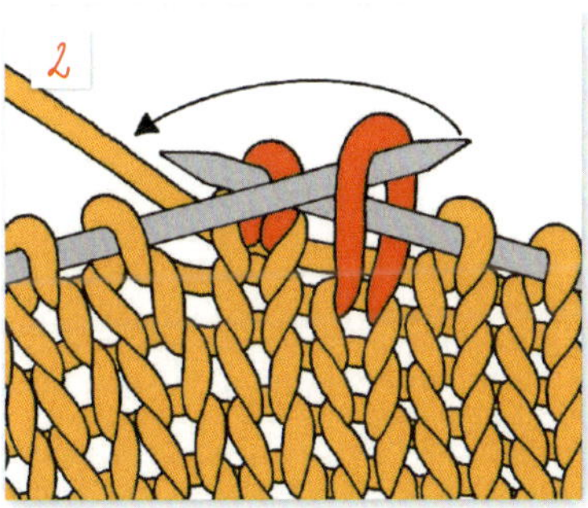

Die folgende Masche rechts stricken und die abgehobene Masche über die gestrickte heben.

2 Maschen links zusammenstricken

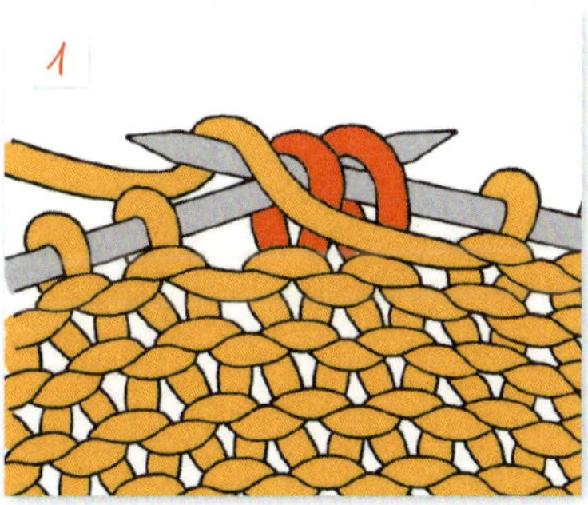

Von rechts nach links in die vorderen Maschenglieder einstechen.

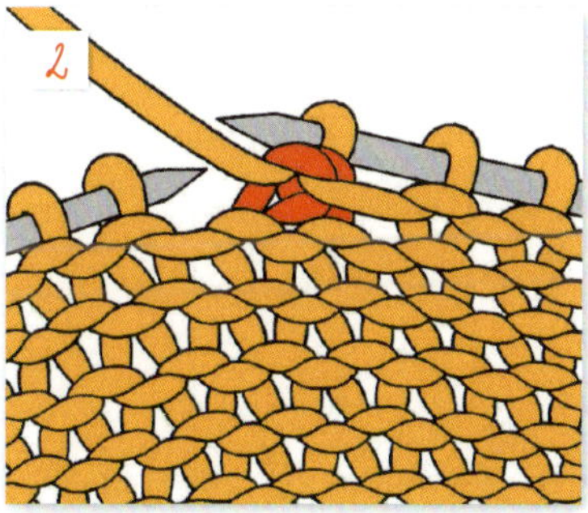

Den Faden wie zum Linksstricken durch beide Maschen ziehen und diese Maschen von der Nadel gleiten lassen.

2 Maschen links überzogen zusammenstricken

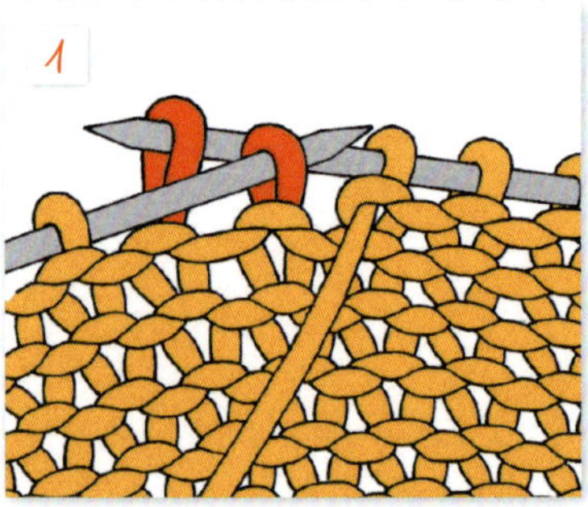

Die 1. Masche von der Nadel gleiten lassen und mit der linken Nadel gleich wieder auffassen.

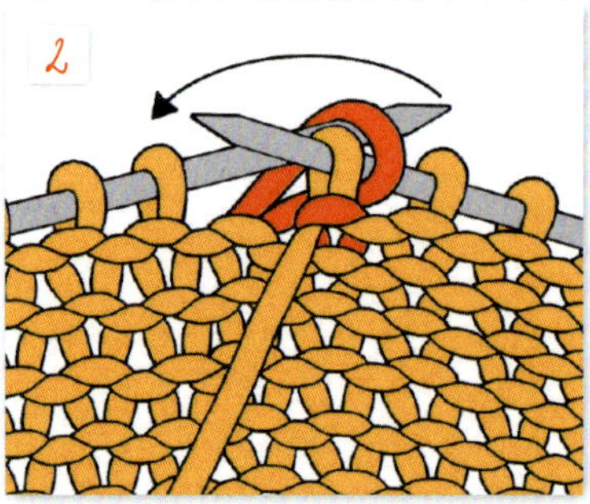

Nun die 1. Masche links stricken (die Masche der linken Nadel), dann hinter der Arbeit die 2. Masche über die 1. Masche ziehen.

Betont abnehmen

Für symmetrische, sogenannte betonte Abnahmen, z. B. für Raglanschrägungen, wird am Reihenanfang anders abgenommen als am Reihenende: Am rechten Rand werden die Maschen überzogen zusammengestrickt (= nach links geneigte Abnahme). Am linken Rand werden die Maschen rechts zusammengestrickt (= rechts geneigte Abnahme).

1 Masche rechts verschränkt zunehmen

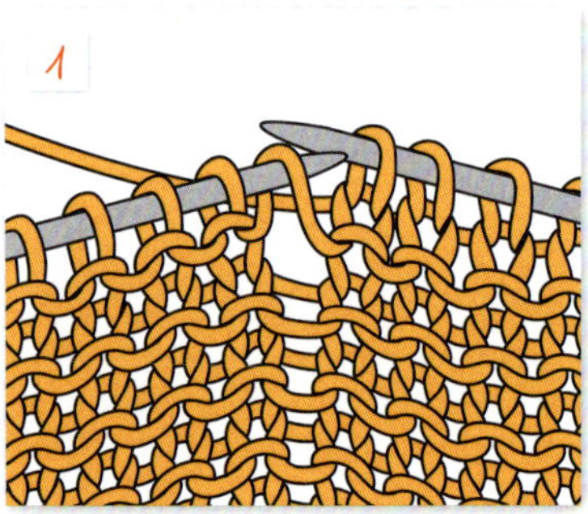

Den Querfaden zwischen 2 Maschen mit der linken Nadel von vorn nach hinten aufnehmen.

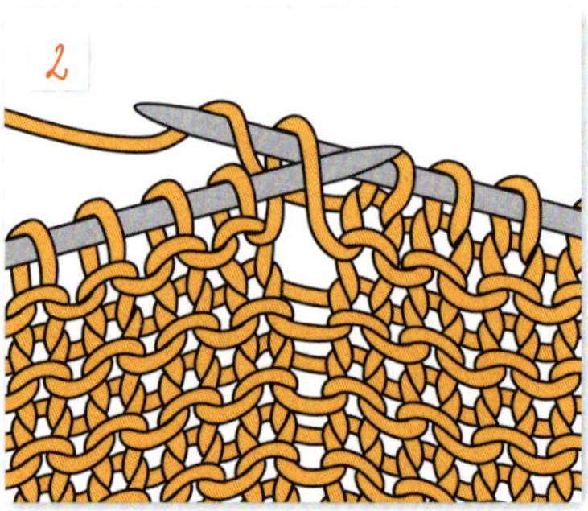

In den hinteren Schlingenteil einstechen. Der Arbeitsfaden liegt hinten. Faden durchholen.

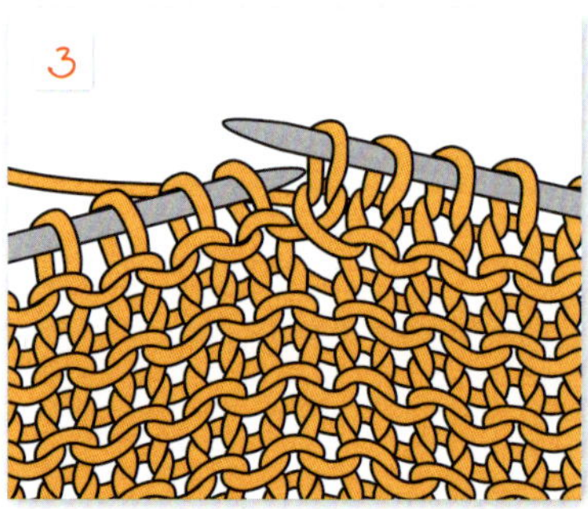

Den aufgenommen Querfaden von der linken Nadel gleiten lassen. Auf der rechten Nadel liegt nun eine zusätzliche Masche.

Hebemaschen

Hebemaschen

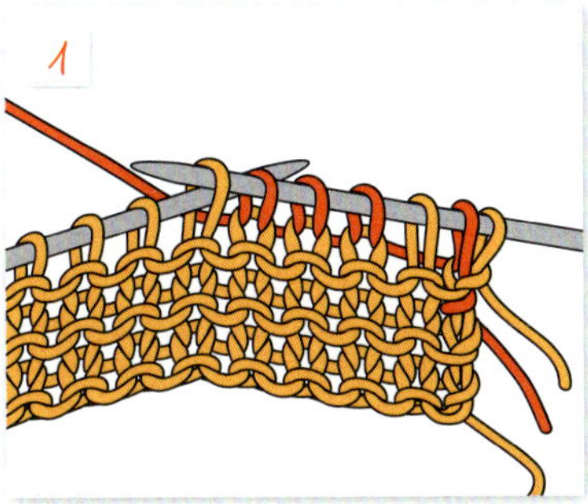

In der ersten Reihe (= Hinreihe) werden laut Strickschrift Maschen links abgehoben. Dafür wie zum Linksstricken in die Masche einstechen und sie auf die rechte Nadel nehmen. Der Faden liegt hinter der Arbeit.

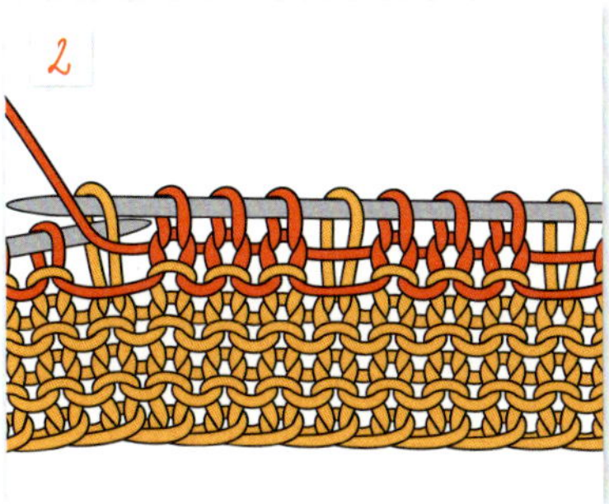

In den Rückreihen die Hebemaschen ebenfalls links abheben. Wieder wie zum Linksstricken in die Masche einstechen und sie auf die rechte Nadel nehmen. Der Faden liegt vor der Arbeit.

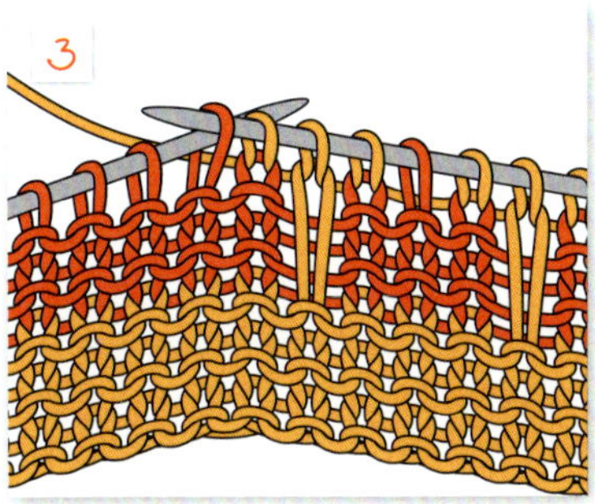

So werden die Hebemaschen von Reihe zu Reihe nur abgehoben und ziehen sich dadurch in die Länge. In der Anleitung ist angegeben, wann die Hebemaschen wieder mitgeschickt werden.

Umschlag

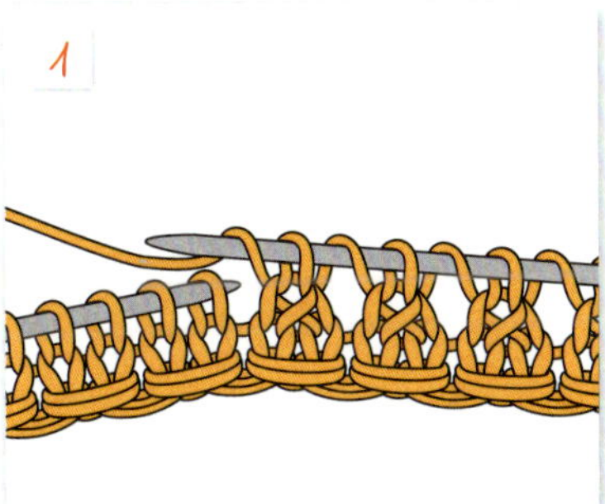

Einen Umschlag arbeiten heißt: Den Faden von vorne nach hinten über die rechte Nadel legen. Dann wie in der jeweiligen Musterbeschreibung vorgegeben weiterarbeiten.

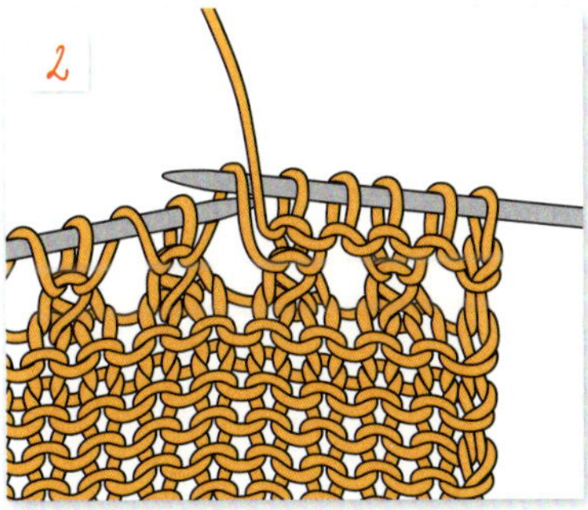

In den Rückreihen den Umschlag wie angegeben – hier links – stricken, d.h. ihn wie eine Masche behandeln und links abstricken.

Verkürzte Reihen

Verkürzte Reihen werden verwendet, um Kurven und Formen in Strickteile zu bringen. Dabei wird nicht über die ganze Reihe gestrickt, sondern nur über Abschnitte davon. Am rechten Rand wird die verkürzte Reihe in einer Rückreihe gearbeitet, am linken Rand in der Hinreihe. Jeweils bis zu den stillzulegenden Maschen stricken.

Am rechten Rand

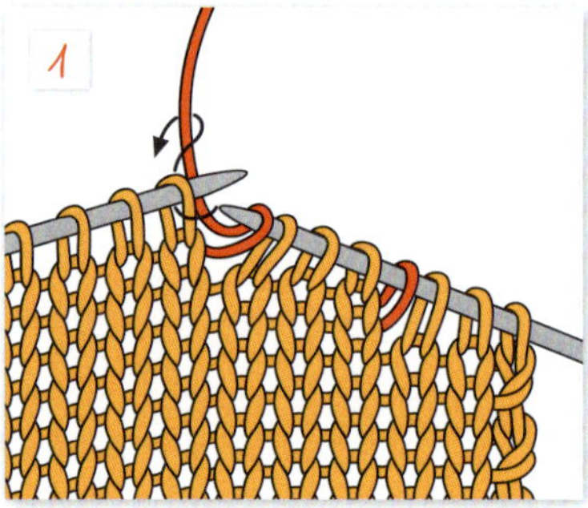

Die Arbeit wenden, einen Umschlag auf die rechte Nadel nehmen und die Reihe mustergemäß zu Ende stricken.

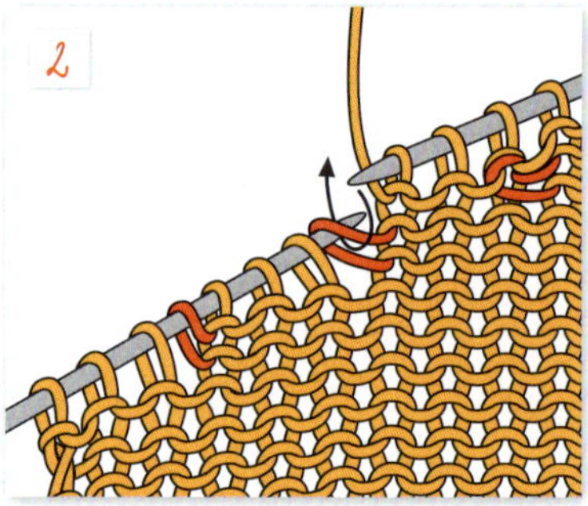

Wenn wieder über alle Maschen gestrickt werden soll – also in der 1. durchgehenden (Rück-)Reihe – bis zum Umschlag stricken, dann den Umschlag und die folgende Masche wie zum Rechtsabstricken abheben.

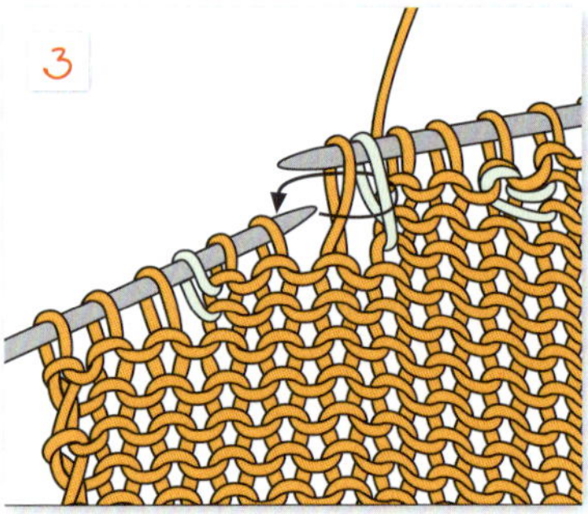

Anschließend mit der linken Nadel von rechts nach links gleichzeitig in die Masche und den Umschlag stechen und Umschlag und Masche zusammen mustergemäß abstricken.

Am linken Rand

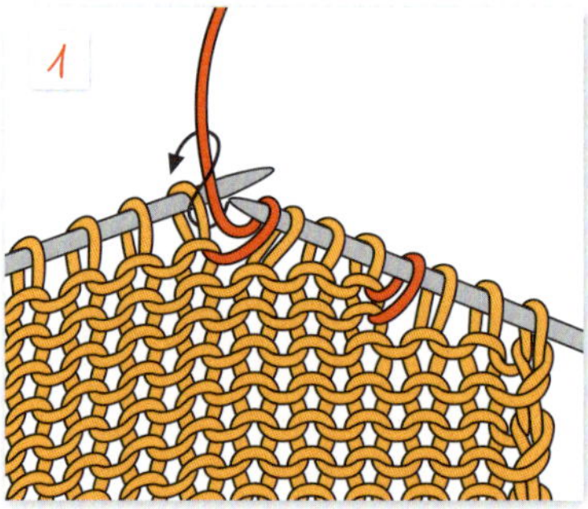

In der Hinreihe bis zu den Maschen stricken, die stillgelegt werden sollen. Die Arbeit wenden, einen Umschlag auf die Nadel nehmen, auf der auch die stillgelegten Maschen liegen, und die (Rück-)Reihe zurückstricken. Dabei den Umschlag fest anziehen.

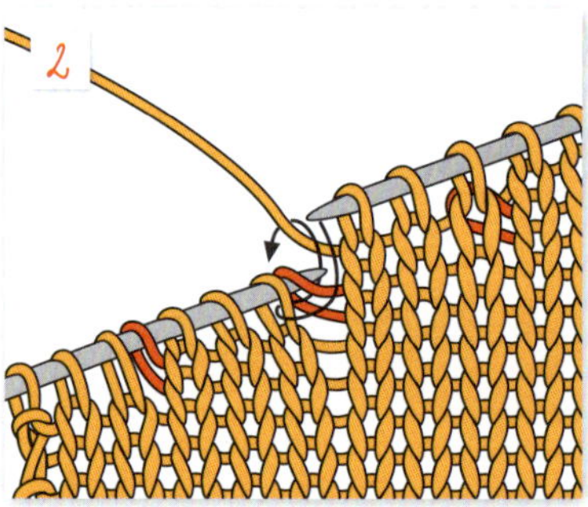

Wenn wieder über alle Maschen gestrickt wird, bis zum Umschlag stricken, dann den Umschlag und die folgende Masche zusammenstricken.

Jacquard, Zopf und Knopfloch

Jacquardmuster

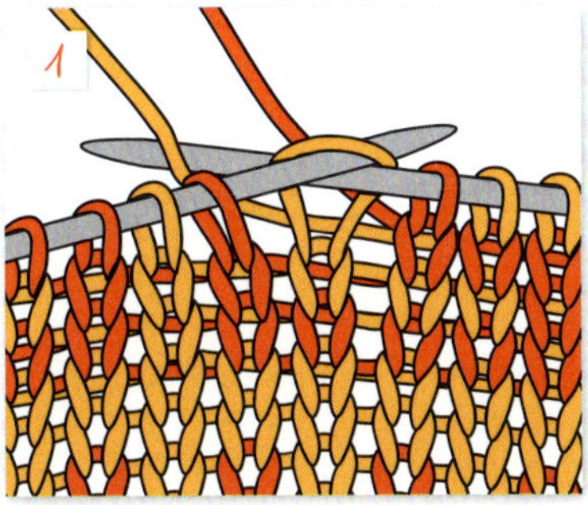

Jacquardmuster, auch Norwegermuster genannt, sind Muster, bei denen zwei oder mehr Farben in einer Reihe oder Runde verstrickt werden. Nach Zählmuster stricken. Den nicht benötigten Faden locker auf der Rückseite der Arbeit mitführen.

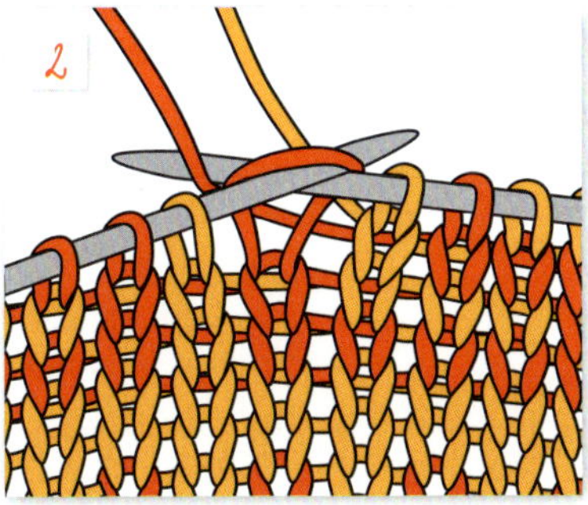

Wenn der andere Faden gebraucht wird, die Maschen auf der rechten Nadel etwas auseinanderschieben, damit der Faden die richtige Spannung erhält.

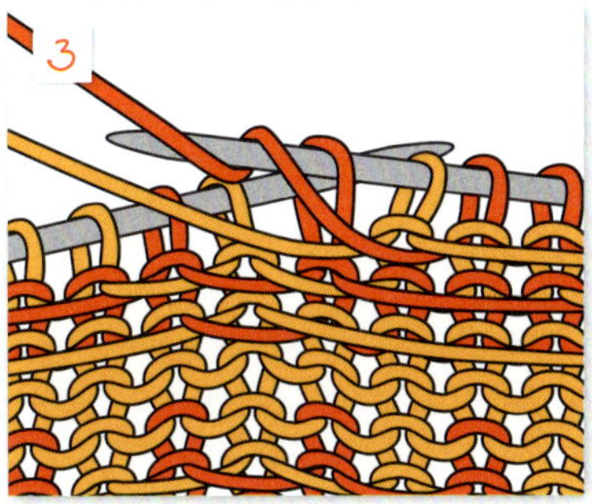

Beim Arbeiten in Reihen in den Rückreihen ebenso arbeiten, die Fäden werden vor der Arbeit geführt. Die Randmaschen dann mit beiden Fäden stricken, so entsteht eine gleichmäßige Fadenspannung.

Verzopfung nach rechts

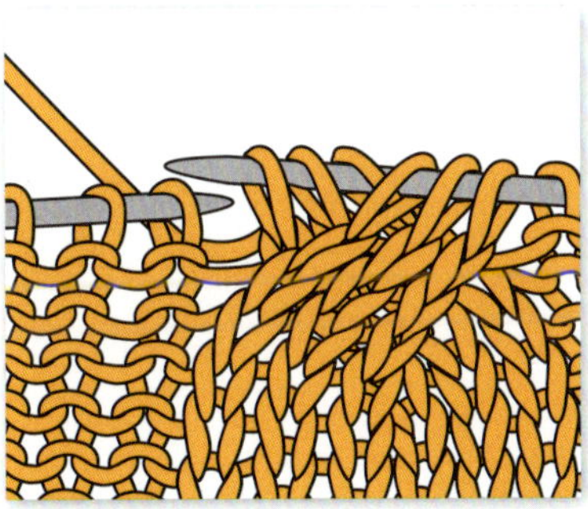

3 Maschen auf eine Zopfnadel nehmen und hinter die Arbeit legen, die folgenden 3 Maschen der linken Nadel rechts stricken, dann die Maschen der Zopfnadel rechts stricken.

Verzopfung nach links

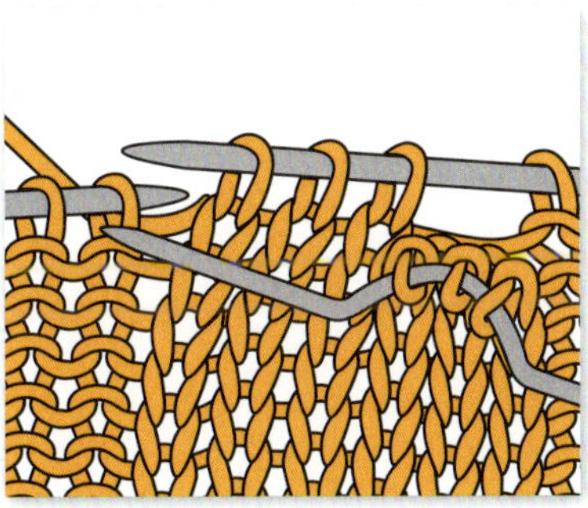

3 Maschen auf eine Zopfnadel nehmen und vor die Arbeit legen, die folgenden Maschen der linken Nadel rechts stricken, dann die 3 Maschen der Zopfnadel rechts stricken.

Knopfloch

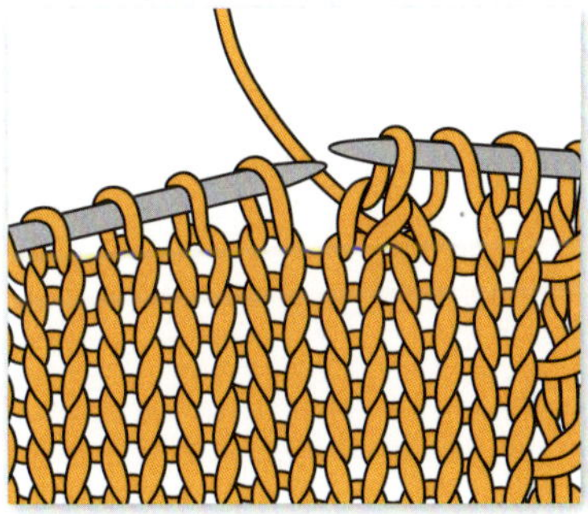

So viele Maschen stricken wie angegeben, dann 1 Umschlag (oder die angegebene Anzahl Umschläge) arbeiten und danach 2 (oder die angegebene Anzahl) Maschen rechts zusammenstricken.

Fertigstellen

Maschen auffassen

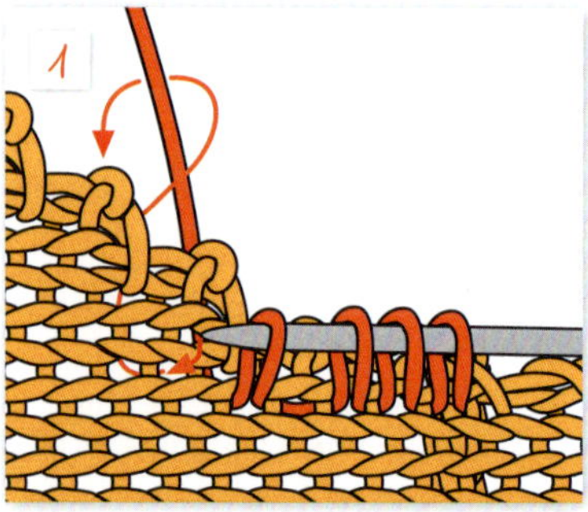

An der linken Schulternaht beginnen. Beim geraden, senkrechten Reihenverlauf mit der Nadel das außen liegende Maschenglied der 1. Masche nach der Randmasche erfassen und den Faden durchholen. Bei längeren Geraden ca. jede 4. Reihe übergehen. Das ist abhängig von der Maschengröße.

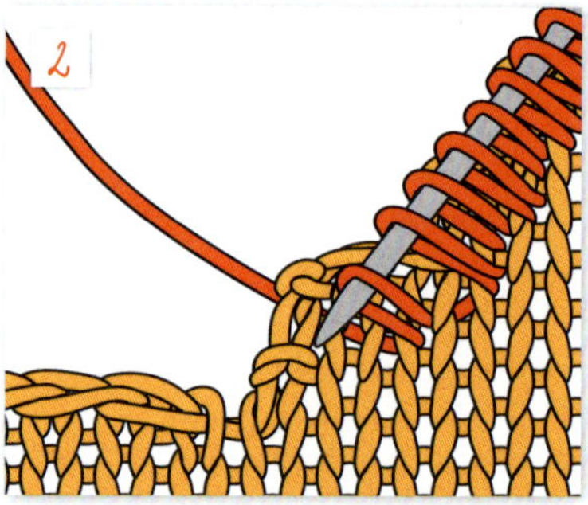

Beim Auffassen aus Rundungen soll eine gleichmäßige Rundung erzielt werden, die „Treppchen“, die beim Abketten entstanden sind, müssen ausgeglichen werden. Dafür am besten auch einmal 1 Reihe tiefer einstechen.

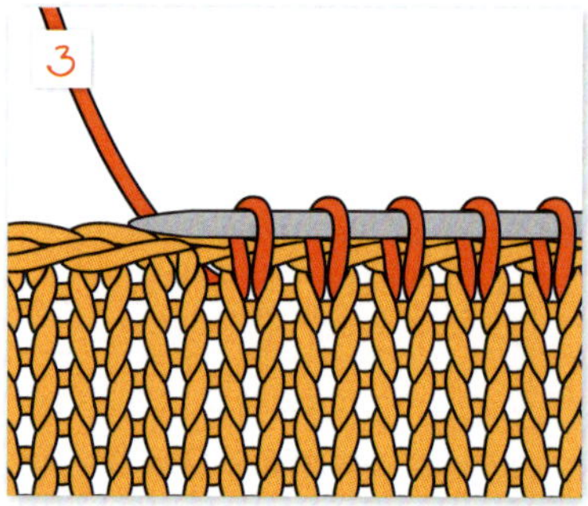

Beim waagerechten, geraden Abkettrand in die Masche unterhalb des Abkettrands einstechen und den Faden durchholen. Hier wird aus jeder Masche 1 Masche herausgestrickt.

Matratzenstich

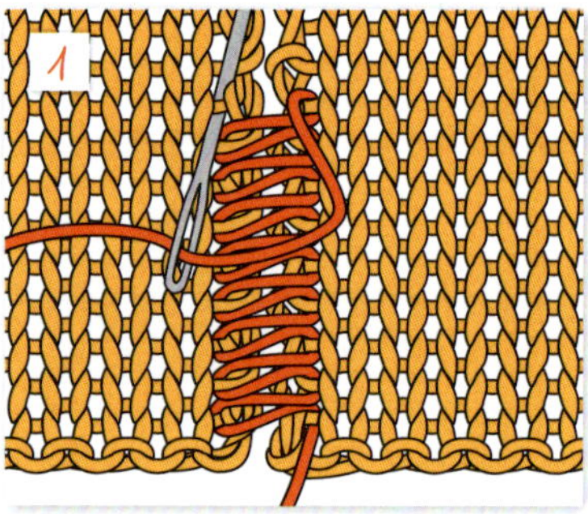

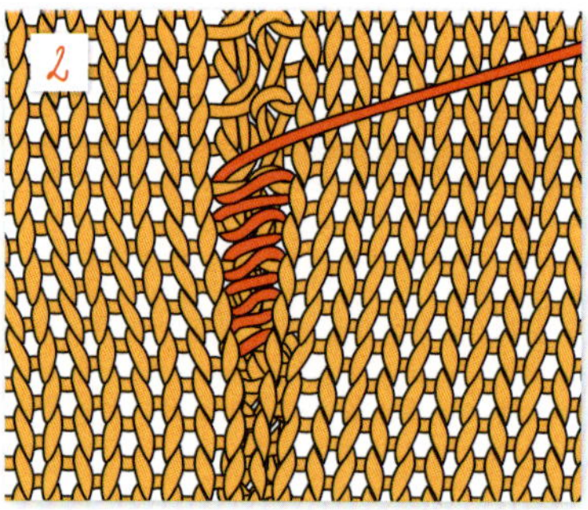

Die Teile mit der Vorderseite nach oben parallel nebeneinanderlegen; die Ärmelschrägungen parallel gegeneinanderlegen. Die Naht vorher von links mit Stecknadeln zusammenstecken, so verrutscht nichts beim Nebeneinanderlegen. Die Stecknadeln dann nach und nach herausziehen. Mit der Nadel den Querfaden zwischen der Randmasche und der 1. Masche erfassen, Faden durchziehen. Auf der anderen Seite den gegenüberliegenden Querfaden zwischen Randmasche und 1. Masche erfassen, Faden durchziehen. Diesen Vorgang abwechselnd einmal auf der einen, dann auf der anderen Seite wiederholen. Nach ca. 2 cm den Arbeitsfaden anziehen, damit sich die Strickteile übergangslos aneinanderfügen.

Ärmel einsetzen

Es empfiehlt sich, immer zuerst den Ärmel einzusetzen, auch bei Armkugeln und Raglanärmeln und dann erst Seiten- und Ärmelnaht zu schließen. Die Ärmelnaht ist dann noch offen, so muss man nicht in der „Runde“ arbeiten. Wichtig ist bei Ärmeln mit Armkugel oder geraden Ärmeln allerdings immer die Armkugelmitte zu markieren.

Gerade Ärmel einsetzen

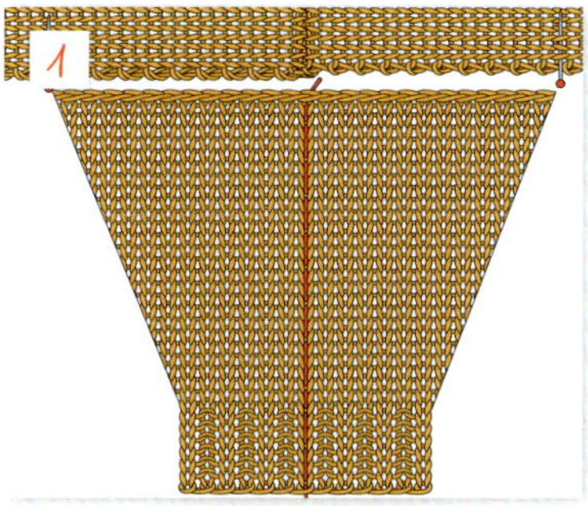

Ärmelmitte auf die Schulternaht, am Ärmel je eine Masche unterhalb des Abkettrands erfassen, bei Vorder- und Rückenteil je zwei Querfäden zwischen der Randmasche und der ersten Masche. Ab und zu nur einen Querfaden erfassen.

Ärmel mit Armkugel einsetzen

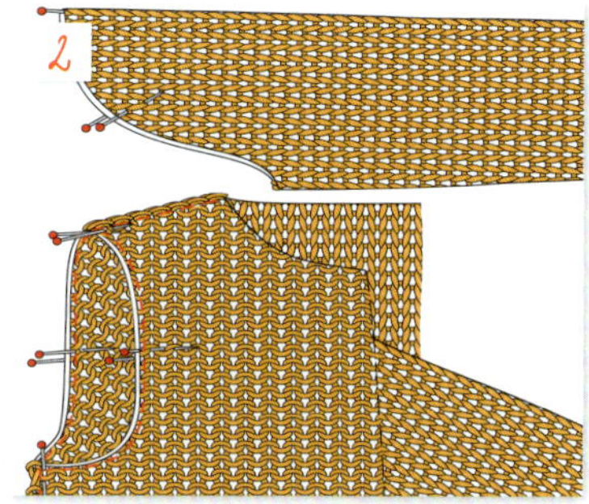

Den Armel rechts auf rechts an der Schulternaht befestigen, Ärmelmitte auf Schulternaht. Von der Mitte aus den Ärmel im Ausschnitt fixieren. Die seitlichen Ärmelränder am Armkugelbeginn auf den seitlichen Rändern von Vorder- und Rückenteil am Armausschnittbeginn fixieren. Die Maschen und Reihen zwischen den Fixierungen mit Stecknadeln zusammenstecken. Nun mit Matratzenstichen verbinden, dabei in der Ärmelmitte beginnen.

Fäden vernähen

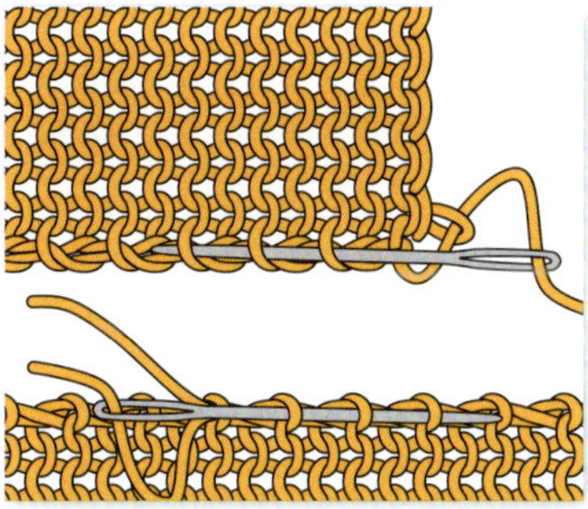

Die Fadenenden in eine stumpfe Wollnadel fädeln und in die Randmaschen einziehen, dabei einen Faden nach oben, den anderen nach unten ziehen. Bei zusammengenähten Strickteilen die Fäden in die Naht einziehen.

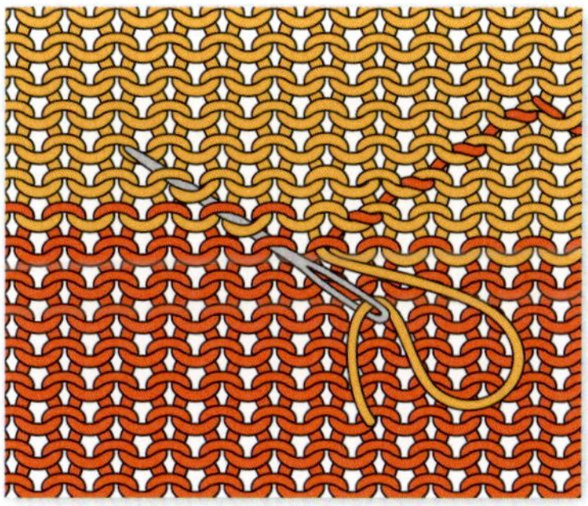

Bei einem Fadenwechsel innerhalb einer Reihe wird der Faden auf der Rückseite vernäht. Zunächst durch die Masche daneben stechen, dann den Faden schräg durch die Reihen ziehen, dabei immer nur einen Teil der Maschenglieder erfassen.

Impressum

KONZEPT UND ENTWÜRFE: Beate Ulmer (S. 1–15, S. 26–29, S. 34–37, S. 44–54, S. 66–72, S. 80–87, S. 94–96, S. 114–116), Brigitte Ried (S. 22–25), Carolin Schwarberg (S. 108–110), Dorothea Neumann (S. 111–113), Elisabeth Gütschow (S. 76–79), Evelyn Hase (S. 95–97), Heike Opitz (S. 19–21), Helga Grebenstein (S. 30–33, S. 41–43, S. 88–91, S. 101–107), Jacqueline van Dillen (S. 73–75), Janne Graf (S. 49–51), Kaete Stoedter (S. 38–40), Ursula und Melanie Marxer (S. 55–65), Ursula Remensperger (S. 16–18).
LEKTORAT: Petra Hassler-Mattes
PROJEKTMANAGEMENT: Christina Bleser
FOTOS: Christine Rosinski (S. 44, S. 51), Florian Bilger Fotodesign (S. 10, S. 11, S. 13–14, S. 27–29, S. 34, S. 36, S. 44–46, S. 48, S. 53–54, S. 67, S. 71, S. 80–82, S. 84–86, S. 93, S. 99), Melinda Rachfahl (S. 80, S. 89), Miroe (S. 10, S. 22, S. 25, S. 44, S. 56, S. 58, S. 62, S. 65, S. 73, S. 75, S. 80, S. 113), Peter Münnich (S. 10, S. 39, S. 80, S. 97, S. 109), Thomas Huber (S. 44, S. 76, S. 79), 6000K-Photography (S. 10, S. 16, 20, S. 30, S. 42, S. 80, S. 103, S. 105, S. 107).
STYLING: Claudia Rittich (S. 44, S. 51, S. 80, S. 97), Christine Oesterle (S. 44, S. 76, S. 79), Marliese Vogt (S. 10, S. 39), Martina Desrochers (S. 10, S. 16, S. 20, S. 42), Nadine Engel (S. 80, S. 89), Petra Knoblauch (S. 22, S. 44, S. 56, S. 58, S. 62, S. 65, S. 75, S. 80, S. 113), Peggy Kummerow (S. 10, 13–14, S. 27–28, S. 34, S. 44, S. 46, S. 48, S. 53, S. 67, S. 71, S. 80, S. 82, S. 84–86, S. 93, S. 99), 6000K-Photography (S. 30, S. 80, S. 99, S. 103, S. 105, S. 107), Svenja Michalzik (S. 80, S. 109).
TECHNISCHE ZEICHNUNGEN UND STRICKSCHRIFTEN: Babette Ulmer (S. 12, 15, S. 26, S. 29, S. 35, S. 37, S. 47, S. 52, S. 66, S. 68, S. 72, S. 83, S. 87, S. 92, S. 98, S. 114–116), Brigitte Fischer (S. 50), Hildegard Kribben (S. 77–78), Isabelle Bahl / Babette Ulmer / Martin Schaffner (S. 24, S. 57, S. 60, S. 64, S. 74, S. 111–112), Marianne Motsch (S. 18, S. 21, S. 31–33, S. 38, S. 40–41, S. 43, S. 90–91, S. 95–96, S. 101–102, S. 104, S. 106, S. 108, S. 110).
LEHRGANGSZEICHNUNGEN: OZ Archiv
GESAMTGESTALTUNG: GrafikwerkFreiburg
REPRO: RTK & SRS mediagroup GmbH
PRINTED IN Germany by Appl

★★★★★

Sind Sie mit diesem Titel zufrieden? Dann würden wir uns über Ihre Weiterempfehlung freuen. Erzählen Sie es im Freundeskreis, berichten Sie Ihrem Buchhändler oder bewerten Sie bei Onlinekauf. Und wenn Sie Kritik, Korrekturen, Aktualisierungen haben, freuen wir uns über Ihre Nachricht an Christian Verlag, Postfach 40 02 09, D-80702 München oder per E-Mail an lektorat@verlagshaus.de.

Unser komplettes Programm finden Sie unter

www.christophorus-verlag.de

Herstellerverzeichnis

- Debbie Bliss Garne über Designer Yarns GmbH
  www.designeryarns.de
- Junghans Wollversand
  www.junghanswolle.de
- Lamana GmbH
  www.lamana-wolle.de
- Lana Grossa Mode mit Wolle GmbH
  www.lanagrossa.de
- Lang Yarns
  www.langyarns.ch
- Online Garne über Online-Klaus-Koch GmbH
  www.online-garne.de
- Schoeller & Stahl Garne
  über Schoeller Süssen GmbH
  www.schoeller-und-stahl.de
- Schulana AG
  www.schulana.ch

Die Deutsche Nationalbibliothek verzeichnet diese Publikation in der Deutschen Nationalbibliografie; detaillierte bibliografische Daten sind im Internet über http://dnb.d-nb.de abrufbar.

4. Auflage 2025

ISBN 978-3-8410-6467-7

Kreativ-Service

Sie haben Fragen zu unseren Büchern und Materialien? Wir beraten Sie gern rund um alle Kreativthemen. Rufen Sie uns einfach an. Wir interessieren uns auch für Ihre eigenen Ideen und Anregungen. Sie erreichen uns per E-Mail **kreativ-service@c-verlag.de** oder unter der Telefonnummer **0049-89-1306 99 577**.

Besuchen Sie uns im Internet: www.christophorus-verlag.de & www.selbstgemacht.de